绝了，会计可以这样学

郝畅◎编著

JUELE KUAIJI KEYI ZHEYANGXUE

SPM
南方出版传媒
广东经济出版社
—广州—

图书在版编目（CIP）数据

绝了，会计可以这样学 / 郝畅编著 . —广州：广东经济出版社，2016. 11

ISBN 978 - 7 - 5454 - 4604 - 3

Ⅰ. ①绝… Ⅱ. ①郝… Ⅲ. ①会计学Ⅳ. ①F230

中国版本图书馆 CIP 数据核字（2015）第 125648 号

出 版 人：姚丹林
责任编辑：易　伦
责任技编：许伟斌

出版发行	广东经济出版社（广州市环市东路水荫路 11 号 11 ~ 12 楼）
经销	全国新华书店
印刷	湛江日报社印刷厂 （广东省湛江市赤坎康宁路）
开本	730 毫米 × 1020 毫米　1/16
印张	22. 5
字数	332 000 字
版次	2016 年 11 月第 1 版
印次	2016 年 11 月第 1 次
印数	1 ~ 5 000
书号	ISBN 978 - 7 - 5454 - 4604 - 3
定价	49. 00 元

如发现印装质量问题，影响阅读，请与承印厂联系调换。
发行部地址：广州市环市东路水荫路 11 号 11 楼
电话：（020）38306055　37601950　邮政编码：510075
邮购地址：广州市环市东路水荫路 11 号 11 楼
电话：（020）37601980　营销网址：http://www.gebook.com
广东经济出版社新浪官方微博：http://e.weibo.com/gebook
广东经济出版社常年法律顾问：何剑桥律师

前　言

我国会计从业人员有一千多万人，同时，每年参加各类会计考试的也有上百万人，这些都是掌握了各种会计准则和操作规范，已经或者即将投入到会计工作中的人。但是，很多人仅仅只是学会了操作流程，并不理解其中的深意。

会计工作其实就是准确记录公司的日常收支，以方便日后查验（公司经营者、工商部门、税务部门等都会查验），并对未来的经营活动进行调整。因此，会计工作是公司活动的一个核心，甚至于很多大企业的领导人都是 CFO（首席财务官）出身。

会计都要做什么

一提到会计人员，人们的第一印象就是与钱打交道的人，是天天在数钱算钱的人。但是，这样的理解更像是对出纳工作的印象，实际中的会计工作与点钱的工作还是有差距的，算钱倒是一个还算贴切的描述。

会计主要承担企业建账、凭证管理、账簿的归档和保存、账务处理、成本管理以及制作报表等工作，针对每一项都有相应的制度规范，同时也有一些灵活处理的地方，本书都给出了说明。

一个会计的素质、水平、能力将直接影响会计工作的质量，新手会计入门后，应尽快掌握相关的业务知识，并有计划地提升自己，实现自我的升值。

本书要解决什么问题

本书对如何做会计、如何做好会计，做了详细的阐述和说明，特别适合初学者，可以带之入门。书中首先对会计工作和会计人员进行了分析，把会计工作的前景及提升的方向予以明示，对会计人员的素质和相关专业要求进行了明示。

会计工作是一项实践性很强的工作，理论的知识需要尽快地转化为实际的应用，才能在工作中做到得心应手，而看似简单的这一步成了许多新人的职业发展障碍。因此，在后续章节中，本书用大量的实战案例来引出会计工作的方方面面，按照会计工作的日常工作流程，循序渐进地导入会计工作的整体事项。

本书通过案例引导理论的学习，有着很强的针对性与实用性，会计新人可以按图索骥，尽快完成从理论知识到会计实践的转化。

会计工作的实践性要求理论能与实践相结合并指导实践，而本书的作用就在于对理论知识的实用化，希望可以对新入门的会计工作人员有所帮助。

你是目标读者么

本书针对的是会计基础方面的读者，如果你已经取得了注册会计师的证书，就不用翻看了。如果你是如下类型，就一定要翻看一下本书。

- 学生。很多学生面临如何就业的问题，也就是将来如何选择职业方向的问题，因此，选择学习会计的学生比较适合学习本书，轻松入门、轻松跨入会计就业的门槛；同样，如果是非会计专业的学生，那么，通过本书的学习，可以达到心中有数的目的。
- 在岗人员。不满足现状、觉得需要重新进行职业规划的上班族，如果对会计感兴趣，可以将其作为终身职业。
- 企业老板。老板基本上都不是会计出身，但是，应该具备基础的财务知识，通过本书的学习，可以简单了解会计的知识，看得懂报表。
- 初涉会计行业的人员。会计新手上岗，难免心中没底，手忙脚乱，不知从何下手。学习本书，可以使会计工作变得有条有理，一步一个脚印地踏实进行。
- 家庭主妇。家里有老有小没办法工作的主妇，可以抽空学习会计知识，然后兼职做会计工作，可以在短时间内完成工作，体现自己的价值，也可以减轻家庭经济负担，还有时间照顾家人，充实丰富自己的生活。

目　　录

第 1 章　会计基础知识 …… 001
1.1　会计概述 …… 002
1.1.1　会计的概念与特征 …… 002
1.1.2　会计对象与目标 …… 005
1.2　会计职能与方法 …… 007
1.2.1　会计的职能 …… 007
1.2.2　会计核算方法 …… 010
1.3　会计基本假设 …… 013
1.3.1　会计主体 …… 013
1.3.2　持续经营 …… 014
1.3.3　会计分期 …… 015
1.3.4　货币计量 …… 015
1.4　会计基础 …… 016
1.4.1　权责发生制 …… 016
1.4.2　收付实现制 …… 017
1.4.3　权责发生制与收付实现制的区别 …… 018
1.5　会计信息的使用者与会计信息质量要求 …… 019
1.5.1　投资者 …… 019
1.5.2　债权人 …… 020
1.5.3　企业管理者 …… 020
1.5.4　政府及相关部门 …… 020

1.5.5 社会公众 …… 021
1.5.6 会计信息质量要求 …… 021
1.6 会计准则体系 …… 024
1.6.1 会计准则的构成 …… 024
1.6.2 企业会计准则 …… 024
1.6.3 事业单位会计准则 …… 024
1.7 会计职业规划 …… 025
1.7.1 会计从业资格证书的取得 …… 025
1.7.2 初级会计师的取得 …… 026
1.7.3 中级会计师的取得 …… 027
1.7.4 高级会计师的取得 …… 029
1.7.5 注册会计师的取得 …… 030
1.8 本章习题 …… 032

第2章 会计账户 …… 035

2.1 会计要素 …… 036
2.1.1 会计要素的含义与分类 …… 036
2.1.2 会计要素的确认 …… 037
2.1.3 会计要素的计量 …… 039
2.2 会计恒等式 …… 042
2.2.1 会计等式的表现形式 …… 042
2.2.2 经济业务对会计等式的影响 …… 043
2.3 会计科目 …… 045
2.3.1 会计科目的概念与分类 …… 046
2.3.2 会计科目的设置 …… 049
2.4 会计账户 …… 052
2.4.1 账户的概念与分类 …… 052
2.4.2 账户的功能与结构 …… 054

2.4.3 账户与会计科目的关系 …… 055
2.5 本章习题 …… 055

第3章 学习会计记账方法 …… 061

3.1 会计记账方法的种类 …… 062
3.1.1 单式记账法 …… 062
3.1.2 复式记账法 …… 063
3.2 借贷记账法 …… 065
3.2.1 借贷记账法的记账符号 …… 065
3.2.2 借贷记账法下的账户结构 …… 066
3.2.3 借贷记账法的记账规则 …… 072
3.2.4 借贷记账法下的账户对应关系与会计分录 …… 075
3.2.5 借贷记账法下的试算平衡 …… 076
3.3 本章习题 …… 079

第4章 借贷记账法下主要经济业务的账务处理 …… 083

4.1 资金筹集业务的账务处理 …… 084
4.1.1 所有者权益筹资业务 …… 084
4.1.2 负债筹资业务 …… 090
4.2 固定资产业务的账务处理 …… 097
4.2.1 固定资产的概念与特征 …… 097
4.2.2 固定资产的成本 …… 097
4.2.3 固定资产的折旧 …… 098
4.2.4 账户设置 …… 099
4.2.5 账务处理 …… 102
4.3 材料采购业务的账务处理 …… 104
4.3.1 材料的采购成本 …… 104
4.3.2 账户设置 …… 105

4.3.3　账务处理 ······ 114
4.4　生产业务的账务处理 ······ 119
4.4.1　生产费用的构成 ······ 119
4.4.2　账户设置 ······ 120
4.4.3　账务处理 ······ 125
4.5　销售业务的账务处理 ······ 129
4.5.1　商品销售收入的确认与计量 ······ 130
4.5.2　账户设置 ······ 130
4.5.3　账务处理 ······ 138
4.6　期间费用的账务处理 ······ 139
4.6.1　期间费用的构成 ······ 140
4.6.2　账户设置 ······ 140
4.6.3　账务处理 ······ 143
4.7　利润形成与分配业务的账务处理 ······ 145
4.7.1　利润形成的账务处理 ······ 145
4.7.2　利润分配的账务处理 ······ 152
4.8　本章习题 ······ 157

第5章　会计凭证 ······ 179

5.1　会计凭证的概述 ······ 180
5.1.1　会计凭证的作用 ······ 180
5.1.2　会计凭证的种类 ······ 181
5.2　认识原始凭证 ······ 192
5.2.1　原始凭证的基本内容 ······ 192
5.2.2　原始凭证的填制要求 ······ 192
5.2.3　原始凭证的审核 ······ 194
5.3　认识记账凭证 ······ 196
5.3.1　记账凭证的填制要求 ······ 196

5.3.2 记账凭证的基本内容 …………………………… 200
5.3.3 记账凭证的审核 …………………………………… 200
5.4 会计凭证的管理 …………………………………………… 200
5.4.1 会计凭证的书写 …………………………………… 201
5.4.2 会计凭证的传递 …………………………………… 202
5.4.3 会计凭证的保管 …………………………………… 203
5.5 本章习题 …………………………………………………… 203

第6章 会计账簿 …………………………………………… 207

6.1 会计账簿的概述 …………………………………………… 208
6.1.1 会计账簿的种类 …………………………………… 208
6.1.2 会计账簿的作用 …………………………………… 214
6.1.3 会计账簿与账户的关系 …………………………… 215
6.2 会计账簿的设置和登记 …………………………………… 215
6.2.1 会计账簿的启用 …………………………………… 215
6.2.2 会计账簿的基本内容 ……………………………… 217
6.2.3 会计账簿的登记方法 ……………………………… 219
6.3 记账规则 …………………………………………………… 228
6.3.1 会计账簿的启用规则 ……………………………… 229
6.3.2 会计账簿的登记规则 ……………………………… 230
6.4 对账和结账 ………………………………………………… 231
6.4.1 对账 ………………………………………………… 231
6.4.2 结账 ………………………………………………… 232
6.5 错账查找与错账更正的方法 ……………………………… 234
6.5.1 错账查找方法 ……………………………………… 235
6.5.2 错账更正规则 ……………………………………… 235
6.6 本章习题 …………………………………………………… 238

第 7 章　账务处理程序 …… 245
7.1　账务处理程序概述 …… 246
7.1.1　账务处理程序的概念与意义 …… 246
7.1.2　账务处理程序的种类 …… 247
7.2　记账凭证账务处理程序 …… 247
7.2.1　一般步骤 …… 247
7.2.2　记账凭证账务处理程序的内容 …… 249
7.3　汇总记账凭证账务处理程序 …… 250
7.3.1　汇总记账凭证的编制方法 …… 250
7.3.2　汇总记账凭证账务处理程序的一般编制步骤 …… 253
7.3.3　汇总记账凭证账务处理程序的内容 …… 254
7.4　科目汇总表账务处理程序的内容 …… 256
7.4.1　科目汇总表的编制方法 …… 256
7.4.2　科目汇总表账务处理程序的一般编制步骤 …… 258
7.4.3　科目汇总表账务处理程序的内容 …… 259
7.4.4　其他会计核算形式 …… 260
7.5　本章习题 …… 261
第 8 章　成本的计算 …… 265
8.1　成本计算的内容和原则 …… 266
8.1.1　成本计算的内容 …… 266
8.1.2　成本计算的原则 …… 267
8.2　成本计算的程序 …… 268
8.3　成本计算的方法 …… 270
8.3.1　生产工人工时比例法 …… 271
8.3.2　生产工人工资比例法 …… 274
8.3.3　机器工时比例法 …… 276

8.4 本章习题 …… 278

第9章 财产清查 …… 281

9.1 财产清查概述 …… 282

9.1.1 财产清查的概念与意义 …… 282

9.1.2 财产清查的种类 …… 283

9.1.3 财产清查的一般程序 …… 286

9.2 财产清查的方法 …… 287

9.2.1 货币资金的清查方法 …… 287

9.2.2 实物的清查方法 …… 291

9.2.3 往来款项的清查方法 …… 293

9.3 财产清查结果的处理 …… 295

9.3.1 财产清查结果 …… 295

9.3.2 财产清查结果的处理要求 …… 296

9.3.3 财产清查结果的处理步骤和方法 …… 297

9.3.4 财产清查结果的账务处理 …… 297

9.4 本章习题 …… 301

第10章 管理会计档案 …… 305

10.1 会计档案概述 …… 306

10.1.1 会计档案的概念 …… 306

10.1.2 会计档案的内容 …… 306

10.2 会计档案的保管 …… 307

10.2.1 会计档案的归档 …… 307

10.2.2 会计档案的保管期限 …… 308

10.3 会计档案的销毁 …… 311

10.4 本章习题 …… 312

第 11 章　财务报表反映企业情况 …… 315

11.1　财务报表概述 …… 316

11.1.1　财务报表的种类 …… 316

11.1.2　财务报表的编制要求 …… 318

11.1.3　财务报表编制前的准备工作 …… 320

11.2　资产负债表 …… 320

11.2.1　资产负债表的概念与作用 …… 320

11.2.2　资产负债表的内容 …… 321

11.2.3　资产负债表的格式 …… 323

11.2.4　账户式资产负债表的编制方法举例 …… 326

11.3　利润表 …… 331

11.3.1　利润表的概念与作用 …… 331

11.3.2　利润表的列示要求 …… 332

11.3.3　利润表的基本格式 …… 333

11.3.4　多步式利润表的编制方法举例 …… 334

11.4　现金流量表 …… 339

11.4.1　现金流量表概述 …… 339

11.4.2　现金流量表的基本格式 …… 340

11.5　本章习题 …… 342

第1章

会计基础知识

本章重点阐述会计的基本理论知识。通过本章的学习，能全面了解会计知识体系，能理清本书各章节编排的基本脉络，能初步了解会计行业的职业规划。

1.1 会计概述

会计科学在20世纪30年代成本会计的基础上，结合现代管理理论和实践的需要，逐步形成了为企业内部经营管理提供信息的管理体系。由此可见，会计是商品经济的产物。

会计的产生和发展与经济发展水平息息相关，经济越发达，对会计的要求越高，越能促进会计行业的发展，越能完善会计学科的体系。本节要求能够准确理解会计的含义，了解会计的两大职能——核算和监督，对会计有个初步的认识和了解。

1.1.1 会计的概念与特征

1. 会计的概念

会计是以货币为主要计量单位，运用专门的方法，核算和监督一个单位经济活动的一种经济管理工作。单位是国家机关、社会团体、公司、企业、事业单位和其他组织的统称。未特别说明时，本大纲主要以《企业会计准则》为依据介绍企业经济业务的会计处理。

会计已经成为现代企业一项重要的管理工作。企业的会计工作主要是通过一系列会计程序，对企业的经济活动和财务收支进行核算和监督，反映企业的财务状况、经营成果和现金流量，反映企业管理层受托责任履行情况，为会计信息使用者提供对决策有用的信息，并积极参与经营管理决策，提高企业的经济效益，促进市场经济的健康有序发展。

2. 会计的基本特征

（1）会计是一种经济管理活动

会计本身就具有经济管理的职能，会计应该具有主动地对经济活动进行控制、监督或者管理的作用，即所谓的会计管理。提供信息是手段，而控制、管理才是真正的目的。会计是人类进行经济管理的一种活动，既是客观经济范畴，又是经济管理方法。从宏观经济来看，会计是国民经济管理的重要组成部分；从职能属性来看，核算和监督本身就是一项管理活动；从本质属性来看，会计本身就是一项经济管理活动，属于管理的范畴。

（2）会计是一个经济信息系统

经济信息系统是一种包括多源经济信息的采集、加工处理、分析评价、应用决策以及信息发布和效果反馈等过程的技术系统。

（3）会计以货币作为主要计量单位

会计对经济活动过程中使用的财产物资、发生的劳动耗费及劳动成果等以货币作为主要计量单位，进行系统的记录、计算、分析和考核，以达到加强经济管理的目的。以货币为主要计量单位，使得会计所提供的会计信息具有高度的综合性；以资金运动为对象，使得会计的核算和监督具有全面性；以特定的专门方法，通过账簿的序时分类登记，使得各种会计资料具有连续性、系统性。只有通过货币的形式，才能使企事业单位、各行各业里纷繁复杂的经济活动得到全面的综合反映，从而在全国范围内以及国内外同类指标中进行比较，以提高经济效益。

会计不仅要对已经发生和已经完成的经济业务进行计量、记录、监督，还要对未来的经济活动（各种费用计划、预算等）加以事前监督，参与企业的经济预测、决策、控制、考核和分析等。

（4）会计具有核算和监督的基本职能

会计具有核算和监督的基本职能，是指对发生的经济业务通过专门的会计语言进行描述并在此基础上对经济业务的真实性、合法性和合理性进行审查。其中，会计核算是会计最基本的职能。两大基本职能相辅相成，辩证

统一。

（5）会计采用一系列专门的方法

会计采用一系列专门的方法，包括设置账户、复式记账、填制和审核会计凭证、登记账簿、成本计算、财产清查、财务会计报告。

3. 会计的发展历程

会计是随着人类社会生产的发展和经济管理的需要而产生、发展并不断得到完善的。其中，会计的发展可划分为古代会计、近代会计和现代会计三个阶段。

（1）会计的产生和发展在中国的突出标志

①原始社会：结绳记事、刻木记日。

②周朝："会计"一词开始使用，在财计组织上设"司会"主管会计，为计官之长。

③西汉与东汉：账簿产生。

④唐宋时期：官府中的官吏报销钱粮或办理移交，要编造"四柱清册法"，即通过"旧管（即期初结存）+新收（即本期收入）－开除（即本期支出）=实在（即期末结存）"进行核算。

⑤明末清初在"四柱清册法"的基础上出现了更加完备的"龙门账"，即通过"进－缴=存－该"进行结算，进、缴、存、该分别相当于现代会计的收入、支出、资产和负债，期末编制"进缴表"（资产负债表）和"存该表"（利润表）。

（2）会计的产生和发展在欧洲的突出标志

①公元前630年铸币在希腊出现并应用于账簿记录之中，便是"货币计量"思想的萌芽。

②集中于庄园之中的古老的委托—代理关系，管家向庄园主呈交的汇报绩效并解除其承担责任的"述职报告"。

③1494年产生在意大利的复式簿记，标志着近代会计产生，是会计发展史上第一个里程碑。

④1854 年在英国的苏格兰成立的第一个会计师协会——爱丁堡会计师公告，是会计发展史上的第二个里程碑。

（3）现代会计的标志

①由簿记到会计的转变。

②以 1939 年第一份代表美国的“公认会计原则”的“会计研究公报”的出现为起点。

③“泰勒制”等管理学科在工厂和会计领域的应用，标志着管理会计的产生。

④电子计算机在会计数据处理中的应用。

⑤管理会计的产生和电子数据系统会计的出现，是会计发展史上的第三个里程碑。

1.1.2 会计对象与目标

会计对象是指会计核算和监督的内容。凡是特定主体能够以货币表现的经济活动，都是会计核算和监督的内容，也就是会计对象。而会计目标也称会计目的，是要求会计工作完成的任务或达到的标准。

1. 会计对象

会计对象是指企事业单位在日常经营活动或业务活动中所表现出的资金运动，即资金运动构成了会计核算和会计监督的内容。资金是指能用货币表现的财产物资，它不是静止不变的，而是通过自身不断的运动而变化。资金运动指的是资金的形态变化和位置移动，主要有三种表现形式，即资金的投入、资金的循环与周转（即资金的运用）、资金的退出。

（1）资金的投入

企业通过吸收投资、银行借入、发行股票或债券来筹集资金，引起企业资金的增加。资金的投入包括企业所有者（投资者）投入的资金和债权人投入的资金两大部分，前者形成所有者权益，后者形成债权人权益即负债。资金的投入是企业资金运动的起点，企业要想进行生产经营活动就必须拥有一定的资金。

（2）资金的运用

资金的运用也称资金的循环与周转。资金在企业生产经营过程中的运用过程即为资金的循环与周转过程。工业企业的经营过程包括供应、生产、销售三个阶段，而商业企业的经营活动则只包含了供应和销售两个阶段，没有生产环节。下面以工业企业为例，对各阶段资金运动情况进行介绍。

①供应过程。供应过程是指企业的货币资金转变为生产储备资金的过程。企业用投入的货币资金进行采购，如购置或建造厂房、购买机器设备、购买材料和办公用品等，是为生产产品采购和储备原料的过程。

②生产过程。生产过程是指对原材料进行加工，使之转化为成品的一系列生产活动运行过程。工人利用自己的生产技术，借助于机器设备对材料进行加工发生的耗费，如消耗原材料的材料费、固定资产磨损的折旧费等，形成了生产资金，产品完工后形成成品资金。

③销售过程。销售过程是产品进入流通阶段，也是企业的生产耗费通过市场取得补偿并实现利润的阶段。销售过程是产品价值的实现过程，在销售过程中，销售产品取得收入，企业的资金从成品资金形态又转化为货币资金形态。在取得销售收入的同时还会发生必要的销售费用，销售收入扣除各项成本费用后的纯利润，要提取盈余公积并向所有者分配利润。

由此可见，随着生产经营活动的进行，所有者和债权人投入的资金不断发生变化。具体表现为资金形态的转变，整个周转过程表现为：货币资金→储备资金→生产资金→成品资金→新的货币资金。资金运动从货币资金形态开始又回到货币资金形态的整个过程就成为资金循环，资金的周转就是指资金周而复始的循环。

（3）资金的退出

资金的退出指的是资金离开本企业，退出资金的循环与周转，是资金运动的终点。主要包括偿还各项债务、上交各项税金、向所有者分配利润以及经法定程序减少资本等。

上述资金运动的三部分内容是相辅相成、相互制约的统一体，具体而言：没有资金的投入，就不会有资金的循环与周转；没有资金的循环与周转，就不会有债务的偿还、税金的上交和利润的分配等；没有资金的退出，就不会有新一轮资金的投入，也就不会有企业的进步和发展。

2. 会计目标

会计目标是要求会计工作完成的任务或达到的标准，即向财务会计报告使用者提供与企业财务状况、经营成果和现金流量等有关的会计信息，反映企业管理层受托责任履行情况，有助于财务会计报告使用者做出经济决策。

1.2 会计职能与方法

会计的职能是指会计作为一项经济管理工作，在管理和控制过程中所具有的功能和作用。会计有两大职能，分别是核算职能和监督职能。

会计的首要职能——核算，是指会计以货币为主要计量单位，通过确认、计量、记录和报告等环节，反映特定主体的经济活动，向各有关关联方提供信息。比如，企业购进原材料花了多少钱？安装机器设备耗费多少人工？销售商品的收入是多少？这些都需要按照一定的方式方法记录下来，即会计核算功能的具体应用。

会计的职能是指会计在经济管理过程中所具备的功能。会计的核算方法包括会计核算方法体系和会计循环。

1.2.1 会计的职能

会计的职能主要包括以下几个方面：会计核算、会计监督、预测经济前景、参与经济决策、评价经营业绩。前两项为基本职能，后三项为拓展职能。

这里主要介绍会计的核算职能与监督职能，以及会计核算职能和监督职能之间的关系。

1．基本职能

（1）核算职能

会计核算职能是指会计以货币为主要计量单位，通过确认、计量、记录、报告等环节，对特定主体的经济活动进行记账、算账、报账，为各有关方面提供会计信息的功能。

会计核算职能也被称为反映职能，包括事前、事中、事后的反映，即贯穿整个经济活动的全过程。事前反映主要是提供有关预测未来经济活动效果的数据资料，以便于对经营管理做出决策和采取措施；事中反映是通过核算和监督相结合的方法，对日常经济活动进行控制，使其按计划或预期的目标进行；事后反映则是通过算账、报账，提供能综合反映经济活动现状的核算指标。

会计核算具有完整性、连续性和系统性。会计核算职能概括起来可以简单总结为三项工作、四个环节和七种方法。

从会计的含义可以知道，会计工作的过程其实就是一个核算的过程。会计对实际发生的经济活动进行核算，要以凭证为依据，要有完整的和连续的记录，并按经济管理的要求，提供系统的数据资料，以便于全面掌握经济活动情况，考核经济效果。

（2）监督职能

会计监督是会计的基本职能之一，是我国经济监督体系的重要组成部分。会计监督职能也称为控制职能，分为事前监督、事中监督和事后监督，主要是利用会计资料和信息反馈对经济活动的全过程加以控制和指导。

会计监督是会计人员在进行会计核算的同时，通过预测、决策、控制、分析以及考评等方法，对特定主体经济活动的真实性、合法性和合理性进行审查，以控制、规范单位经济活动的运行，使其达到预定目标的功能。其中，真实性是指提供的会计信息必须与客观经济事项符合，不得弄

虚作假；合法性是指各项经济活动要符合国家相关法律法规的规定，严格执行各项方针政策；合理性是指各项财务收支要符合企业内部有关规定，杜绝奢侈浪费等违背内部控制制度要求的情况出现，为增收节支、提高经济效益把好关。

会计监督的目的在于改善经营或预算管理，维护国家财政制度和财务制度，保护社会主义公共财产，合理使用资金，促进增产节约，提高经济效益。

会计监督的对象是本单位的经济活动，具体内容包括：

①对会计凭证、会计账簿和会计报表等会计资料进行监督，以保证会计资料的真实、准确、完整、合法。

②对各种财产和资金进行监督，以保证财产、资金的安全完整与合理使用。

③对财务收支进行监督，以保证财务收支符合财务制度的规定。

④对经济合同、经济计划及其他重要经营管理活动进行监督，以保证经济管理活动的科学、合理。

⑤对成本费用进行监督，以保证用尽可能少的投入，获得尽可能多的产出。

⑥对利润的实现与分配进行监督，以保证按时上交税金和进行利润分配等。

（3）会计核算职能与监督职能的关系

会计核算职能和会计监督职能是相辅相成、辩证统一的关系。会计核算是会计监督的基础，没有核算所提供的各种信息，监督就失去了依据；而会计监督又是会计核算质量的保障，只有核算，没有监督，就难以保证核算所提供信息的真实性、可靠性。

2. 拓展职能

会计的拓展职能主要有：①预测经济前景；②参与经济决策；③评价经营业绩。

3. 会计职能的特点

（1）计量单位

计量单位以货币为主。会计主体的经济业务是多种多样的，需要统一的货币记录和反映生产经营过程和经营成果，才能从数量上综合核算各单位的经济活动状况。《企业会计准则》规定："会计核算以人民币为记账本位币。收支业务以外国货币为主的单位，也可以选定某种外国货币作为记账本位币，但是编制的会计报表应当折算为人民币反映。境外单位向国内有关部门编制的会计报表，应当折算为人民币反映。"

（2）会计核算的四个环节

会计核算的四个环节为：确认、计量、记录和报告。会计核算必须按照这四个环节进行，不能有遗漏和中断。首先，按照一定的标准来确定所发生的经济活动是否属于会计核算的范围；其次，对属于会计核算范围的经济业务以货币计量其金额；再次，按照会计合适的方法登记该项经济业务；最后，通过财务报告形式汇总信息，向有关人员提供会计信息。

（3）核算的目的

核算的目的是向财务报告使用者提供企业财务状况、经营成果和现金流量等有关的会计信息。财务报告使用者包括企业所有者、管理者、债务债权人、政府部门和投资者等。

1.2.2 会计核算方法

会计方法包括会计核算方法、会计监督方法、会计分析方法和会计决策方法等，其中最基础和最重要的是会计核算方法。

1. 会计核算方法

会计核算方法是指对各单位已经发生的经济活动进行完整的、连续的、系统的核算和监督应用的方法，主要包括：设置会计科目及账户、复

式记账、填制和审核凭证、登记账簿、成本计算、财产清查和编制会计报表，如图 1.1 所示。

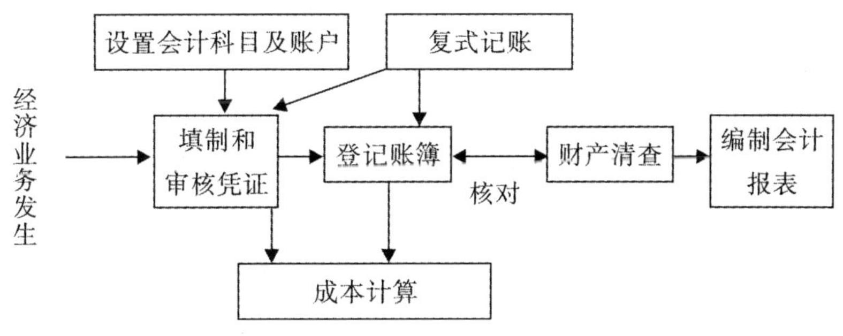

图 1.1　会计核算方法关系图

（1）设置会计科目及账户

会计科目是对会计对象的具体内容分类进行核算的方法。由于会计对象的内容是多种多样的，因此，必须通过科学分类的方法，才能将它系统地反映出来。企业可以选用国家统一会计制度设置的会计科目，也可以根据统一会计制度规定的内容自行设置和使用会计科目。

账户是根据会计科目在账簿中设置，具有一定的结构，用以反映会计对象具体内容的增减变化及其结果的一种专门方法。设置会计科目与账户，是复式记账、填制凭证、登记账簿和编制财务报表等的基础。

（2）复式记账

复式记账是记录经济业务的一种方法，是指对任何一笔经济业务，都必须用相同的金额在两个或两个以上的有关账户中相互联系地进行登记。可以通过每一项经济业务事项所涉及的两个或两个以上的账户之间的平衡关系来检查会计记录的正确性，可以通过账户的对应关系完整地反映经济业务的来龙去脉。

（3）填制和审核凭证

会计凭证是记录经济业务、明确经济责任的书面证明，是登记账簿的重要依据。填制凭证之前一定要做好审核的工作，本步骤体现核算和监督是相辅相成的会计职能，只有审核合格的经济业务，才能填制记账凭证。

(4) 登记账簿

账簿是用来全面、连续、系统地记录各项经济业务的簿记，也是保存会计数据资料的重要工具。登记账簿是将所有的经济业务按其发生的时间顺序，分门别类地计入有关账簿。登记账簿需要以记账凭证为依据，运用复式记账的方法，将各项经济业务分类记录，起到分类的作用。账簿是企业编制会计报表的主要依据。

(5) 成本计算

成本计算是指对生产经营过程所发生的各种费用，按照一定对象和标准进行归集和分配，以计算确定各该对象的总成本和单位成本的一种专门方法。企业在每个资金循环阶段都会产生成本，如采购原材料、销售成本等，这些费用需要按照一定的对象进行归集，选用合适的成本归集方法，最终核算出每个对象的总成本和单位成本。

(6) 财产清查

财产清查是指通过实物盘点、核对账目、查明各项财产物质和资金的实有数额，保证账实相符的一种方法。如清点现金发现现金短款，需及时查明原因：是存在未达账项、会计人员的操作失误或是存在舞弊等，最终做到账实相符。

(7) 编制会计报表

会计报表是以一定的表格形式，根据账簿记录定期编制的，总括反映企业、行政和事业单位特定时点和一定时期财务状况经营成果的书面文件。企业最主要的报表是资产负债表、利润表和现金流量表。报表能总括反映某个企业的财产状况和经营成果，是会计信息使用者决策的重要依据。

各种会计核算方法既相互联系、密切配合，又相对独立；各种方法联系在一起，构成了一个完整的方法体系。要全面、完整、真实地核算和监督单位的经济活动，就必须运用这些方法，不能取舍。但在运用七种会计方法时，有些方法同时使用，有些方法使用时有先后顺序，其关系是：根据发生的经济业务填制和审核会计凭证，根据审核无误的会计凭证采用复式记账方法登记账簿，根据归集的费用计算成本，期末进行财产清查，在保证账实相符的基础上编制会计报表。

2. 会计循环

会计循环是指按照一定的步骤反复运行的会计程序。从会计工作流程看，会计循环由确认、计量和报告等环节组成；从会计核算的具体内容看，会计循环由填制和审核会计凭证、设置会计科目与账户、复式记账、登记会计账簿、成本计算、财产清查、编制财务会计报告等组成。填制和审核会计凭证是会计核算的起点。

1.3 会计基本假设

会计核算的基本前提又称会计的基本假设，是指组织正常会计核算工作的前提条件。会计核算的环境是复杂多变的，要使会计核算工作具有一定的稳定性和规律性，就必须对会计工作提出一定的前提条件，从而使会计工作处于一个相对稳定的环境中。

1.3.1 会计主体

会计主体是指会计人员所核算和监督的特定单位或组织，是会计确认、计量和报告的空间范围。在进行会计核算之前，必须首先明确规定会计核算的空间范围，即为谁记账，因此，会计主体是会计核算的前提。明确了跨级主体，会计核算就应当以企业发生的各项交易事项为对象，记录和反映企业本身的各项生产经营活动。一般来说，会计主体就是一个单位，如一个机关、一个企业等，这些个体单位都是独立法人。

法律主体可作为会计主体，但会计主体不绝对是法人。如自然人创办的独资企业与合伙企业不具有法人资格，但是在会计核算上必须将其作为会计主体。

会计主体不同于法律主体。一般来说，法律主体必然是一个会计主体。例如，一个企业作为一个法律主体，应当建立财务会计系统，独立反映其财务状况、经营成果和现金流量。但是，会计主体不一定是法律主体。例如，在企业集团的情况下，母公司与子公司是不同的法律主体，但是母公司对子公司拥有控制权，为了对企业集团的财务状况、经营成果和现金流量进行全面反映，就有必要将企业集团作为一个会计主体，编制合并财务报表。

会计人员只能核算和监督所在主体的经济活动，其他主体的经济活动是不在核算和监督范围之内的。会计人员核算和监督的内容成为会计对象。当会计人员服务的对象不是企业，而是某个机关、事业单位或团体等时，就需要采取特殊的原则和方法，即非营利单位会计和社会会计。

1.3.2 持续经营

持续经营是指会计主体在可预见的未来，将根据正常的经营方针和既定的经营目标持续经营下去。在可预见的未来，该会计主体不会破产清算，所持有的资产将正常营运，所负有的债务将正常偿还。如果说会计主体是一种空间界定，那么，持续经营是一种时间上的界定。会计核算应当以企业持续、正常的生产经营活动为前提。

一般情况下，应当假定企业将会按照当前的规模和状态继续经营下去。企业是否持续经营，在会计原则、会计方法的选择上有很大差别。如果企业会持续不断地经营下去，就可以假定企业的固定资产会在持续经营的生产经营过程中长期发挥作用，并服务于生产经营过程，固定资产就可以根据历史成本进行记录，并采用折旧的方法将历史成本分摊到各个会计期间或相关产品的成本中。如果判断企业不会持续经营，固定资产就不应采用历史成本进行记录并按期计提折旧。

持续经营前提的主要意义在于持续经营假设可以使会计原则建立在非清算基础之上，为解决常见的资产计价和收益确认问题提供了基础。但这只是一种假设，任何企业都存在着破产、清算等不能持续经营的风险。当有确凿证据（通常是破产公告的发布）证明企业已经不能再持续经营下去时，该假设会自动失效，此时企业将由清算小组接管，会计核算方法随即改为破产清算会计。

1.3.3 会计分期

会计分期就是将企业的经营活动人为地划分成若干个相等的时间间隔，以便确认某个会计期间的收入、费用、利润，确认某个会计期末的资产、负债、所有者权益，编制财务会计报告。

会计分期的目的，在于通过会计期间的划分，据以结算盈亏，编制财务报表，从而及时向财务报告使用者提供有关企业财务状况、经营成果和现金流量的信息。

会计期间通常分为年度和中期。年度是指一个公历年度，即从每年的1月1日到12月31日；中期（短于一个完整的会计年度的报告期间）包括半年度、季度、月度。

明确会计分期假设意义重大。由于会计分期，才产生了当期与以前期间、以后期间的差别，才使不同类型的会计主体有了记账的基准，进而出现了折旧、摊销等会计处理方法。

1.3.4 货币计量

货币计量是指企业在会计核算中要以货币为统一的主要的计量单位，会计核算以人民币为记账本位币，业务收支以外币为主的企业，可以选定其中一种货币为记账本位币，但在编制财务会计报告时应当折算为人民币。

货币计量前提还包括币值不变这一假定，即假定企业在不同时期的每一单位货币或同量货币具有完全相同的价值。这样，不同时期取得的不同性质、不同价值的资产或负债就可以分类相加；不同时期发生的收入和费用也可以相抵以确定盈亏。

会计四项基本假设相互依存、相互补充。其中，会计主体假设是会计基本假设的基石，它首先从空间上对会计工作的具体核算范围予以了界定。持续经营假设和会计分期假设，都是对会计主体经营时间长度的描述，是紧密联系、相辅相成、缺一不可的两种假设。货币计量为会计核算提供了必要的手段。没有会计主体，就不会有会计分期；没有货币计量，就不会有现代会计。

1.4 会计基础

会计基础是指会计以什么为标准来确认、计量和报告企业的收入和费用，目的是为了更加真实、公允地反映企业某一特定日期的财务状况和某一特定期间的经营成果。

会计基础按其应收应付还是实收实付作为确认、计量和报告企业收入和费用的标准，可以分为权责发生制和收付实现制。

由于会计分期假设，产生了本期与非本期的区别，导致现实的收付期间和企业资源流动发生的期间并不完全一致的情况，从而出现了权责发生制与收付实现制两种确认资产、负债、收入、费用的基础。企业在一定会计期间，为进行生产经营活动而发生的费用，可能在本期已经付出货币资金，也可能在本期尚未收到货币资金。同时，本期发生的费用可能与本期收入的取得有关，也可能与本期收入的取得无关。诸如此类的经济业务应如何处理，必须以所采用的会计基础为依据。

1.4.1 权责发生制

权责发生制，也称应计制或应收应付制，是指收入、费用的确认应当以收入和费用的实际发生作为确认的标准，合理确认当期损益的一种会计制度。

在我国，企业会计核算采用权责发生制。

权责发生制要求，凡是应属本期已实现的收入和已经发生或应当负担的费用，不管其款项是否收付，均作为本期的收入和费用入账；反之，凡不属于本期的收入和费用，即使已收到款项或付出款项，都不应作为本期的收入和费用入账。例如，某企业在2015年6月发生一项业务，向某单位销售一批货物，货已发出，但对方要到下个月才能支付款项，那么，按照权责发生制，对方未付的这笔货款也应该作为本期的收入进行确认，而不是下个月收到货款时才确认收入。

国家《企业会计准则》规定，企业单位会计核算应采用权责发生制。行政事业单位经营也采用权责发生制。在权责发生制下，收入按现金收入及未来现金收入——债权的发生来确认；费用按现金支出及未来现金支出——债务的发生进行确认，而不是以现金的收入与支付来确认收入费用。以权责发生制为基础，企业每届会计期末都应对各项跨期收支做出调整，核算手续虽然较为麻烦，但能使各个期间的收入和费用实现合理的配比，所计量的财务成果也比较正确。

例如，某公司2015年11月份销售一批产品3 000元，12月份收到该款项，这里的3 000元就应该确认为11月份的收入。2016年1月份预付企业全年的报刊费1 200元，每月的报刊费为100元，1月份受益100元，这里2016年1月份应确认的费用为100元。

1.4.2　收付实现制

收付实现制也称现金制，是以收到或支付现金作为确认收入和费用的标准，是与权责发生制相对应的一种会计基础。

在现金收付的基础上，凡在本期实际收到的现款收入，不论其是否属于本期，均应作为本期应计的收入处理；凡在本期实际以现款付出的费用，不论其应否在本期收入中获得补偿，均应作为本期应计费用处理。反之，凡本期还没有以现款收到的收入和没有用现款支付的费用，即使它归属于本期，也不作为本期的收入和费用处理。例如，某企业于2015年6月份预收一笔货款，此时，尽管货物还没有发出，但是已经收到了货款，按照收付实现制原则，这笔货款就应该作为6月份的收入。

在收付实现制下，会计在处理经济业务时不考虑预收预付款项以及应计收入和应计费用的问题，因为实际收到的款项和付出的款项均已登记入账，所以期末不需要进行账项调整，可以根据账簿记录来直接确定本期的收入和费用，并加以对比以确定本期盈亏。但是，采用这种会计处理制度，本期的收入和费用缺乏合理的配比，所计算的各期损益也不够正确，因此企业单位不宜采用收付实现制。适用收付发生制的单位主要有行政事业单位、各级人民政府的财政会计和不实行成本核算的事业单位会计。

事业单位会计核算一般采用收付实现制；事业单位部分经济业务或者事项，以及部分行业事业单位的会计核算采用权责发生制核算的，由财政部在相关会计制度中具体规定。

1.4.3 权责发生制与收付实现制的区别

权责发生制与收付实现制有很大的区别，详细区别体现在如下几个方面。

①收入确认时间方面，权责发生制采用的是“应计制”；收付实现制采用的是“应付制”。

②采用权责发生制情况下，费用确认的时间是“创造收入的会计期间”；采用收付实现制情况下，费用确认的时间是“实际收到现款的期间”。

③权责发生制适用于企业；收付实现制适用于行政事业单位。

④权责发生制侧重资产负债表和利润表，盈亏计算准确；收付实现制侧重现金流量表，盈亏计算不准确。

⑤权责发生制比较复杂；收付实现制比较简单。

1.5 会计信息的使用者与会计信息质量要求

会计信息质量要求是对企业财务报告中提供会计信息质量的基本要求，要求财务报告中所提供的会计信息对投资者等使用者决策有用应具备的基本特征。会计的基本目标是为有关人员提供经济决策等所需要的会计信息。

在会计信息中，一部分是企业管理当局和外部利益各方共享的通用的会计信息，另一部分是出于竞争性自我保护只供管理当局使用而不对外披露的会计信息。前者如资产负债表、利润表和现金流量表所传递的信息，后者如产品的成本构成及单位成本变动信息等。

1.5.1 投资者

在所有权与经营权分离的情况下，投资者虽然不参加企业的日常经营管理，但需要利用会计信息对经营者受托责任的履行情况进行评价，并对企业经营中的重大事项做出决策。投资者通过对会计信息的分析，主要是：评价企业的财务状况和管理当局的经营业绩，检查管理当局是否实现了企业的经营目标；分析企业所处行业的市场前景、本企业的发展潜力和面临的风险，做出维持现有投资、追加投资或转让投资的决策；分析企业在市场竞争中的地位，制定企业的长远发展目标以及诸如企业扩张、收缩等方面的策略。

投资者除包括现有投资者外，还包括潜在的投资者。对于潜在的投资者来说，主要是根据财务会计信息评价企业的各种投资机遇、估量投资的预期成本和收益以及投资风险的大小，做出是否对该企业投资的决策。

1.5.2 债权人

债权人是企业信贷资金的提供者。债权人提供信贷资金的目的是按约定的条件收回本金并获取利息收入。债权人关心的主要是企业能否按期还本付息。基于此，他需要了解资产与负债的总体结构，分析资产的流动性，评价企业的获利能力以及产生现金流量的能力，从而做出向企业提供贷款、维持原贷款数额、追加贷款、收回贷款或改变信用条件的决策。

投资者与债权人不同，两者的区别点主要体现在：

①投资者拥有的是所有权，债权人拥有的是债权。

②投资者一般不能退股，只能转让债权；债权人可以向债务人请求偿还。

③拥有公司股份就可以参与公司决策，拥有债权与决策权无关。

④投资者享受分红，债权人分取利息。

1.5.3 企业管理者

企业管理者是会计信息的内部使用者。企业管理者处于单位领导和管理的最高层次，对于本单位的经济业务拥有决策权或者执行权，与单位其他人员之间是一种领导与服从的关系。企业要完成既定的经营目标，就必须对经营过程中遇到的各种重大问题进行决策，而正确的决策必须以相关的、可靠的信息为依据。企业管理当局在决策过程中，除利用财务会计信息外，还可通过其他途径获取外部使用者无法掌握的内部信息。

1.5.4 政府及相关部门

为了实现社会资源的优化配置，国家必须通过税收、货币和财政政策进行宏观经济管理。在宏观调控中，国民经济核算体系所提供的数据是调控的重要依据。国民经济核算与企业会计核算之间存在着十分密切的联系，企业

会计核算资料是国家统计部门进行国民经济核算的重要资料来源。国家税务部门进行的税收征管是以财务会计数据为基础的；证券管理部门无论是对公司上市资格的审查，还是对公司上市后的监管，都离不开对会计数据的审查和监督。在证券监督管理机构对证券发行与交易进行监管中，财务会计信息的质量是其监管的内容，真实可靠的会计信息又是其对证券市场实施监督的重要依据。

1.5.5 社会公众

按照有关法律规定，企业研究决定生产经营的重大问题、制定重要的规章制度时，应当听取工会和职工的意见和建议；企业研究决定有关职工工资、福利、劳动保险等涉及职工切身利益的问题时，应当事先听取工会和职工的意见。职工在履行上述参与企业管理的权利和义务时，必然要了解相关的会计信息。

1.5.6 会计信息质量要求

会计信息质量的高低关系着决策者们的决策质量高低。要提高会计信息质量，需要会计信息包含以下八大特征：可靠性、相关性、可理解性、可比性、实质重于形式、重要性、谨慎性和及时性。

1. 可靠性

可靠性要求企业应当以实际发生的交易或者事项为依据进行会计确认、计量和报告，如实反映企业的财务状况和经营成果。例如，预计下个月实现销售收入 1000 万元，并确认销售收入的实现。这种做法不以实际发生的交易事项为依据，违背了会计信息质量要求的可靠性原则。

2. 相关性

相关性要求企业提供的会计信息应当与投资者等财务报告使用者的经济决策相关，有助于投资者等财务报告使用者对企业过去、现在或者未来的情况做出评价或者预测，如会计科目的设置、会计账户的开设要满足信息使用者的需求。

3. 可理解性

可理解性要求企业提供的会计信息应当清晰明了，便于投资者等财务报告使用者理解和使用，如填制凭证、登记账簿必须依据合法、账户对应关系清楚；编制报表时，项目钩稽关系清楚。鉴于会计信息是一种专业性较强的信息产品，因此，在强调会计信息的可理解性要求的同时，还应假定使用者具有一定的有关企业生产经营活动和会计核算方面的知识。

4. 可比性

可比性要求企业提供的会计信息应当具有可比性。主要包括两层含义：

（1）纵向比较

纵向比较是指同一企业不同时期可比。要求同一企业在不同时期的会计处理方法前后一致，不得随意变更。如某企业决定采用先进先出法核算存货的领用，一般情况下不允许变更该处理方法。

（2）横向比较

横向比较是指不同企业相同会计期间可比。同类型的不同企业在同一时期的会计处理方法一致，应当按照相同的方法、口径，相互可比。

可比性要求企业尽可能采取相同的会计处理方法，并不意味着企业所选择的核算方法不能做任何变更，在符合一定的条件下，企业可以变更会计核算方法，同时，应在财务报表中披露该变更。

5. 实质重于形式

实质重于形式要求企业应当按照交易或者事项的经济实质进行会计确认、计量和报告，不仅仅以交易或者事项的法律形式为依据。例如，融资租入固定资产应作为融资单位的固定资产管理和核算，同本单位的其他固定资产一起定期提取折旧；售后回购，即使签订了商品销售合同或者已将商品交付，也不应确认收入。

6. 重要性

重要性要求企业提供的会计信息应当反映与企业财务状况、经营成果和现金流量有关的所有重要交易或者事项。如果将企业会计信息中的某一项内容省略或者错报会影响使用者据此做出经济决策，则该项内容就具有重要性。重要性的判断标准是项目性质和金额。例如，月报由于披露时间短，从成本效益原则考虑，可以不披露详细的附注信息。

7. 谨慎性

谨慎性原则也称稳健型原则，是指企业在会计核算时，应当保持必要的谨慎，不应高估资产或者收益、低估负债或者费用。例如：计提固定资产折旧、计提坏账准备、计提各种减值准备或者核算或有负债等。

8. 及时性

及时性要求企业对于已经发生的交易或者事项，应当及时进行确认、计量和报告，不得提前或者延后。及时性体现在三个方面：一是及时收集，企业发生各项经济业务之后，及时收集各种原始凭证，包括自制凭证和外来凭证；二是及时处理，根据原始凭证，及时编制记账凭证，及时登记账簿，及时编制会计报表；三是及时传递，在规定期限内，及时将企业的会计报表传递给财务报告使用者，及时披露相关会计信息。

1.6 会计准则体系

会计准则体系包括会计准则的构成、企业会计准则、小企业会计准则和事业单位会计准则。

1.6.1 会计准则的构成

会计准则是反映经济活动、确认产权关系、规范收益分配的会计技术标准，是生成和提供会计信息的重要依据，也是政府调控经济活动、规范经济秩序和开展国际经济交往等的重要手段。会计准则具有严密和完整的体系。我国已颁布的会计准则有《企业会计准则》《小企业会计准则》和《事业单位会计准则》。

1.6.2 企业会计准则

我国的企业会计准则体系包括基本准则、具体准则、应用指南和解释公告等。2006 年 2 月 15 日，财政部发布了《企业会计准则》，自 2007 年 1 月 1 日 起在上市公司范围内施行，并鼓励其他企业执行。

1.6.3 事业单位会计准则

2012 年 12 月 6 日，财政部修订发布了《事业单位会计准则》，自 2013 年 1 月 1 日起在各级各类事业单位施行。该准则对我国事业单位的会计工作予以规范。

1.7 会计职业规划

会计是一门专业性要求较高的行业，从事会计行业一般都要考取相关专业资格证书，如会计从业资格证书、初级会计师证书、中级会计师证书、注册会计师证书等。

会计专业的职业方向一般分为三类：第一，从事会计核算或管理工作；第二，从事审计工作；第三，从事会计教学或研究工作。拥有会计从业资格证书是从事这个行业的基本要求，若从事会计核算或管理工作，要求考取职称证书，随着经验的积累可以从会计核算升级到会计管理工作；若从事审计工作，一般要求考取注册会计师证书，具有在审计报告中签名盖章的权利；从事会计教学或研究工作对学历要求比较高，同时需要有深厚的理论和实践经验。

会计专业技术职称分为初级会计师、中级会计师和高级会计师，其中初级会计师为初级职称，中级会计师为中级职称，高级会计师为高级职称。初、中级会计职称通过考试形式取得，高级职称一般都由单位评选。本节将介绍最常见的几种证书。

1.7.1 会计从业资格证书的取得

会计从业资格证书简称“会计证”，是从事财务工作必备的证书。

1. 报名要求

凡符合《中华人民共和国会计法》《会计从业资格管理办法》等有关法律、法规规定，申请取得会计从业资格的人员，均可报名考试。

①坚持原则，具备良好的道德品质。

②遵守国家法律、法规。

③具备一定的会计专业知识和技能。

④热爱会计工作，秉公办事。

被吊销会计从业资格证书的人员，符合重新申请取得会计从业资格条件的，均须参加会计从业资格考试。

因有提供虚假财务会计报告，做假账，隐匿或者故意销毁会计凭证、会计账簿、财务会计报告，贪污、挪用公款，职务侵占等与会计职务有关的违法行为，被依法追究刑事责任的人员，不得取得或者重新取得会计从业资格。

免试条件：申请人符合上述条件规定且具备国家教育行政主管部门认可的中专以上（含中专，下同）会计类专业学历（或学位）的，自毕业之日起两年内（含两年），免试会计基础、初级会计电算化（或者珠算五级）。会计类专业包括：会计学、会计电算化、注册会计师专门化、审计学、财务管理、理财学。

2. 考试科目

会计从业资格考试科目为：《财经法规与会计职业道德》《会计基础》《初级会计电算化》（或者《珠算五级》）。参加考试的人员必须在连续的两个考试年度内通过全部科目的考试。

1.7.2 初级会计师的取得

初级会计职称考试又称助理会计师考试、会计专业技术初级资格考试，是由全国统一组织、统一考试时间、统一命题、统一合格标准的考试。该证书在全国范围内有效。该考试所涉及的知识基础较为实用，是出纳、会计助理、会计等初级财务人员的必备知识。

1. 报名条件

报名参加会计专业技术初级资格考试的人员，应具备下列基本条件：

①坚持原则，具备良好的职业道德品质。

②认真执行《中华人民共和国会计法》和国家统一的会计制度，以及有关财经法律、法规、规章制度，无严重违反财经纪律的行为。

③履行岗位职责，热爱本职工作。

④具备会计从业资格，持有会计从业资格证书。

报名参加会计专业技术初级资格考试的人员，除具备以上基本条件外，还必须具备教育部门认可的高中毕业以上学历。

2. 考试科目

会计专业技术初级资格考试设《经济法基础》《初级会计实务》两个科目。

会计专业技术初级资格考试分两个半天进行，《初级会计实务》考试时间为3小时，《经济法基础》考试时间为2.5小时。

参加会计专业技术初级资格考试的考生，必须在一个考试年度内通过全部科目（两个）的考试，方能取得会计专业技术资格证书，因此，必须一次报考全部的两个考试科目。

会计专业技术资格实行定期登记制度。资格证书每三年登记一次。持证者应按规定到当地人事、财政部门指定的办事机构办理登记手续。

1.7.3 中级会计师的取得

会计专业技术中级资格考试实行全国统一组织、统一考试时间、统一考试大纲、统一考试命题、统一合格标准的考试制度。会计专业技术资格考试原则上每年举行一次。

1. 报考条件

在国家机关、社会团体、企业、事业单位和其他组织中从事会计工作，并符合报名条件的人员，均可报考。

会计专业技术中级资格考试合格者，颁发人事部统一印制，人事部、财政部用印的“会计专业技术资格证书”，该证书在全国范围内有效。用人单位可根据工作需要和德才兼备的原则，从获得会计专业技术资格的会计人员中择优聘任。

报名参加会计专业技术资格考试的人员，应具备下列基本条件：

①坚持原则，具备良好的职业道德品质。

②认真执行《中华人民共和国会计法》和国家统一的会计制度，以及有关财经法律、法规、规章制度，无严重违反财经纪律的行为。

③履行岗位职责，热爱本职工作。

④具备会计从业资格，持有会计从业资格证书。

报名参加会计专业技术中级资格考试的人员，除具备以上基本条件外，还必须具备下列条件之一：

①取得大学专科学历，从事会计工作满 5 年。

②取得大学本科学历，从事会计工作满 4 年。

③取得双学士学位或研究生班毕业，从事会计工作满 2 年。

④取得硕士学位，从事会计工作满 1 年。

⑤取得博士学位。

对通过全国统一的考试，取得经济、统计、审计专业技术中、初级资格证书的人员，并具备以上基本条件，均可报名参加相应级别的会计专业技术资格考试。

报名条件中所规定的从事会计工作年限是指取得规定学历前、后从事会计工作的合计年限，其截止日期为考试报名年度当年年底前。

2. 考试科目

会计专业技术中级资格考试设《财务管理》《经济法》《中级会计实务》三个科目。

《财务管理》《经济法》考试时间为 2.5 小时，《中级会计实务》考试时间为 3 小时。会计专业技术中级资格考试以两年为一个周期，参加考试的人

员必须在连续的两个考试年度内通过全部科目的考试。

1.7.4 高级会计师的取得

高级会计师是会计最高职称，在学历和工作资历、外语、计算机技术、会计专业知识上，都有严格的要求。

高级会计师的基本职责是：负责草拟和解释、解答一个地区、一个部门、一个系统或在全国施行的财务会计法规、制度、办法；组织和指导一个地区、一个部门、一个系统的经济核算和财务会计工作，培养中级以上会计人才。

高级会计师的评定办法是：必须先参加全国统一的《高级会计实务》考试，考试合格并符合下述相关要求后，由本人申请，单位推荐，经所在单位、省直主管部门、地市财政部门或基层职称评委会进行考核评议，并提出考核推荐材料，报省、自治区、直辖市财政部门会计专业高级职务评审委员会评审通过，省级人社部门备案批准。

高级会计师的任职条件，除必须拥护中国共产党的领导、热爱祖国、坚持四项基本原则、遵守和执行《中华人民共和国会计法》外，还要具备四个基本条件：

①较系统地掌握经济、财务会计理论和相关专业知识。

②具有较高的政策水平和丰富的财务会计工作经验，能担负一个地区、一个部门或一个系统的财务会计管理工作。

③取得博士学位，并担任会计师职务 2 ~3 年；取得硕士学位、第二学士学位或研究生班结业证书，或大学本科毕业并担任会计师职务 5 年以上。

④较熟练地掌握一门外语。

申请参加高级会计师资格考试的人员，须符合下列条件之一：

①《会计专业职务试行条例》规定的高级会计师专业职务任职资格评审条件。

②省级人事、财政部门或中央单位批准的本地区、本部门申报高级会计师职务任职资格评审的破格条件。

高级会计师考试一般在每年五六月份报名，一般在每年 9 月的第一个星期日考试。考试科目为《高级会计实务》，考试时间为 210 分钟。

采取开卷笔答方式进行。主要考核应试者运用会计、财务、税收等相关的理论知识、政策法规，分析、判断、处理会计业务的能力和解决会计工作实际问题的综合能力。

各地区、各中央单位可根据本地区、本部门会计专业人员的实际情况，在全国会计考办确定的使用标准范围内，确定当年评审有效的使用标准，并报全国会计考办备案。参加考试并达到国家合格标准的人员，由全国会计考办核发高级会计师资格考试成绩合格证，该证在全国范围内 3 年有效。

1.7.5 注册会计师的取得

注册会计师（Certified Public Accountant，简称 CPA）考试是中国的一项执业资格考试。财政部成立注册会计师考试委员会（简称“财政部考委会”），组织领导注册会计师全国统一考试工作。财政部考委会设立注册会计师考试委员会办公室（简称“财政部考办”），组织实施注册会计师全国统一考试工作。财政部考办设在中国注册会计师协会。

各省、自治区、直辖市财政厅（局）成立地方注册会计师考试委员会（简称“地方考委会”），组织领导本地区注册会计师全国统一考试工作。地方考委会设立地方注册会计师考试委员会办公室（简称“地方考办”），组织实施本地区注册会计师全国统一考试工作。地方考办设在各省、自治区、直辖市注册会计师协会。

为便于更多的境外行业专业人才加入中国注册会计师队伍，提升中国注册会计师整体服务能力，扩大中国注册会计师行业的国际影响，2006—2010 年，中国注册会计师协会在欧洲地区设立了中国注册会计师统一考试考场。

会计职称与注册会计师的区别：会计师是会计行业的专业技术职称，注册会计师是一种执业资格，参加全国统一考试获得全科合格证书即可注册成为中国注册会计师协会会员，分为会计师事务所执业会员和非执业会员。前

者偏重会计，后者主要是审计。资深CPA往往是高级会计师，而拥有丰富会计实际工作经验的高级会计师并不一定拥有CPA资格，除非会计师事务所执业需要，多是大型企业、政府部门高级管理人员，在参加注册会计师考试时可以申请免试相关专业课程一门。

注册会计师专业阶段考试报名条件：

①具有完全民事行为能力。

②具有高等专科以上学校毕业学历，或者具有会计或相关专业中级以上技术职称。

免试条件：具有会计或者相关专业高级技术职称的人员（包括学校及科研单位中具有会计或者相关专业副教授、副研究员以上职称者），可以申请免予专业阶段考试一门专长科目的考试。

申请免予考试的人员，应当填写“注册会计师全国统一考试——专业阶段考试科目免试申请表”，并向报名所在地地方考办提交高级技术职称证书及复印件。地方考办审核无误后，报财政部考办审核批准，方可免试。

注册会计师综合阶段考试报名条件：

①具有完全民事行为能力。

②已取得财政部考委会颁发的注册会计师全国统一考试专业阶段考试合格证书。

考试划分为专业阶段考试和综合阶段考试。考生在通过专业阶段考试的全部科目后，才能参加综合阶段考试。

考试每年举行一次，注册会计师全国统一考试报名时间一般在每年的3月中旬至4月中旬，具体时间由各地方考试委员会确定，一般应不少于20个工作日。考试时间安排在每年9月份中下旬，成绩公布是12月份。专业阶段考试设会计、审计、财务成本管理、公司战略与风险管理、经济法、税法6个科目；综合阶段考试设职业能力综合测试1个科目。报名人员可在一次考试中同时报考6个科目，也可选择报考部分科目，单科成绩合格者，其合格成绩在取得单科合格成绩后的连续4次考试中有效。

每科考试均实行百分制，60分为成绩合格分数线。专业阶段考试的单科考试合格成绩5年内有效。对在连续5个年度考试中取得专业阶段考试全部科目考试合格成绩的考生，财政部考委会颁发注册会计师全国统一考试专业阶段考试合格证书。考生向参加专业阶段考试最后一科考试所在地的地方考办领取合格证书。

综合阶段考试科目应在取得注册会计师全国统一考试专业阶段考试合格证书后5个年度考试中完成。对取得综合阶段考试科目考试合格成绩的考生，财政部考委会颁发注册会计师全国统一考试全科考试合格证书。

1.8 本章习题

一、复习思考题

（1）会计的含义是什么？

（2）会计核算和会计监督有什么关系？

（3）会计核算的基本前提有哪些？

（4）解释会计信息质量要求。

（5）会计核算各方法之间有何关系？

（6）思考自己的职业定位，考取适合自己的证书。

二、实务操作题

（一）选择题

（1）确立会计核算空间范围所依据的会计基本假设是(　　)。

A. 会计主体　　B. 持续经营

C. 会计分期　　D. 货币计量

（2）会计的基本职能是(　　)。

A. 记录和计算　　B. 核算和监督

C. 计划和决策　　D. 记账和报表

（3）企业的固定资产可以按照一定的标准采用某一方法计提折旧，该项内容所依据的会计核算基本前提是指(　　)。

A. 会计主体　　B. 持续经营

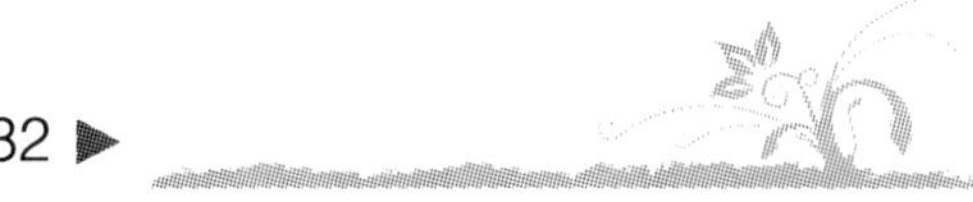

C. 会计分期　　D. 货币计量

（4）企业计提坏账准备，符合信息质量（　　）的要求。

A. 相关性　　B. 重要性

C. 谨慎性　　D. 实质重于形式

（5）下列各项说法不正确的有（　　）。

A. 我国境内的企业会计核算只能以人民币作为记账本位币

B. 在境外设立的中国企业向国内报送财务报告时，应当折算成人民币

C. 业务收支以某一外币为主的企业可以选择将该种外币作为记账本位币

D. 选择外币为记账本位币的企业，其会计报表必须折算成人民币

（6）下列关于会计监督的说法正确的是（　　）。

A. 会计监督是指对会计主体的货币情况进行监督

B. 会计监督要求对特定主体经济活动的全过程进行监督

C. 会计监督的标准是合法性、合理性和有效性

D. 会计监督既可以对凭证、账簿等进行监督，也可以对财产实物进行监督

（7）货币计量前提是以（　　）为基础。

A. 会计分期　　B. 持续经营

C. 会计主体　　D. 核算和监督

（8）会计日常核算工作的起点是（　　）。

A. 设置会计科目及账户　　B. 财产清查

C. 填制和审核凭证　　D. 登记会计账簿

（9）下列各项会计处理的选择，符合谨慎原则的是（　　）。

A. 发出存货，在物价上涨时期采用先进先出法计价

B. 采用加速折旧法计提固定资产折旧

C. 采用直线法计提固定资产折旧

D. 存货计提跌价准备

（10）下列不属于会计核算职能的是(　　)。

A. 确定经济活动是否应该或能够进行会计处理

B. 审查经济活动是否违背内部控制制度的要求

C. 将已经记录的经济活动内容进行计算和汇总

D. 编制会计报表提供经济信息

（二）判断题

（1）我国的库存现金仅指人民币。(　　)

（2）没有会计核算，会计监督即失去存在的基础；没有会计监督，会计核算仍会正常进行。(　　)

（3）一贯性原则强调的是不同企业同一会计期间会计信息可以比较，可比性原则强调的是同一企业不同会计期间会计信息可以比较。(　　)

（4）会计核算的基本前提包括会计主体、会计期间、货币计量和持续经营。(　　)

（5）会计主体假设为会计核算规定了时间范围。(　　)

（6）我国会计准则规定：凡是在我国境内的企业，会计核算必须采用人民币为记账本位币。(　　)

（7）会计主体必须是法律主体。(　　)

（8）法律主体一定是会计主体。(　　)

第 2 章

会计账户

本章阐述实账演练第一步——初识账户。设置会计科目与账户是会计实账演练的第一步，是会计核算的前提和基础。为全面、连续、系统地反映会计主体发生的经济业务活动，在会计核算之前就需要对会计对象进行具体分类，设置会计科目，并且根据会计科目设置账户。

2.1 会计要素

一般来讲，会计的内容是企业、行政和事业等单位在社会再生产过程中可以用货币表现的经济活动，即价值运动。会计的内容，即会计的对象，是会计所要核算和监督的内容。会计内容按照经济特征所做的最基本分类，即为会计要素，是会计内容的具体化。

我国的会计准则把会计要素按性质分为六类：资产、负债、所有者权益、收入、费用和利润。其中资产、负债和所有者权益侧重于反映企业的财务状况，表现企业资金运动的相对静止状态；收入、费用和利润侧重于反映企业的经营成果，表现企业资金运动的显著变动情况。

2.1.1 会计要素的含义与分类

1. 会计要素的含义

会计要素是指根据交易或者事项的经济特征所确定的财务会计对象的基本分类，是会计核算对象的具体化，是用于反映会计主体财务状况和经营成果的基本单位。它也是指按照交易或事项的经济特征所做的基本分类，是会计核算和会计监督的具体对象和内容，是构成会计对象具体内容的主要因素。

会计要素为会计分类核算提供了基础，因为它构筑了财务报表的基本框架，因此也被称为会计报表因素。通过会计要素的确认，可以判定某一项目是否纳入财务报表反映。会计工作就是围绕会计要素的确认、计量、记录和报告展开的。

2. 会计要素的分类

我国《企业会计准则》将会计要素划分为资产、负债、所有者权益、收入、费用和利润六类，其中，前三类属于反映财务状况的会计要素，在资产负债表中列示；后三类属于反映经营成果的会计要素，在利润表中列示。会计要素包括六大类，反映财务状况的会计要素包括：资产、负债、所有者权益；反映经营状况的会计要素包括：收入、费用、利润。

2.1.2 会计要素的确认

1. 资产

资产是指企业过去的交易或者事项形成的、由企业拥有或控制的、预期会给企业带来经济利益的资源。如表2.1所示。

表2.1 会计要素——资产

<table>
<tr><th>项目</th><th colspan="3">内容</th></tr>
<tr><td rowspan="3">资产的特征</td><td colspan="3">（1）资产是由企业过去的交易或者事项形成的</td></tr>
<tr><td colspan="3">（2）资产是企业拥有或者控制的资源</td></tr>
<tr><td colspan="3">（3）资产预期会给企业带来经济利益</td></tr>
<tr><td rowspan="2">资产的确认条件</td><td colspan="3">（1）与该资源有关的经济利益很可能流入企业</td></tr>
<tr><td colspan="3">（2）该资源的成本或者价值能够可靠地计量</td></tr>
<tr><td rowspan="2">资产的分类</td><td rowspan="2">按流动性进行分类</td><td>流动资产</td><td>预计在一个正常营业周期中变现、出售或耗用，或者主要为交易目的而持有，或者预计在资产负债表日起一年内（含一年）变现的资产，以及自资产负债表日起一年内交换其他资产或清偿负债的能力不受限制的现金或现金等价物</td></tr>
<tr><td>非流动资产</td><td>流动资产以外的资产</td></tr>
</table>

一个正常营业周期是指企业从购买用于加工的资产起至实现现金或现金等价物的期间。正常营业周期通常短于一年，在一年内有几个营业周期。但是，也存在正常营业周期长于一年的情况，在这种情况下，与生产循环相关的产成品、应收账款、原材料尽管是超过一年才变现、出售或耗用，仍应作为流动资产。当正常营业周期不能确定时，应当以一年（12 个月）作为正常营业周期。

2. 负债

负债是指企业过去的交易或者事项形成的，预期会导致经济利益流出企业的现时义务。如表 2. 2 所示。

表 2. 2　会计要素——负债

<table>
<tr><th>项目</th><th colspan="3">内容</th></tr>
<tr><td rowspan="3">负债的特征</td><td colspan="3">（1）负债是由企业过去的交易或事项形成的</td></tr>
<tr><td colspan="3">（2）负债预期会导致经济利益流出企业</td></tr>
<tr><td colspan="3">（3）负债是企业承担的现时义务</td></tr>
<tr><td rowspan="2">负债的确认条件</td><td colspan="3">（1）与该义务有关的经济利益很可能流出企业</td></tr>
<tr><td colspan="3">（2）未来流出的经济利益的金额能够可靠地计量</td></tr>
<tr><td rowspan="2">负债的分类</td><td rowspan="2">按偿还期限的长短</td><td>流动负债</td><td>指预计在一个正常营业周期中偿还，或者主要为交易目的而持有，或者自资产负债表日起一年内（含一年）到期应予以清偿，或者企业无权自主地将清偿推迟至资产负债表日以后一年以上的负债</td></tr>
<tr><td>非流动负债</td><td>流动负债以外的负债</td></tr>
</table>

3. 所有者权益

所有者权益是指企业资产扣除负债后由所有者享有的剩余权益。公司的所有者权益又称为股东权益。其来源包括所有者投入的资本、直接计入所有者权益的利得和损失、留存收益等，具体表现为实收资本（或股本）、资本公积（含资本溢价或股本溢价、其他资本公积）、盈余公积和未分配利润。如表2.3所示。

表2.3 会计要素——所有者权益

<table>
<tr><th>项目</th><th colspan="3">内容</th></tr>
<tr><td rowspan="3">所有者权益的特征</td><td colspan="3">（1）除非发生减资、清算或分派现金股利，企业不需要偿还所有者权益</td></tr>
<tr><td colspan="3">（2）所有者凭借所有者权益能够参与企业利润的分配</td></tr>
<tr><td colspan="3">（3）企业清算时，只有清偿完所有的负债后，所有者权益才返还给所有者</td></tr>
<tr><td>所有者权益的确认条件</td><td colspan="3">所有者权益的确认、计量主要取决于资产、负债、收入、费用等其他会计要素的确认和计量。所有者权益在数量上等于企业资产总额扣除债权人权益后的净额，即为企业的净资产，反映所有者（股东）在企业资产中享有的经济利益</td></tr>
<tr><td rowspan="3">所有者权益的分类</td><td rowspan="3">按照来源</td><td>所有者投入的资本</td><td>是指所有者投入企业的资本部分，它既包括构成企业注册资本（实收资本）或者股本部分的金额，也包括投入资本超过注册资本或者股本部分的金额，即资本溢价或者股本溢价。这部分投入资本在我国企业会计准则体系中被计入了资本公积，并在资产负债表中的资本公积项目反映</td></tr>
<tr><td>直接计入所有者权益的利得和损失</td><td>指不应计入当期损益、会导致所有者权益发生增减变动的、与所有者投入资本或者向所有者分配利润无关的利得或者损失</td></tr>
<tr><td>留存收益</td><td>是盈余公积和未分配利润的统称</td></tr>
</table>

2.1.3 会计要素的计量

企业在将符合确认条件的会计要素登记入账，并列报于财务报表时，应当按照规定的会计记录属性进行计量，确认其金额。计量属性反映的是会计要素金额的确定基础，主要包括历史成本、重置成本、可变现净值、现值和公允价值五种。

1. 会计计量属性及其构成

会计计量属性是指会计要素的数量特征或外在表现形式，反映了会计要素金额的确定基础，主要包括历史成本、重置成本、可变现净值、现值和公允价值等。

（1）历史成本

历史成本，又称为实际成本，是指为取得或制造某项财产物资实际支付的现金或其他等价物。

（2）重置成本

重置成本，又称现行成本，是指按照当前市场条件，重新取得同样一项资产所需要支付的现金或者现金等价物金额。它通常表示在本期重置或重建持有资产的一种计量属性，在实务中也常用于盘盈固定资产的计量等方面。在重置成本计量下，资产按照现在购买相同或者相似资产所需支付的现金或者现金等价物的金额计量。负债按照发生经济业务的当时偿付该项债务所需支付的现金或者现金等价物的金额计量。

除非在原始交易时日，现行成本与历史成本代表相等的数量；否则，两者代表不同的数量。即使价格不变，资产的重置成本也不完全等于其历史成本。在资产评估工作中，大都采用重置成本的方法，因为它可以体现资产的现时价值，接近市场的公允价值。重置成本计量属性能避免价格变动的虚计收益，反映真实的财务状况，客观评价企业的管理业绩。

（3）可变现净值

可变现净值是指在正常的生产经营过程中，以预计售价减去进一步加工成本和预计销售费用以及相关税费后的净值。在可变现净值计量下，资产按照其正常对外销售所能收到的现金或者现金等价物的金额扣减该资产至完工时估计将要发生的成本、估计的销售费用以及相关税费后的金额计量。

可变现净值通常用于存货减值情况下的后续计量，计算公式为：

存货可变现净值＝存货估计售价－完工估计尚需发生的成本－估计销售费用－相关税金

可变现净值假设企业处于正常经营状态，符合持续经营假设。它与现行市价一样，都是立足于销售的立场确定某项资产的变现价值。不同之处在于，可变现净值是预期的未来的未贴现的变现价值，因此需要扣除为继续加工所需要的现金支出。

（4）现值

现值是指对未来现金流量以恰当的折现率进行折现后的价值，是考虑货币时间价值的一种计量属性。在现值计量下，资产按照预计从持续使用和最终处置中所产生的未来净现金流入量的折现金额计量；负债按照预计期限内需偿还的未来净现金流出量的折现金额计量。

在会计计量中，运用现值技术，主要目的在于捕捉一系列现金流量中不同范围的经济差异。运用现值进行初始计量后，还要在后续时期重新开始计量。现值通常用于非流动资产可收回金额和以摊余成本计量的金融资产价值的确定等。

（5）公允价值

公允价值是指市场参与者在计量日发生的有序交易中，出售一项资产所能收到或者转移一项负债所需支付的价格。在公允价值计量下，资产和负债按照在公平交易中，熟悉情况的交易双方自愿进行资产交换或者债务清偿的金额计量。相对于历史成本而言，公允价值计量所提供的会计信息具有更高的相关性。公允价值计量主要应用于交易性金融资产、可供出售金融资产的计量等方面。

2. 计量属性的运用原则

根据我国会计准则的规定，企业在对会计要素进行计量时，一般应当采用历史成本。在某些情况下，为了提高会计信息质量，实现财务报告目标，企业会计准则允许采用重置成本、可变现净值、现值、公允价值计量的，应当保证所确定的会计要素金额能够取得并可靠计量，如果这些金额无法取得或者可靠计量的，则不允许采用其他计量属性。

2.2 会计恒等式

会计恒等式也叫会计等式，或称会计方程式，反映了会计基本要素之间的数量关系和企业产权的归属关系。

2.2.1 会计等式的表现形式

1. 会计等式的概念

会计等式又称会计恒等式、会计方程式或会计平衡公式，是表明各会计要素之间基本关系的等式。它提示各会计要素之间的联系，是复式记账、试算平衡和编制会计报表的理论依据。

2. 财务状况等式

一个企业的资产和权益（负债和所有者权益），实际上是同一资金的两个不同方面，是从资金的占用形式和来源两个不同角度观察和分析的结果。有一定数额的资产，就有一定数额的权益；反之，有一定数额的权益，就有一定数额的资产。资产和权益这种相互依存的关系，决定了在数量上一个企业的资产总额与权益总额必定相等。即：资产 = 权益。所示资产表明的是资源在企业存在、分布的形态，而权益则表明了资源取得和形成的渠道。资源来源于权益，资产与权益必然相等。

财务状况等式亦称基本会计等式和静态会计等式，是用以反映企业某一特定时点资产、负债和所有者权益三者之间平衡关系的会计等式。即：资产 = 负债 + 所有者权益。

这一等式是复式记账法的理论基础，也是编制资产负债表的依据。它表明了企业在某一特定时点所拥有的各种资产以及债权人和投资者对企业资产要求权的基本状况，表明企业所拥有的全部资产，都是由投资者和债权人提供的。企业在生产经营过程中，每天都会发生多种多样、错综复杂的经济业务，从而引起各会计要素的增减变动，但并不影响资产与权益的恒等关系。

3. 经营成果等式

经营成果等式亦称动态会计等式，是用以反映企业一定时期收入、费用和利润之间恒等关系的会计等式。即：收入 - 费用 = 利润。

这一等式反映了利润的实现过程，是编制利润表的依据。它揭示了企业的财务状况与经营成果之间的相互联系。

2.2.2 经济业务对会计等式的影响

经济业务又称会计事项，是指在经济活动中使会计要素发生增减变动的交易或者事项。企业经济业务按其对财务状况等式的影响不同可以分为九种基本类型。如表 2.4 所示。

表 2.4 资产、负债、所有者权益的变动

经济业务	资产	负债	所有者权益
第 1 种	增加、减少	不变	不变
第 2 种	增加	增加	——
第 3 种	增加	——	增加
第 4 种	减少	减少	——
第 5 种	减少	——	减少
第 6 种	不变	增加、减少	不变
第 7 种	不变	增加	减少
第 8 种	不变	减少	增加
第 9 种	不变	不变	增加、减少

由表2.4可以看出，任意一项经济业务的发生，都必然会引起会计等式一边或两边相关项目的变化，而且该变化是等量的。经济业务若是只引起等式一边项目的变化，则必然是等额的一增一减；若是引起等式两边项目的变化，则必定是等额的同增或同减。因此，无论企业发生什么样的经济业务，会计要素被引起什么样的变动，资产与权益的恒等关系（即会计等式平衡）都不会被破坏。

作为会计事项的经济活动必须具备两个条件：一是能客观地用货币量度进行评价；二是可以改变会计要素的内容和内在联系。企业在经营过程中，不断发生各项经济业务，各项经济业务会影响会计各要素的增减变化，但不会影响会计等式的平衡。

经济业务对会计要素的影响可以概括为四大类（九种类型）：

（1）一项资产增加，另一项资产减少，增减金额相等

【例】甲企业本月购入机器设备一台，价税合计金额为600 000元，已用银行存款支付，机器已安装投入使用。

企业用银行存款购入机器，固定资产增加600 000元，银行存款减少600 000元，资产内部一增一减，资产总额不变，会计恒等式保持平衡。

（2）一项权益增加，另一项权益减少，增减金额相等

①一项负债增加，另一项负债减少。

②一项所有者权益增加，另一项所有者权益减少。

③一项负债增加，一项所有者权益减少。

④一项所有者权益增加，一项负债减少。

【例】甲企业向银行借入短期借款1 000 000元，偿还上月所欠材料款项。

企业用短期借款偿还材料欠款，短期借款增加1 000 000元，应付账款减少1 000 000元，负债内部一增一减，负债总额不变，会计恒等式保持平衡。

（3）资产与权益同时增加，双方增加金额相等

①一项资产增加，一项负债增加。

②一项资产增加，一项所有者权益增加。

【例】甲企业接受外商投入银行存款 3 000 000 元。

企业接受外商投资，银行存款增加 3 000 000 元，实收资本增加3 000 000 元，资产和所有者权益同时增加 3 000 000 元，等式左右两边同时增加，会计恒等式保持平衡。

（4）资产与权益同时减少，双方减少金额相等

①一项资产减少，一项负债减少。

②一项资产减少，一项所有者权益减少。

【例】甲企业用银行存款偿还短期借款 500 000 元。

企业用银行存款偿还短期借款，短期借款减少 500 000 元，银行存款减少 500 000 元，资产和负债同时减少 500 000 元，等式左右两边同时减少，会计恒等式保持平衡。

可见，经济业务的发生不会影响会计恒等式的平衡，也不会影响会计恒等式扩展式的平衡。

【例】月末甲企业计算本月管理人员工资 100 000 元。企业计算本月管理人员工资，管理费用增加 100 000 元，应付职工薪酬增加 100 000 元，费用和负债同时增加 100 000 元，等式左右两边同时增加，会计恒等式扩展式保持平衡。

以上例子说明，企业每项经济业务都会引起某一项或某几项会计要素的增减变化，但都不会破坏等式的平衡。因此，它是设置会计科目、复式记账和编制报表等的理论依据，可以清楚地反映负债、所有者权益等各个会计要素之间的关系。

2.3 会计科目

会计科目是进行各项会计记录和提供各项会计信息的基础，通过设置会计科目，可以为会计信息使用者提供科学、详细的分类指标体系。

2.3.1 会计科目的概念与分类

1. 会计科目的概念

会计科目简称科目，是对会计要素的具体内容进行分类核算的项目，以客观存在的会计要素的具体内容为基础，根据核算和管理的需要设置。

会计要素是按照经济性质对会计对象所做的基本分类，对于企业纷繁复杂的经济业务，仅用六大要素进行反映显得有些粗略。因此，为了满足会计确认、计量和报告的需要，需要进一步细化会计要素反映的具体内容，会计科目的设置就成了必要。因此，从这个角度来看，会计科目是会计要素的具体化，例如，资产要素下的现金和机器设备，在具体的会计核算过程中，企业通过“库存现金”科目对现金进行核算，通过“固定资产”科目对机器设备进行核算。

2. 会计科目的分类

会计科目之间既有严格的区别，又有紧密的联系。为了进一步掌握会计科目的设置与运用，按不同的划分标准，可以将会计科目分为以下几类。

（1）按反映的经济内容分类

会计科目按其反映的经济内容不同，可分为资产类科目、负债类科目、共同类科目、所有者权益类科目、成本类科目和损益类科目。会计要素与科目类别关系如表2.5所示。

表2.5 会计要素与会计科目类别关系表

<table>
<tr><td>会计要素</td><td>资产</td><td>负债</td><td>所有者权益</td><td>利润</td><td>收入</td><td>费用</td></tr>
<tr><td>会计科目</td><td>资产类、成本类</td><td>负债类</td><td colspan="2">所有者权益类</td><td colspan="2">损益类</td></tr>
</table>

①资产类科目。

资产类科目按照资产的流动性分为流动资产科目和非流动资产科目。

流动资产科目主要包括："库存现金"科目、"银行存款"科目、"其他货币资金"科目、"应收票据"科目、"应收账款"科目、"预付账款"科目、"应收股利"科目、"应收利息"科目、"其他应收款"科目、"在途物资"科目、"原材料"科目、"库存商品"科目等。

非流动资产科目主要包括："固定资产"科目、"长期应收款"科目、"长期股权投资"科目等。

②负债类科目。

负债类科目按负债的偿还期限分为流动负债科目和长期负债科目。

流动负债科目包括："短期借款"科目、"应付账款"科目、"应交税金"科目、"应付职工薪酬"科目、"预收账款"科目等。

长期负债科目包括："长期借款"科目、"应付债券"科目、"长期应付款"科目。

③共同类科目。

共同类科目是指既有资产性质又有负债性质的科目。主要有"清算资金往来""外汇买卖""衍生工具""套期工具""被套期项目"等科目。

④所有者权益类科目。

所有者权益类科目是对所有者权益要素的具体内容进行分类核算的科目。按所有者权益的形成和性质可分为反映资本的科目和反映留存收益的科目。

反映资本的科目包括："实收资本"或"股本"科目、"资本公积"科目。

反映留存收益的科目包括："盈余公积"科目、"本年利润"科目、"未分配利润"科目。

⑤成本类科目。

成本类科目是对可归属于产品生产成本、劳务成本等的具体内容进行分类核算的科目，按成本的内容和性质的不同可分为反映制造成本的科目和反映劳务成本的科目。

反映制造成本的科目包括："生产成本"科目、"制造费用"科目。

反映劳务成本的科目包括："劳务成本"科目等。

⑥损益类科目。

损益类科目是对收入、费用等的具体内容进行分类核算的科目，可以分为反映收入的科目和反映费用的科目。

反映收入的科目包括："主营业务收入"科目、"其他业务收入"科目、"营业外收入"科目。

反映费用的科目包括："主营业务成本"科目、"其他业务成本"科目、"资产减值损失"科目、"管理费用"科目、"财务费用"科目、"销售费用"科目、"所得税费用"科目以及"营业外支出"科目等。

（2）按提供信息的详细程度及其统驭关系分类

会计科目按其提供信息的详细程度及其统驭关系，可以分为总分类科目和明细分类科目。

①总分类科目。

总分类科目又称总账科目或一级科目，是对会计要素的具体内容进行总括分类，提供总括信息的会计科目。总分类科目反映各项经济业务的概括情况，是进行总分类核算的依据。它提供总括性的核算指标，如"固定资产""原材料""应收账款""应付账款"等科目。

②明细分类科目。

明细分类科目又称明细科目，是对总分类科目做进一步分类，提供更为详细和具体会计信息的科目。如果某一总分类科目所属的明细分类科目较多，可在总分类科目下设置二级明细科目，在二级明细科目下设置三级明细科目。它能提供更为详细、更为具体的核算指标，如"应收账款"总分类科目下按照具体单位名称分设的明细科目，具体反映应向该单位收取的货款金额。如果有必要，还可以在二级科目下分设三级科目、四级科目等进行会计核算，每往下设置一级科目都是对上一级科目的进一步分类。并不是所有的科目都有明细科目，如"库存现金"科目就没有明细科目。

③总分类科目和明细分类科目的关系。

总分类科目对其所属的明细分类科目具有统驭和控制的作用，而明细分类科目是对其所归属的总分类科目的补充和说明。二者共同反映经济业务总

括和详细的情况。

并不是所有的总分类科目都设置明细科目。另外，科目一般分到三级，不是越多越好；二级科目和三级科目统称为明细科目。

2.3.2 会计科目的设置

会计科目作为向投资者、债权人和经营管理者提供会计信息的重要手段，在设置的过程中应当遵循合法性原则、相关性原则和实用性原则。企业在不违反会计准则确认、计量和报告规定的前提下，可以根据本单位的实际情况自行增设、分拆、合并会计科目。企业不存在的交易或者事项，可不设置相关会计科目。

1. 会计科目设置的原则

各单位由于经济业务活动的具体内容、规模大小与业务繁简程度等情况不尽相同，在具体设置会计科目时，应考虑其自身特点和具体情况，但设置会计科目时都应遵循以下原则。

(1) 合法性原则

所设置的会计科目应当符合国家统一的会计制度的规定。国家财政部根据《企业会计准则》制定了统一的《企业会计制度》，会计制度中相应规定了统一的会计科目名称，并对每一会计科目的使用做了详细的说明，企业应当统一按照会计准则要求设置会计科目。

(2) 相关性原则

所设置的会计科目应当为提供有关各方所需要的会计信息服务，满足对外报告与对内管理的要求。会计信息应该满足各类使用者们的需求，因此，企业设置会计科目，不仅要能反映企业的财务状况和经营成果，满足债权人、投资者、政府等外部使用者的需求，而且也要兼顾内部使用者和企业内部管理的需求。

（3）实用性原则

所设置的会计科目应符合单位自身特点，满足单位实际需要。企业在不影响会计核算的要求和会计指标的汇总，以及对外提供统一的财务会计报告的前提下，可以根据实际情况自行增设、减少或合并某些会计科目和明细科目。

（4）统一性原则

该原则是指为了适应国家宏观管理的需要，保证对外提供会计信息指标口径的一致性和可比性，要求企业在设置会计科目时，应根据提供的会计信息的要求，对一些主要会计科目的设置及核算内容应保证与《企业会计制度》的规定相一致。

2. 常用会计科目

企业常用的会计科目如表2.6所示。

表2.6　会计科目表（常用科目简表）

序号	编号	会计科目名称	序号	编号	会计科目名称
一、资产类			二、负债类		
1	1001	库存现金	38	2001	短期借款
2	1002	银行存款	39	2201	应付票据
3	1012	其他货币资金	40	2202	应付账款
4	1101	交易性金融资产	41	2203	预收账款
5	1121	应收票据	42	2211	应付职工薪酬
6	1122	应收账款	43	2221	应交税费
7	1123	预付账款	44	2231	应付利息
8	1131	应收股利	45	2232	应付股利
9	1132	应收利息	46	2241	其他应付款
10	1221	其他应收款	47	2501	长期借款
11	1231	坏账准备	48	2502	应付债券
12	1401	材料采购	49	2701	长期应付款

（续表）

序号	编号	会计科目名称	序号	编号	会计科目名称
13	1402	在途物资	50	2801	预计负债
14	1403	原材料	三、共同类		
15	1404	材料成本差异	51	3001	清算资金往来
16	1405	库存商品	四、所有者权益类		
17	1406	发出商品	52	4001	实收资本
18	1408	委托加工物资	53	4002	资本公积
19	1411	周转材料	54	4101	盈余公积
20	1471	存货跌价准备	55	4103	本年利润
21	1501	持有至到期投资	56	4104	利润分配
22	1502	持有至到期投资减值准备	五、成本类		
23	1503	可供出售金融资产	57	5001	生产成本
24	1511	长期股权投资	58	5101	制造费用
25	1512	长期股权投资减值准备	六、损益类		
26	1521	投资性房地产	59	6001	主营业务收入
27	1531	长期应收款	60	6051	其他业务收入
28	1532	未实现融资收益	61	6111	投资收益
29	1601	固定资产	62	6301	营业外收入
30	1602	累计折旧	63	6401	主营业务成本
31	1603	固定资产减值准备	64	6402	其他业务成本
32	1604	在建工程	65	6403	营业税金及附加
33	1605	工程物资	66	6601	销售费用
34	1606	固定资产清理	67	6602	管理费用
35	1701	无形资产	68	6603	财务费用
36	1711	商誉	69	6711	营业外支出
37	1811	待处理财产损溢	70	6801	所得税费用

2.4 会计账户

会计科目与账户是相互联系的。会计科目与账户都是对会计对象要素具体内容进行的分类，会计科目是设置账户的依据。

2.4.1 账户的概念与分类

1. 账户的概念

账户是根据会计科目设置的，具有一定的格式和结构，是用于分类反映会计要素增减变动情况及其结果的载体。会计科目没有一定的格式，因此，账户除了有会计科目，还应赋予便于分类、归集、整理和加工的一定的结构，即可用来进行记录的相应结构。

每一个账户都有一个名称，用以说明该账户核算的经济内容。账户是根据会计科目设置的，因此账户的名称必须与会计科目一致。

2. 账户的分类

根据核算的经济内容，账户分为资产类账户、负债类账户、共同类账户、所有者权益类账户、成本类账户和损益类账户六类。其中，有些资产类账户、负债类账户和所有者权益类账户存在备抵账户。备抵账户又称抵减账户，是指用来抵减被调整账户余额，以确定被调整账户实有数额而设置的独立账户。

根据提供信息的详细程度及其统驭关系，账户分为总分类账户和明细分类账户。总分类账户和所属明细分类账户核算的内容相同，只是反映内容的详细程度有所不同，两者相互补充、相互制约、相互核对。总分类账户统驭和控制所属明细分类账户，明细分类账户从属于总分类账户。如表 2.7 所示。

表 2.7 账户的分类

分类标准	分类	内容
根据核算的经济内容分类	资产类账户	资产类账户是用来核算各类资产的增减变动及结存情况的账户。资产类账户反映的会计内容，既有货币的，又有非货币的；既有有形的，也有无形的。资产类账户按照反映流动性快慢的不同可以再分为流动资产类账户和非流动资产类账户 流动资产类账户主要有："现金""银行存款""短期投资""应收账款""原材料""库存商品""待摊费用"等。非流动资产类账户主要有："长期投资""固定资产""累计折旧""无形资产""长期待摊费用"等
	负债类账户	负债类账户是用来反映企业负债增减变动及其结存情况的账户。负债类账户按照反映流动性强弱的不同可以再分为流动性负债类账户和长期负债类账户 反映流动负债的账户包括："短期借款""应付账款""应交税费"等。反映长期负债的账户包括："长期借款""应付债券""长期应付款"等
	共同类账户	包括衍生工具、套期工具、被套期项目等
	所有者权益类账户	所有者权益类账户反映所有者在企业资产中享有的经济利益。按其形成的方式，该类账户可分为投资人投入的资本以及企业内部滋生的盈余公积金和未分配利润等留存收益 投入资本类所有者权益账户主要有："实收资本""资本公积"等。资本积累类账户主要有："盈余公积""本年利润""利润分配"等
	成本类账户	成本类账户是用来反映企业存货在取得或形成的过程中，其成本归集和计算过程的账户。成本类账户按照是否需要分配可以再分为直接计入类成本账户和分配计入类成本账户 直接计入类成本账户主要有："生产成本"（包括："基本生产成本""辅助生产成本"）等。分配计入类成本账户主要有："制造费用"等
	损益类账户	损益类账户是指按照损益类会计科目开设的，用以具体核算和监督企业生产经营过程中的收益、费用和损失，以便计算确定损益的账户。按照反映内容的不同，可以将损益类账户分为反映营业损益的账户和反映营业税的账户、反映营业外收支的账户和反映所得税的账户 用来反映营业损益的账户和反映营业税的账户包括："主营业务收入""销售费用""营业税金及附加""管理费用""财务费用"等。用来反映营业外收支的账户包括："营业外收入""营业外支出"等。用来反映所得税的账户包括："所得税费用"等

（续表）

分类标准	分类	内容
根据提供信息的详细程度及其统驭关系分类	总分类账户	总分类账户和所属明细分类账户核算的内容相同，只是反映内容的详细程度有所不同，两者相互补充、相互制约、相互核对。总分类账户统驭和控制所属明细分类账户，明细分类账户从属于总分类账户

2.4.2 账户的功能与结构

账户的功能在于连续、系统、完整地提供企业经济活动中各会计要素增减变动及其结果的具体信息。账户的结构是指账户的组成部分及其相互关系。

1. 账户的功能

账户的功能在于连续、系统、完整地提供企业经济活动中各会计要素增减变动及其结果的具体信息。其中，会计要素在特定会计期间增加和减少的金额，分别称为账户的“本期增加发生额”和“本期减少发生额”，二者统称为账户的“本期发生额”。会计要素在会计期末的增减变动结果，称为账户的“余额”，具体表现为期初余额和期末余额，账户上期的期末余额转入本期，即为本期的期初余额；账户本期的期末余额转入下期，即为下期的期初余额。账户的期初余额、期末余额、本期增加发生额和本期减少发生额统称为账户的四个金额要素。对于同一账户而言，它们之间的基本关系为：

期末余额 = 期初余额 + 本期增加发生额 − 本期减少发生额

2. 账户的结构

账户的结构是指账户的组成部分及其相互关系。账户通常由以下内容组成：①账户名称，即会计科目；②日期，即所依据记账凭证中注明的日期；③凭证字号，即所依据记账凭证的编号；④摘要，即经济业务的简要说明；⑤金额，即增加额、减少额和余额。从账户名称、记录增加额和减少额的左右两方来看，账户结构在整体上类似于汉字“丁”和大写的英文字母“T”，因此，账户的基本结构在实务中被形象地称为“丁”字账户或者“T”型账户。

账户的基本结构包括两部分，一部分反映数额的增加情况，另一部分反映数额的减少情况。根据这个需要，把账户划分为左右两方，账户的左方称为“借方”，账户的右方称为“贷方”，即“左借右贷”。

2.4.3 账户与会计科目的关系

会计科目与账户是两个不同的概念，两者的关系是辩证相关的，既有联系又有区别。具体分析如下。

会计科目与账户都是对会计对象具体内容的分类，两者核算内容一致、性质相同。会计科目是账户的名称，也是设置账户的依据；账户是会计科目的具体运用，具有一定的结构和格式，并通过其结构反映某项经济内容的增减变动及其余额。

两者的区别在于，会计科目仅仅是账户的名称，不存在结构和格式；而账户则具有一定的格式和结构。为了方便记忆，做以下介绍。如表 2.8 所示。

表 2.8　账户与会计科目的区别与联系

区别	联系
（1）会计科目只是账户的名称，没有结构和格式	（1）核算内容一致，性质相同
（2）账户具有一定的结构和格式	（2）会计科目是设置账户的依据

2.5 本章习题

一、复习思考题

（1）会计六大要素是什么？

（2）经济业务对会计恒等式的影响有哪几种类型？

（3）会计科目和账户有哪些区别和联系？

（4）会计要素、会计科目和账户之间有什么关系？

二、实务操作题

（一）选择题

（1）下列（　　）不是会计科目按其反映的经济内容分类的项目。

A. 资产类　　B. 负债类

C. 成本类　　D. 利润类

（2）下列科目属于损益类的是(　　)。

A. 制造费用　　B. 本年利润

C. 利润分配　　D. 营业税金及附加

（3）会计科目与账户的本质区别在于(　　)。

A. 反映的经济内容不同

B. 记录资产和权益的内容不同

C. 记录资产和权益的方法不同

D. 会计账户有结构，而会计科目无结构

（4）某企业“短期借款”月初余额在贷方，金额为40万元，本月向银行借入短期借款45万元，以银行存款偿还短期借款20万元，则月末“短期借款”账户的余额为(　　)。

A. 借方65万元

B. 贷方65万元

C. 借方15万元

D. 贷方15万元

（5）“应收账款”账户借方期初余额为3 500元，借方本期发生额为5 000元，贷方本期发生额为1 800元，则该账户期末余额是(　　)。

A. 借方6 800元

B. 借方6 700元

C. 贷方6 800元

D. 贷方6 700元

（6）某企业11月末资产、负债和所有者权益的资料如下：

单位：元

资产	金额	负债和所有者权益	金额
银行存款	50 000.00	短期借款	20 000.00
应收账款	20 000.00	应付账款	50 000.00
原材料	40 000.00	实收资本	40 000.00
资产合计	110 000.00	权益合计	110 000.00

12月发生如下经济业务：

① 收回应收账款20 000元，并存入银行。

② 用银行存款20 000元购入原材料（假定不考虑增值税，材料采用实际成本进行日常核算），原材料已验收入库。

③ 用银行存款偿还短期借款20 000元。

④ 从银行借入短期借款10 000元，直接偿还应付账款。

⑤ 收到投资人追加的投资60 000元，并存入银行（假定全部为实收资本）。

⑥ 购入原材料，货款30 000元，原材料已验收入库，货款尚未支付。

要求：把下表填制完整。

资产	月初余额	本期增加额	本期减少额	月末余额	负债及所有者权益	月初余额	本期增加额	本期减少额	月末余额
银行存款					短期借款				
应收账款					应付账款				
原材料					实收资本				
资产合计					权益合计				

（7）“应付账款”账户属于(　　)。

A. 所有者权益类账户　　B. 负债类账户

C. 损益类账户　　D. 资产类账户

(8) 会计科目和账户之间的区别在于(　　)。

A. 记录资产和权益的增减变动情况不同

B. 记录资产和负债的结果不同

C. 反映的经济内容不同

D. 账户有结构而会计科目无结构

(9) 下列关于“丁”字账户的描述正确的是(　　)。

A. 账户左边记录发生额的增加

B. 账户右边记录发生额的减少

C. 账户左边记录发生额的减少

D. 以上都不对

(10) (　　)是对总分类科目所包含的内容做进一步分类，以提供详细具体的核算指标。一般由企业根据自身的实际情况自行设置。

A. 总分类科目　　B. 明细科目

C. 三级科目　　D. 二级科目

(11) 下列属于成本类科目的是(　　)。

A. 生产成本　　B. 主营业务成本

C. 营业税金及附加　　D. 销售费用

(12) 下列属于损益类科目的有(　　)。

A. 主营业务收入　　B. 资本公积

C. 生产成本　　D. 长期待摊费用

(13) 下列属于所有者权益类科目的有(　　)。

A. 所得税费用　　B. 应收账款

C. 应付账款　　D. 盈余公积

(二) 判断题

(1) 一般而言，费用（成本）类账户结构与权益类账户相同，收入（利润）类账户结构与资产类账户相同。(　　)

(2) 会计科目的设置必须符合统一的会计制度，企业不得自行增加、减少或合并。(　　)

（3）会计科目与同名称的账户反映的经济内容是相同的。(　　)

（4）凡是使用期限超过 1 年或一个生产周期，同时单位价值又比较高的资产，均应作为固定资产核算。(　　)

（5）会计科目不能记录经济业务的增减变化的金额及期末余额。(　　)

（6）反映相同经济内容的账户可能具有不同的用途和结构。(　　)

（7）会计科目是设置账户的依据，是账户的名称，因此，会计科目与账户是一样的，都反映会计要素的增减变动情况和结果。(　　)

（三）实务训练题

第一小题：

目的：掌握账户的基本结构。

资料：3 月 1 日华夏公司“银行存款”账户的余额为 250 000 元，3 月份企业银行存款收支情况如下：

◆4 日，去银行取现 10 000 元。

◆5 日，向银行存入现金 20 000 元。

◆10 日，通过银行转账 150 000 元，用于支付所欠材料款。

◆20 日，用银行存款发放工资 100 000 元。

◆25 日，收到销货款 200 000 元。

◆30 日，用银行存款支付利息 1000 元。

要求：

（1）开设“银行存款”丁字账户，将上述经济业务登入下列“银行存款”“丁”字账户中。

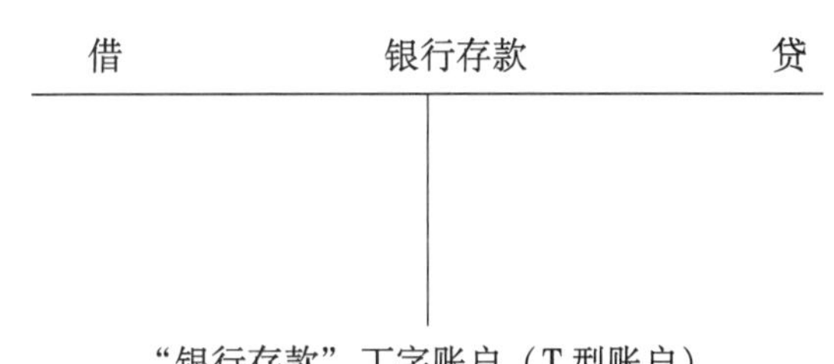

“银行存款”丁字账户（T 型账户）

（2）计算本年 3 月 31 日华夏公司“银行存款”账户的期末余额。

第二小题：

华夏公司部分账户的资料见下表所示：

账户名称	期初余额	借方发生额	贷方发生额	期末余额
库存现金	1 000. 00	2 000. 00		500. 00
银行存款	100 000. 00		290 000. 00	300 000. 00
原材料	14 300. 00	136 000. 00	120 000. 00	
库存商品		340 000. 00	398 000. 00	20 000. 00
固定资产	530 000. 00	100 000. 00		500 000. 00
应收账款	240 000. 00		129 000. 00	130 000. 00
短期借款	90 000. 00	100 000. 00		52 200. 00
应付账款	50 000. 00	25 400. 00	34 520. 00	
长期借款		0. 00	500 000. 00	1 500 000. 00
实收资本	800 000. 00		0. 00	1 000 000. 00

要求：将上表中不完整的空格填列齐全。

学习会计记账方法

本章阐述实账演练第二步——借贷那些事。复式记账法是会计核算方法体系中的基本原理和基础，借贷记账法是复式记账法的一种。会计主体发生各项经济业务都需要按照一定的内容进行分类，设置会计科目和账户，然后采用一定的记账方法在账户中如实地反映业务的增减变化。通过本章的学习，了解复式记账的基本原理，掌握借贷记账法的基本原理，能运用该方法进行试算平衡，编制会计分录。

3.1 会计记账方法的种类

记账方法是根据一定的原理，按照一定的记账规则，采用一定的记账符号和计量单位，借助于文字和数字记录所发生经济业务的一种技术方法。即将客观发生的经济业务登记入账所采用的方法。

会计记账方法可以分为两大类，一类是单式记账法，一类是复式记账法。单式记账法是指对发生的每一项经济业务，只在一个账户中加以登记的记账方法。复式记账法是指对发生的每一项经济业务，同时在两个或两个以上相互联系的账户中进行登记，全面系统地反映会计要素增减变化的一种记账方法。

3.1.1 单式记账法

单式记账法是一种比较简单的记账方法，它是指在会计核算中，对每一项经济业务只进行单方面的、不完整的记载，也就是只在一个账户中记一笔账。一般只登记现金的收支和应收、应付等事项，有的也登记实物的收付，登账手续简单。但在账户设置和记录上是不完整的，不能全面反映经济业务的来龙去脉，也不便于检查账户记录的正确性。对于那些规模小、业务少，而且只要求掌握现金、实物等少数项目增减变动的单位来说，用这种方法也可以把账记清楚。一般规模大、业务较繁的单位，不宜采用单式记账法。

在单式记账法下，不是所有的经济业务都能反映，一般只反映现金、银行存款的收付和应收、应付账款等债权债务的业务。另外，即使对经济业务内容进行反映，也只是将经济业务引起的一个方面在相应的账户中进行登记，另一方面并不予登记。单式记账法记账手续比较简单，但不能完整地反映所有经济业务。因此，在单式记账法下设置的账户是不完整的，也无法进行账户记录的综合试算，这种记账方法只适用于经济业务很简单或者很单一的经济个体和家庭。

3.1.2 复式记账法

复式记账法是在长期的会计实践中，在单式记账法的基础上逐步发展完善而形成的记账方法。是指以资产与权益平衡关系作为记账基础，对于每一笔经济业务，都必须用相等的金额在两个或两个以上相互联系的账户中进行登记，全面系统地反映会计要素增减变化的一种记账方法。现代会计运用复式记账法。

复式记账通过价值形式的计算和记录，为经济管理提供核算指标，因而，复式记账必然有一定的记账技术方法。它是以记账内容之间所表现出的数量上的平稳关系，作为记账技术方法的基础。会计恒等式即是各会计要素之间的关系表达式，它不仅是价值数量的关系表现，而且也有经济性质上的说明。会计恒等式的等量双方，必然要求经济事物发生相互联系和等量的变化，为此，必须通过两个或两个以上的账户，相互联系地做双重记录，才能得到全面的反映。

复式记账的理论依据是会计基本等式。复式记账法是单式记账法的对称。

1. 复式记账法的基本要素

在我国的会计实务中，出现了多种复式记账方法，但是每一种复式记账法都包含四种基本要素：①记账原理；②记账符号；③记账规则；④试算平衡方法。详细内容如表3.1所示。

表3.1 复式记账法的基本要素

基本要素	内容
复式记账法的记账原理	复式记账法的原理是会计恒等式，即“资产 = 负债 + 所有者权益”所反映的资金平衡关系。复式记账的经济内容是会计要素，它们是相互联系、相互依存的，每一笔经济业务的发生都要设置相应的账户进行登记，就使复式记账组成一个完整的、系统的记账组织体系。会计恒等式即是各会计要素之间的关系表达式，它不仅是价值数量的关系表现，而且也有经济性质上的说明。会计恒等式的等量双方，必然要求经济事物发生相互联系和等量的变化，为此，必须通过两个或两个以上的账户，相互联系地做双重记录，才能得到全面的反映。不同的复式记账法以不同的会计等式作为平衡原理

（续表）

基本要素	内容
复式记账法的记账符号	通常将账户结构划分为“丁”字形来表示，这样便可利用划分出来的两个方位即左方和右方，来记录会计要素具体内容的增减变动情况。在每一种复式记账方式下，账户的两个方位都用专门的符号来表示。不同的复式记账方法各自采用不同的记账符号。例如借贷记账法以“借”“贷”二字作为记账符号。所有的账户都分为借贷两方，左方为借方，右方为贷方
复式记账法的记账规则	记账规则是指记录经济业务和账簿启用与登记时所应遵守的规则，是保证账户记录正确性的有力保证。复式记账法的记账规则是运用复式记账记录经济业务时应遵守的规定，它是建立在复式记账原理的基础上，根据资金运动的内在规律制定的。不同的复式记账法有不同的记账规则
复式记账法的试算平衡方法	试算平衡是指依据平衡原理，按照记账规则的要求，通过汇总、计算和比较的方法检查账户记录是否正确。复式记账法能对一定时期内的账户进行综合试算，但不同的复式记账法具有不同的试算平衡方法

2. 复式记账法的优点

与单式记账法相比，复式记账法的优点主要有：①能够全面反映经济业务内容和资金运动的来龙去脉；②能够进行试算平衡，便于查账和对账。

3. 复式记账法的种类

我国《企业会计准则》规定企业应当采用借贷记账法记账。在我国曾出现过三种复式记账法，即借贷记账法、增减记账法和收付记账法。

借贷记账法是以“借”“贷”为记账符号，以“有借必有贷、借贷必相等”作为记账规则，反映经济业务所引起的会计要素增减变化。

增减记账法是以“增”“减”为记账符号，以“两类科目记同增同减，

同类科目记有增有减”为记账规则，直接反映经济业务所引起的会计要素增减变化。

收付记账法是以“收”“付”为记账符号，以“资金结存总额增加记同收；资金结存总额减少记同付；资金结存总额不变记有收有付”为记账规则，反映经济业务所引起的会计要素增减变化。

3.2 借贷记账法

借贷记账法是按照复式记账法的原理，以资产与权益的平衡关系为基础，以“借”和“贷”为记账符号，对发生的每一项经济业务所引起的会计要素的增减变化，都在两个或两个以上的相关账户中，以借贷相等的金额全面地、相互联系地进行登记的一种复式记账方法。

借贷记账法主要包括记账符号、账户结构、记账规则、账户的对应关系等方面。

3.2.1 借贷记账法的记账符号

借贷记账法是以“借”“贷”为记账符号，记录经济业务的复式记账法。借贷记账法是复式记账法的一种，通常又全称为借贷复式记账法。它是以“资产 = 负债 + 所有者权益”为理论依据，以“借”和“贷”为记账符号，以“有借必有贷，借贷必相等”为记账规则的一种复式记账法。借贷记账法以“借”“贷”二字作为记账符号，并不是“纯粹的”“抽象的”记账符号，而是具有深刻经济内涵的科学的记账符号。

借贷记账法是复式记账法的一种，通常又全称为借贷复式记账法，是以“借”和“贷”作为记账符号，对每项经济业务都以相等的金额在两个或两个以上有关账户进行记录的一种复式记账法。如表 3.2 所示。

表 3.2 借贷记账法

借贷记账法的特点	理论依据	以"资产=负债+所有者权益"会计等式为理论依据
	记账符号	以"借"和"贷"为记账符号
	记账规则	以"有借必有贷，借贷必相等"为记账规则
优点	在账户设置上较为灵活	
	有利于分析经济业务，加强经济管理	
	有利于防止和减少记账差错	
	有利于会计电算化	

3.2.2 借贷记账法下的账户结构

按照会计科目设置不同的账户类别，包括资产类、负债类、所有者权益类、成本类和损益类等。账户的结构特点为：

每个账户的左方都为借方，右方为贷方，期初余额和期末余额与账户记录增加额的方向一致。每个账户的借贷两方可以连续记录多项经济业务的金额，会计上把记录每一笔业务的数额称为业务发生额；在一个会计期间，把借方或贷方所记录的各项经济业务发生额累加起来的合计数称之为本期发生额，分为借方本期发生额和贷方本期发生额。

所有账户的借方和贷方记账方向正好相反。若某账户借方表示增加，则贷方表示减少；同样地，若某账户借方表示减少，则贷方表示增加。具体哪一方表示增加，哪一方表示减少，由账户性质决定，账户性质由这个账户所反映的经济内容决定。

根据"资产=负债+所有者权益"会计恒等式确定账户结构性质。等式左边反映企业资金的存在情况，等式右边反映企业资金的来源情况，即资产和权益反映同一资金的两个对立面。因此，左右两边的账户记账方向相反。即等式左边资产类账户的借方表示增加额，贷方表示减少额；等式右边的负债类和所有者权益类账户的贷方表示增加额，借方表示减少额。收入和费用的增减变化会导致所有者权益的变化，收入增加导致所有者权益增加，费用增加导致所有者权益减少。因此，收入类账户与所有者权益类账户同增同减，账户性质相同；费用类账户和所有者权益类账户增减正好相反，账户性质正好相反。

下面分别说明四类账户的结构。

1. 资产类账户的结构

在资产类账户中，借方登记增加额，贷方登记减少额，期初余额和期末余额一般在借方，反映期初或期末资产的实际数额。资产类账户结构见图 3.1 所示。

借　　　账户名称（会计科目）	贷
期初余额　×× 本期增加额　××	本期减少额　××
本期发生额　××	本期发生额　××

图 3.1　资产类账户结构

资产类账户的期末余额可以根据下列公式计算：

资产类账户期末余额 = 借方期初余额 + 借方本期发生额 − 贷方本期发生额

【例】现以 A 企业 3 月份“库存商品”业务为例，说明资产类账户的结构。

账户名称：库存商品　　　　　　　　　　单位：元

月/日	凭证号	摘要	借方	贷方	借或贷	余额
03.01	略	月初余额			借	120 000.00
03.06		产品完工入库	230 000.00		借	350 000.00
03.12		销售产品		300 000.00	借	50 000.00
03.20		产品完工入库	340 000.00		借	390 000.00
03.28		销售产品		300 000.00	借	90 000.00
03.31		本月合计	570 000.00	600 000.00	借	90 000.00

借	库存商品	贷
期初余额 120 000.00 ①230 000.00 ③340 000.00		②300 000.00 ④300 000.00
本期发生额 570 000.00 期末余额 900 000.00		本期发生额 600 000.00

图 3.2 “库存商品”账户结构

2. 负债类账户和所有者权益类账户

在负债类账户和所有者权益类账户中，贷方登记增加额，借方登记减少额，期初余额和期末余额一般在贷方，反映期初或期末负债和所有者权益的实际数额。该类账户的结构见图 3.3 所示。

借	账户名称（会计科目）	贷
本期减少额 ××		期初余额 ×× 本期增加额 ××
本期发生额 ××		本期发生额 ××

图 3.3 负债类账户和所有者权益类账户结构

负债类账户和所有者权益类账户的期末余额可以根据下列公式计算：

负债类账户和所有者权益类账户期末余额 = 贷方期初余额 + 贷方本期发生额 − 借方本期发生额

【例】现以 A 企业 3 月份“短期借款”业务为例，说明负债类和所有者权益类账户的结构。

账户名称：短期借款　　　　　　　　　　　　　　　　单位：元

月/日	凭证号	摘要	借方	贷方	借或贷	余额
03.01	略	月初余额			贷	120 000.00
03.06		还款	100 000.00		贷	20 000.00
03.24		借款		300 000.00	贷	320 000.00
03.31		本月合计	100 000.00	300 000.00	贷	320 000.00

借	短期借款	贷
		期初余额 120 000.00
①100 000.00		②300 000.00
本期发生额 100 000.00		本期发生额 300 000.00 期末余额 320 000.00

图 3.4　“短期借款”账户结构

3. 损益类账户的结构

在损益类账户中，收入类账户与所有者权益类账户结构一致，费用类账户与所有者权益类账户结构相反，即与资产类账户结构一致。损益类账户期末无余额。因为收入和费用是企业利润增减的主要因素，期末需要把损益类账户的余额转至“本年利润”账户中。

收入类账户贷方登记增加额，借方登记减少额，期末无余额。收入类账户结构见图 3.5 所示。

借	账户名称（会计科目）	贷
本期减少额　××		本期增加额　××
本期发生额　××		本期发生额　××

图 3.5　收入类账户结构

费用类账户借方登记增加额，贷方登记减少额，期末无余额。费用类账户结构见图 3.6 所示。

借	账户名称（会计科目）	贷
本期增加额　××		本期减少额　××
本期发生额　××		本期发生额　××

图 3.6　费用类账户结构

【例】现以 A 企业 3 月份“主营业务收入”业务为例，说明收入类账户的结构。

账户名称：主营业务收入　　　　　　　　　　　　单位：元

月/日	凭证号	摘要	借方	贷方	借或贷	余额
03. 12	略	销售产品		300 000. 00	贷	300 000. 00
03. 20		销售退回	40 000. 00		贷	260 000. 00
03. 28		销售产品		300 000. 00	贷	560 000. 00
03. 31		结转本年利润	560 000. 00			0. 00
03. 31		本月合计	600 000. 00	600 000. 00	贷	0. 00

借	主营业务收入	贷
②40 000.00 ④560 000.00		①300 000.00 ③300 000.00
本期发生额 600 000.00		本期发生额 600 000.00

图 3.7　“主营业务收入”账户结构

【例】现以 A 企业 3 月份“销售费用”业务为例，说明费用类账户的结构。

账户名称：销售费用　　　　　　　　　　　　　　　　单位：元

月/日	凭证号	摘要	借方	贷方	借或贷	余额
03.12	略	促销费	18 000.00		借	18 000.00
03.20		运输费	2 000.00		借	20 000.00
03.28		销售产品费用	30 000.00		借	50 000.00
03.31		结转本年利润		50 000.00	借	0.00
03.31		本月合计	50 000.00	50 000.00	借	0.00

根据以上的账户结构介绍，可以总结成如图 3.8 所示。

借	销售费用	贷
①18 000.00 ②2 000.00 ③30 000.00		④50 000.00
本期发生额 50 000.00		本期发生额 50 000.00

图 3.8　“销售费用”账户结构

3.2.3 借贷记账法的记账规则

借贷记账法的记账规则为“有借必有贷，借贷必相等”，具体运用该方法去记录经济业务时，有以下三个步骤：

第一步：初识会计科目或账户名称，即企业发生的每一项经济业务涉及的是哪两个或两个以上的会计科目或账户名称。

第二步：判断账户性质，根据第一步会计科目或账户名称，判断该账户性质（五大类：资产类、负债类、所有者权益类、收入类和费用类）。

第三步：确定记账方向，分析经济业务对账户增减变化的影响，并根据账户性质确定记账的“借”或“贷”方向。

下面通过 A 企业 4 月份经济业务的记录情况，举例说明该记账规则的具体应用。

【例】 4 月 2 日，A 企业从银行提取现金 2 000 元。

这项经济业务的发生涉及两个账户，即银行存款和库存现金，这两个账户都属于资产类，资产类账户的借方表示增加，贷方表示减少。企业从银行提取现金，使企业的银行存款减少，同时库存现金增加，则最后确定应该记入“银行存款”账户的贷方，“库存现金”账户的借方，如图 3.9、图 3.10 所示。

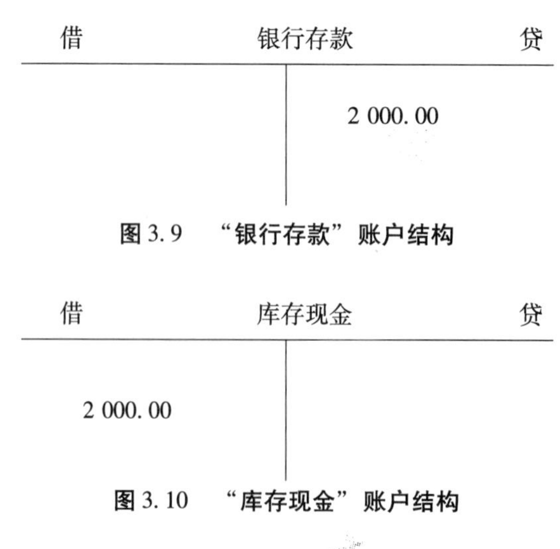

图 3.9 “银行存款”账户结构

图 3.10 “库存现金”账户结构

【例】4 月 8 日，A 企业向银行贷款 100 000 元，用来偿还前欠材料款，该贷款期限为 3 个月。

这项经济业务的发生涉及两个账户，即短期借款和应付账款，这两个账户都属于负债类，负债类账户的借方表示减少，贷方表示增加。企业用短期借款归还应付账款，使企业的应付账款减少，同时短期借款增加，则最后确定应该记入“应付账款”账户的借方，“短期借款”账户的贷方，如图 3.11、图 3.12 所示。

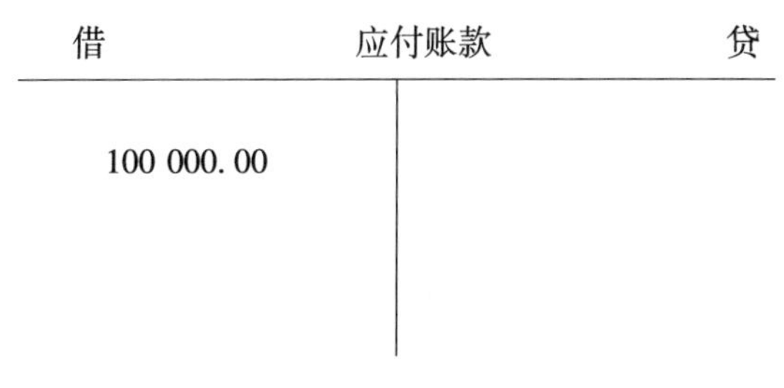

图 3.11 “应付账款”账户结构

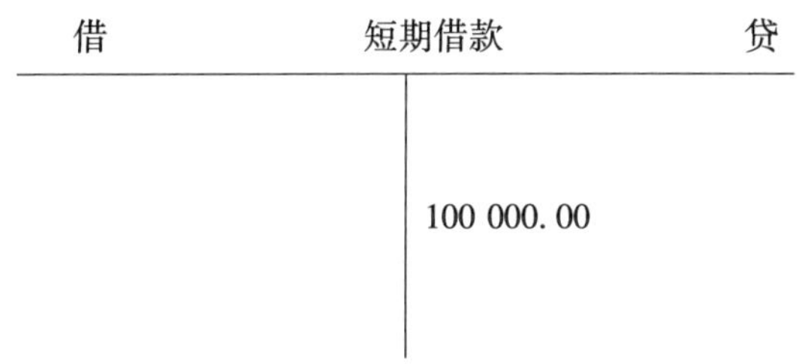

图 3.12 “短期借款”账户结构

【例】4 月 15 日，A 企业购进原材料一批共计 30 000 元，用银行存款支付。

这项经济业务的发生涉及两个账户，即原材料和银行存款，这两个账户都属于资产类，资产类账户的借方表示增加，贷方表示减少。企业用银行存款购进原材料，使企业的银行存款减少，同时原材料增加，则最后确定应该记入“银行存款”账户的贷方，“原材料”账户的借方，如图 3.13、图 3.14 所示。

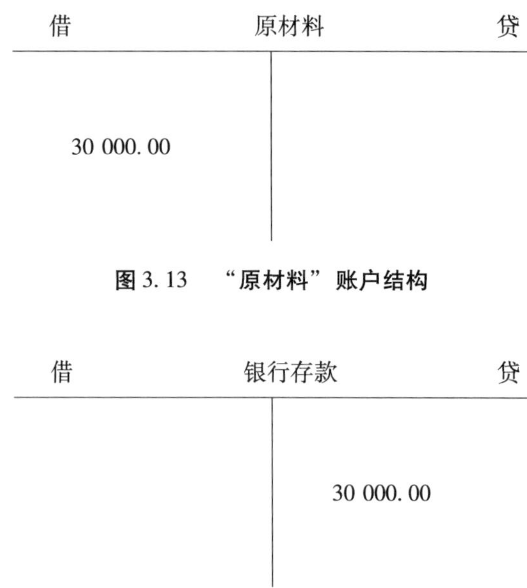

图 3. 13　“原材料”账户结构

图 3. 14　“银行存款”账户结构

【例】 4 月 23 日，A 企业收到国家投入的设备一台，公允价值为 500 000 元。

这项经济业务的发生涉及两个账户，即固定资产和实收资本，这两个账户分别属于资产类和所有者权益类，资产类账户的借方表示增加，贷方表示减少，而所有者权益类账户的借方表示减少，贷方表示增加。企业收到国家投入设备一台，使企业的固定资产增加，同时实收资本增加，则最后确定应该记入“固定资产”账户的借方，“实收资本”账户的贷方，如图 3. 15、图 3. 16所示。

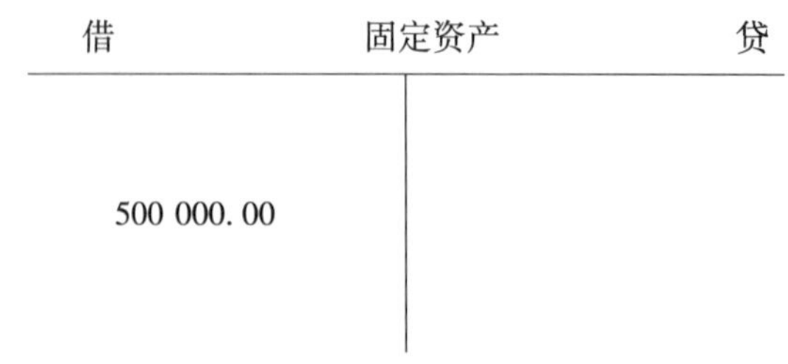

图 3. 15　“固定资产”账户结构

图 3.16 “实收资本”账户结构

3.2.4 借贷记账法下的账户对应关系与会计分录

会计分录是经济业务记账的基础，为了保证记账的准确性，通常会事先编制会计分录。运用借贷记账法编制会计分录，一般按以下步骤进行：

根据经济业务的内容，进行会计确认，判定每项经济业务涉及哪两个或两个以上账户发生变化，其变化是增加还是减少。

根据账户所反映的经济内容，确定所涉及的账户是属于什么性质的账户，按照账户的结构，确定应该记入到有关账户的借方或贷方。

根据借贷记账法的记账规则，确定应记入每个账户的金额。

也就是说，任何一项会计分录应包括三个要素：

①一组对应的记账符号：借和贷。

②两个及两个以上的对应账户。

③借贷相等的金额。

编制会计分录时，应注意会计分录的书写格式，先写借，后写贷，借贷至少相错一格，文字和金额至少错开一个字节，借方或贷方账户的文字和金额数字必须分别对齐。

现仍以 A 企业 4 月份的经济业务为例，编制会计分录。

【例】 4 月 2 日，A 企业从银行提取现金 2 000 元。

企业从银行提取现金，库存现金增加，应记入“库存现金”账户的借方；同时，银行存款减少，应记入“银行存款”账户的贷方。

编制会计分录如下：

借：库存现金　　　　2 000

　　贷：银行存款　　　　2 000

【例】4 月 8 日，A 企业向某银行取得贷款 100 000 元，用来偿还前欠材料款，该贷款期限为 3 个月。

企业从银行贷款用来偿还前欠材料款，短期借款增加，应记入“短期借款”账户的贷方；同时，应付账款减少，应记入“应付账款”账户的借方。

编制会计分录如下：

借：应付账款　　　　100 000

　　贷：短期借款　　　　100 000

【例】4 月 15 日，A 企业购进原材料一批共计 30 000 元，用银行存款支付。

企业用银行存款购进原材料一批，原材料增加，应记入“原材料”账户的借方；同时，银行存款减少，应记入“银行存款”账户的贷方。

编制会计分录如下：

借：原材料　　　　30 000

　　贷：银行存款　　　　30 000

【例】4 月 23 日，A 企业收到国家投入的设备一台，公允价值为 500 000元。

企业收到国家投入的设备，企业固定资产增加，应记入“固定资产”账户的借方；同时，企业实收资本增加，应记入“实收资本”账户的贷方。

编制会计分录如下：

借：固定资产——设备　　　　500 000

　　贷：实收资本　　　　　　　　500 000

3.2.5　借贷记账法下的试算平衡

试算平衡是以会计恒等式和借贷记账法的记账规则为基础，以借贷必相等的规则来检验全部会计账户记录正确性的一种会计检查方法。

借贷记账法按照“有借必有贷，借贷必相等”的记账规则记录经济业务，借、贷两方客观上存在着平衡关系。因为每笔经济业务都以相等的金额同时在借、贷相反的方向的对应账户中记录，这就使每一笔经济业务反映在账户

中的借方发生额与贷方发生额必然相等。某一会计期内全部经济业务在账户中的记录，其所有账户借方发生额和贷方发生额都是以其本期发生额为基础累计计算的，因此，账户期末余额也存在所有账户期末借方余额合计等于所有账户期末贷方余额合计的平衡关系。可见，借贷记账法的试算平衡包括三个方面的内容：

（1）会计分录试算平衡

检查每次会计分录的借贷金额是否平衡。

（2）账户发生额试算平衡

全部账户的借方发生额合计与贷方发生额合计相等。可用公式表示为：

全部账户的本期借方发生额合计 = 全部账户的本期贷方发生额合计

（3）账户余额试算平衡

全部账户的期初（末）借方余额合计与贷方期初（末）余额合计相等。根据账户性质，损益类账户一半不存在余额，资产类账户余额大多在借方，负债类和所有者权益类账户余额大多在贷方。因此，余额试算平衡的公式可以表示如下：

全部账户的期末借方余额合计 = 全部账户的期末贷方余额合计

（主要是资产类账户）　　（主要是负债和所有者权益类账户）

试算平衡可以通过编制试算平衡表来进行，现以 B 企业 5 月份的经济业务为例说明。

【例】 B 企业 5 月月初各账户的余额如下表所示：

B 企业 5 月月初各账户余额表　　**单位：元**

账户名称	借方余额	贷方余额
银行存款	30 000.00	
应收账款	50 000.00	
原材料	40 000.00	
短期借款		40 000.00
应付账款		40 000.00
实收资本		40 000.00
合计	120 000.00	120 000.00

B 企业 5 月份发生如下经济业务：

①收回应收账款 20 000 元，并存入银行。

②用银行存款 10 000 元购入原材料（假定不考虑增值税，材料采用实际成本进行日常核算），原材料已验收入库。

③用银行存款偿还短期借款 30 000 元。

④收到投资人追加的投资 60 000 元，并存入银行（假定全部为实收资本）。

首先，编制各项经济业务的会计分录。

①借：银行存款　　20 000

　贷：应收账款　　20 000

②借：原材料　　10 000

　贷：银行存款　　10 000

③借：短期借款　　30 000

　贷：银行存款　　30 000

④借：银行存款　　60 000

　贷：实收资本　　60 000

其次，编制 B 企业 5 月份发生额及余额试算平衡表。

B 企业 5 月份发生额及余额试算平衡表　　单位：元

账户名称	期初余额		本期发生额		期末余额	
	借方	贷方	借方	贷方	借方	贷方
银行存款	30 000.00		40 000.00		70 000.00	
应收账款	50 000.00			20 000.00	30 000.00	
原材料	40 000.00		10 000.00		50 000.00	
短期借款		40 000.00	30 000.00			10 000.00
应付账款		40 000.00				40 000.00
实收资本		40 000.00		60 000.00		100 000.00
合计	120 000.00	120 000.00	80 000.00	80 000.00	150 000.00	150 000.00

3.3 本章习题

一、复习思考题

（1）“借”和“贷”如何理解？

（2）借贷记账法有哪些记账方法及具体应用？

（3）会计分录的实务操作有哪些？

（4）编制试算平衡表有什么方法？

二、实务操作题

（一）选择题

（1）符合收入类账户记账规则的是(　　)。

A. 增加记借方　　B. 增加记贷方

C. 减少记贷方　　D. 增加记借方

（2）“短期借款”账户贷方余额为 35 400 元，本期贷方发生额为 26 300 元，本期借方发生额为 17 900 元。该账户期末余额为(　　)。

A. 借方 43 800 元　　B. 借方 27 000 元

C. 贷方 43 800 元　　D. 贷方 27 000 元

（3）简单会计分录是指（　　）的会计分录。

A. 一借一贷　　B. 一借多贷

C. 多借一贷　　D. 多借多贷

（4）下列错误能通过试算平衡查找的是(　　)。

A. 某项经济业务入账时借贷方向颠倒

B. 某项经济业务入账时金额记错

C. 某项经济业务未入账

D. 某项经济业务重复入账

（5）“本年利润”账户 5 月 31 日的贷方余额为 200 000 元，表示(　　)。

A. 5 月份营业利润　　B. 5 月份利润总额

C. 5 月份净利润　　D. 5 月份产品销售利润

(6) 期末需结转至“本年利润”账户借方的是（　　）。

A. 生产成本　　B. 制造费用

C. 主营业务收入　　D. 营业税金及附加

(7)（　　）是以“借”或“贷”为记账符号的一种复式记账方法。

A. 收付记账法　　B. 借贷记账法

C. 单式记账法　　D. 增减记账法

(8)“借贷记账法”的理论依据是(　　)。

A. 会计恒等式　　B. 复式记账方法

C. 借贷相等　　D. 有借必有贷

(9) 工业企业为销售产品而支付的应由本企业负担的运费应记入(　　)科目。

A. 管理费用　　B. 主营业务成本

C. 销售费用　　D. 财务费用

(10) 下列各项中，构成产品成本项目的是(　　)。

A. 期间费用　　B. 制造费用

C. 直接材料费用　　D. 直接人工费用

（二）判断题

(1) 试算平衡表中，如果借、贷方发生额合计数不相等，则账户记录或计算可能有错误。(　　)

(2) 借贷记账法是以“借”“贷”为记账符号，对每一笔经济业务都要在两个或两个以上相互联系的账户中以借贷方相等的金额进行登记的一种记账方法。(　　)

(3) 借贷记账法中的“借”“贷”是一种记账符号，不代表特定的债权或债务。(　　)

(4) 企业各账户期初余额保持平衡，本期发生额和期末余额也保持平衡，说明经济业务的入账正确。(　　)

(5) 会计期末进行试算平衡，若试算平衡了，说明账户记录绝对正确。(　　)

(6) 在借贷记账法下，所有账户的借方登记增加数，贷方登记减少数。( )

(三) 实务训练题

第一小题

华夏公司3月1日“库存现金”账户的余额为1 000元，3月份发生现金收支如下：

3日，支用现金200元。

7日，从银行取现金20 000元，备发工资。

14日，用现金发放工资20 000元。

26日，支付现金600元。

28日，取现800元。

要求：

(1) 开设“库存现金”的T型账户，将上述经济业务登入“库存现金”账户中。

借	库存现金 贷
期初余额：1 000.00	

“库存现金”丁字账户（T型账户）

(2) 计算本年3月31日“库存现金”账户的期末余额。

第二小题

华夏公司2015年4月初企业会计科目的余额如下表所示。

2015 年试算平衡表

会计科目	借方余额	贷方余额
银行存款	50 000.00	
应收账款	20 000.00	
原材料	40 000.00	
短期借款		20 000.00
应付账款		50 000.00
实收资本		40 000.00
合　　计	110 000.00	110 000.00

4 月份发生如下业务：

◘收回应收账款 20 000 元，并存入银行。

◘用银行存款 20 000 元购入原材料（假定不考虑增值税，材料采用实际成本进行日常核算），原材料已验收入库。

◘用银行存款偿还短期借款 20 000 元。

◘从银行借入短期借款 10 000 元，直接偿还应付账款。

◘收到投资人追加的投资 50 000 元，并存入银行（假定全部为实收资本）。

◘购入原材料，货款 30 000 元，原材料已验收入库，货款尚未支付。

根据上述条件，完成下列小题。

（1）编制上述业务的会计分录。

（2）编制甲企业 4 月 30 日的试算平衡表（将下表填制完整），验证会计恒等式。

试算平衡表

账户名称	期初余额		本期发生额		期末余额	
	借方	贷方	借方	贷方	借方	贷方
银行存款	50 000.00					
应收账款	20 000.00					
原材料	40 000.00					
短期借款		20 000.00				
应付账款		50 000.00				
实收资本		40 000.00				
合计	110 000.00	110 000.00				

借贷记账法下主要经济业务的账务处理

企业的主要经济业务有资金筹集、设备购置、材料采购、产品生产、商品销售和利润分配等。

而针对企业生产经营过程中发生的上述经济业务，账务处理的主要内容有：资金筹集业务的账务处理；固定资产业务的账务处理；材料采购业务的账务处理；生产业务的账务处理；销售业务的账务处理；期间费用的账务处理；利润形成与分配业务的账务处理。

4.1 资金筹集业务的账务处理

资金筹集业务的账务处理，包括所有者权益筹资业务和负债筹资业务。

4.1.1 所有者权益筹资业务

1. 所有者权益筹资业务概念

企业的资金筹集业务按其资金来源通常分为所有者权益筹资和负债筹资。所有者权益筹资形成所有者的权益（通常称为权益资本），包括投资者的投资及其增值，这部分资本的所有者既享有企业的经营收益，也承担企业的经营风险。

2. 所有者投入资本的构成

所有者投入资本按照投资主体的不同可以分为国家资本金、法人资本金、个人资本金和外商资本金等。

所有者投入的资本主要包括实收资本（或股本）和资本公积。

实收资本（或股本）是指企业的投资者按照企业章程、合同或协议的约定，实际投入企业的资本金以及按照有关规定由资本公积、盈余公积等转增资本的资金。

资本公积是企业收到投资者投入的超出其在企业注册资本（或股本）中所占份额的投资，以及直接计入所有者权益的利得和损失等。资本公积作为企业所有者权益的重要组成部分，主要用于转增资本。

3. 账户设置

企业通常设置以下账户对所有者权益筹资业务进行核算:

(1) "实收资本 (或股本)" 账户

"实收资本 (或股本)" 账户 (股份有限公司一般设置 "股本" 账户) 属于所有者权益类账户，用以核算企业接受投资者投入的实收资本。

该账户贷方登记所有者投入企业资本金的增加额，借方登记所有者投入企业资本金的减少额。期末余额在贷方，反映企业期末实有的资本 (或股本) 数额。该账户可按投资者的不同设置明细账户，进行明细核算。如图 4.1 所示。

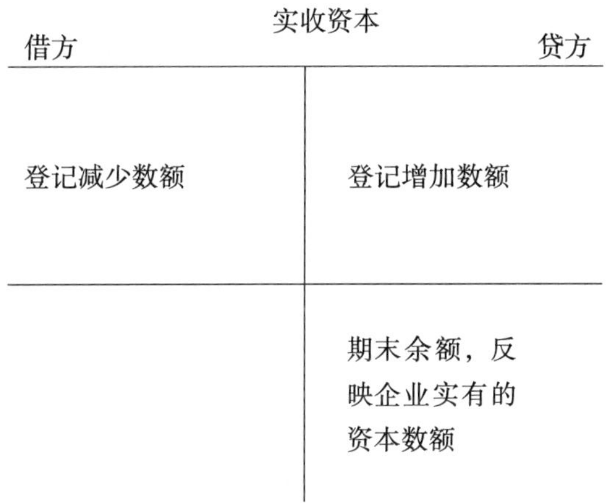

图 4.1 "实收资本" 的丁字账

该账户记账规则:

①贷方登记企业实际收到的投资者投入的资本数。

②借方登记企业按法定程序报经批准减少的注册资本数。

③期末贷方余额，反映企业实有的资本数额。

【例】 某企业年初实收资本余额为 200 000 元，10 月 20 日接受外商投资 180 000 元，则年底实收资本账户期末余额在贷方，金额为 380 000 元。如图 4.2 所示。

实收资本（所有者权益类）

借方	贷方
	期 初 余 额 200 000.00 本 期 增 加 数 180 000.00
	期 末 余 额 380 000.00

图 4.2 “实收资本”账户示例

（2）“资本公积”账户

“资本公积”账户属于所有者权益类账户，用以核算企业收到投资者出资额超出其在注册资本或股本中所占份额的部分，以及直接计入所有者权益的利得和损失等。

该账户借方登记资本公积的减少额，贷方登记资本公积的增加额。期末余额在贷方，反映企业期末资本公积的结余数额。

该账户可按资本公积的来源不同，分别“资本溢价（或股本溢价）”“其他资本公积”进行明细核算。如图 4.3 所示。

资本公积

借方	贷方
登记减少数额	登记增加数额
	期末余额，反映企业期末资本公积的结余数额

图 4.3 “资本公积”的丁字账

（3）“银行存款”账户

“银行存款”账户属于资产类账户，用以核算企业存入银行或其他金融机构的各种款项，但是，银行汇票存款、银行本票存款、信用卡存款、信用证保证金存款、存出投资款、外埠存款等，通过“其他货币资金”账户核算。

该账户借方登记存入的款项，贷方登记提取或支出的存款。期末余额在借方，反映企业存在银行或其他金融机构的各种款项。

该账户应当按照开户银行、存款种类等分别进行明细核算。如图 4.4 所示。

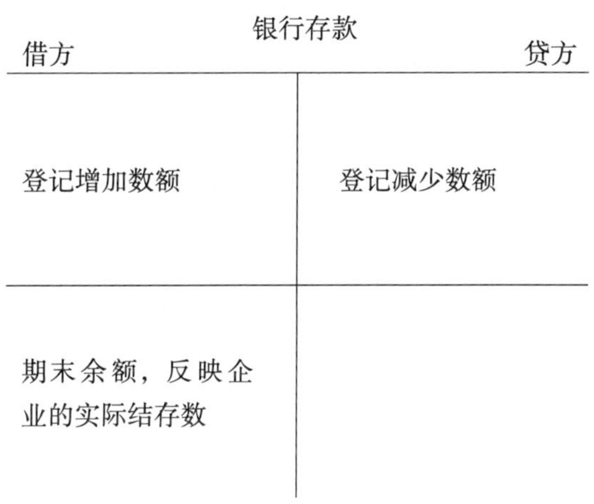

图 4.4 “银行存款”的丁字账

该账户记账规则：

①借方登记存入的款项。

②贷方登记提取或支出的款项。

③期末余额在借方，反映企业存在银行或其他金融机构的款项。

【例】某企业 2016 年 2 月份银行存款期初余额为 120 000 元，2 月 4 日支付材料款 80 000 元，2 月 28 日收到销售货物款项 150 000 元，2 月 29 日支付广告款 50 000 元，则 2 月份银行存款账户期末余额在借方，金额为 140 000 元。如图 4.5 所示。

银行存款（资产类）

借方	贷方
期末余额 120 000.00	本期减少数 80 000.00
本期增加数 150 000.00	本期减少数 50 000.00
期末余额 140 000.00	

图4.5 "银行存款"账户示例

4. 账务处理

企业接受投资者投入的资本，借记"银行存款""固定资产""无形资产""长期股权投资"等科目，按其在注册资本或股本中所占份额，贷记"实收资本（或股本）"科目，按其差额，贷记"资本公积——资本溢价（或股本溢价）"科目。

（1）接受现金资产投资

【例】2016年3月2日，由A、B、C三位投资者出资，组建睿智科技公司，注册资本为3 000 000元，持股比例分别为50%、30%和20%。按照公司章程，A、B、C三位投资者投入资本分别为1 500 000元、900 000元和600 000元，睿智科技公司已如期收到各投资者的款项。睿智科技公司在进行会计处理时，应编制如下会计分录：

借：银行存款　　3 000 000

　　贷：实收资本——A　　1 500 000

　　　　　　　　——B　　900 000

　　　　　　　　——C　　600 000

（2）接受非现金资产投资

【例】2016年4月9日，甲企业接受乙公司作为资本投入的设备一台，该设备不需要安装，合同约定该设备的价值为2 000 000元。与其公允价值相符，不考虑其他因素。甲企业进行会计处理时，应编制如下会计分录：

借：固定资产　　　　2 000 000

　　贷：实收资本——乙公司　　　　2 000 000

【例】2015 年 5 月 12 日，某企业于设立时接受 A 公司作为资本投入的原材料一批，该批原材料投资合同约定的价值为 200 000 元，增值税进项税额为 34 000 元。A 公司已开具了增值税专用发票。假设合同约定的价值与材料的公允价值相符，该进项税额允许抵扣，不考虑其他因素。该企业在进行会计处理时，应编制如下会计分录：

借：原材料　　　　200 000

　　应交税费——应交增值税（进项税额）　　　34 000

　　贷：实收资本——A 公司　　　　　　　　　234 000

【例】2015 年 3 月 20 日，甲企业收到乙企业作为资本投入的专利权一项，该专利权按照投资合同或协议约定的价值为 100 000 元。假设合同约定的价值与公允价值相符，不考虑其他因素。该企业在进行会计处理时，应编制如下会计分录：

借：无形资产　　　　100 000

　　贷：实收资本——乙企业　　　　100 000

（3）实收资本变动

【例】2015 年 10 月 7 日，光明公司按法定程序办妥增资手续，以资本公积 100 000 元转增注册资本。假定不考虑其他因素，光明公司应编制会计分录如下：

借：资本公积　　　　100 000

　　贷：实收资本　　　　100 000

【例】2015 年 11 月 22 日，阳光公司因扩大经营规模需要，经股东大会批准，将盈余公积 500 000 元转增注册资本。假定不考虑其他因素，阳光公司应编制会计分录如下：

借：盈余公积　　　　500 000

　　贷：实收资本　　　　500 000

4.1.2 负债筹资业务

1. 负债筹资业务概念

负债筹资形成债权人的权益（通常称为债务资本），主要包括企业向债权人借入的资金和结算形成的负债资金等，这部分资本的所有者享有按约收回本金和利息的权利。

2. 负债筹资的构成

负债筹资主要包括短期借款、长期借款以及结算形成的负债等。

短期借款是指企业为了满足其生产经营对资金的临时性需要而向银行或其他金融机构等借入的偿还期限在一年以内（含一年）的各种借款。

长期借款是指企业向银行或其他金融机构等借入的偿还期限在一年以上（不含一年）的各种借款。

结算形成的负债主要有应付账款、应付职工薪酬、应交税费等。

3. 账户设置

企业通常设置以下账户对负债筹资业务进行会计核算：

(1)“短期借款”账户

“短期借款”账户属于负债类账户，用以核算企业的短期借款。该账户贷方登记短期借款本金的增加额，借方登记短期借款本金的减少额。期末余额在贷方，反映企业期末尚未归还的短期借款。该账户可按借款种类、贷款人和币种进行明细核算。如图 4.6 所示。

短期借款

借方	贷方
登记减少数额	登记增加数额
	期末余额，反映企业期末尚未归还的短期借款

图 4.6 “短期借款”的丁字账

该账户记账规则：

①贷方登记企业借入的短期借款的本金数额。

②借方登记企业归还的短期借款的本金数额。

③期末贷方余额，反映企业期末尚未偿还的短期借款的数额。

【例】某企业年初短期借款账户余额为0，1月份借入本年第一笔短期借款100 000元，6月份偿还50 000元，10月份借入第二笔短期借款150 000元，则年底短期借款账户期末余额在贷方，金额为200 000元。如图4.7所示。

短期借款（负债类）

借方	贷方
本期减少数50 000.00	本期增加数100 000.00 本期增加数150 000.00
	期末余额 200 000.00

图4.7 “短期借款”账户示例

（2）“长期借款”账户

“长期借款”账户属于负债类账户，用以核算企业的长期借款。该账户贷方登记企业借入的长期借款本金，借方登记归还的本金和利息。期末余额在贷方，反映企业期末尚未偿还的长期借款。如图4.8所示。

该账户可按贷款单位和贷款种类，分别“本金”“利息调整”等进行明细核算。

长期借款

借方	贷方
登记归还的本金和利息	登记企业借入的长期借款本金
	期末余额，反映企业期末尚未偿还的长期借款

图4.8 “长期借款”的丁字账

该账户记账规则：

①贷方登记企业借入的长期借款的本金数额。

②借方登记企业归还的长期借款的本金数额。

③期末贷方余额，反映企业期末尚未偿还的长期借款的数额。

【例】某企业年初长期借款账户余额为 250 000 元，5 月份偿还150 000 元，11 月份借入一笔长期借款，金额为 300 000 元，则年底长期借款账户期末余额在贷方，金额为 400 000 元。如图 4.9 所示。

长期借款（负债类）

借方	贷方
本期减少数 150 000.00	期初余额 250 000.00 本期增加数 300 000.00
	期末余额 400 000.00

图 4.9 “长期借款”账户示例

（3）“应付利息”账户

“应付利息”账户属于负债类账户，用以核算企业按照合同约定应支付的利息，包括吸收存款、分期付息到期还本的长期借款、企业债券等应支付的利息。

该账户贷方登记企业按合同利率计算确定的应付未付利息，借方登记归还的利息。期末余额在贷方，反映企业应付未付的利息。如图 4.10 所示。

该账户可按存款人或债权人进行明细核算。

应付利息

借方	贷方
归还的利息	应付未付的利息
	期末余额，反映企业应付还未付的利息

图 4.10 “应付利息”的丁字账

（4）“财务费用”账户

“财务费用”账户属于损益类账户，用以核算企业为筹集生产经营所需资金等而发生的筹资费用，包括利息支出（减利息收入）、汇兑损益以及相关的手续费、企业发生的现金折扣或收到的现金折扣等。为购建或生产满足资本化条件的资产发生的应予资本化的借款费用，通过“在建工程”“制造费用”等账户核算。

该账户借方登记手续费、利息费用等的增加额，贷方登记应冲减财务费用的利息收入等。期末结转后，该账户无余额。如图 4.11 所示。

该账户可按费用项目进行明细核算。

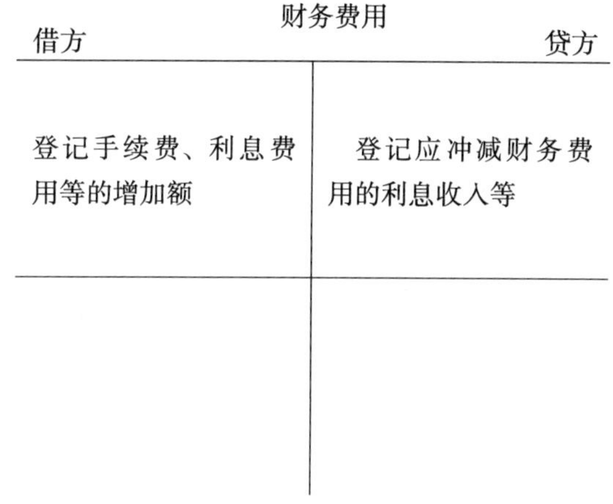

图 4.11 “财务费用”的丁字账

该账户记账规则：

①借方登记企业财务费用的增加数。

②贷方登记企业财务费用的冲销和结转。

③期末将该账户余额结转至“本年利润”账户，该账户无期末余额。

【**例**】某企业 4 月份支付第一季度利息款项 10 000 元，10 月份支付半年度利息 140 000 元，12 月份收到存款利息收入金额为 20 000 元，则年底财务费用账户结转至“本年利润”账户的金额为 130 000 元，该账户无期末余额。如图 4.12 所示。

借方	财务费用（损益类） 贷方
本期增加数 10 000. 00 本期增加数 140 000. 00	本期增加数 20 000. 00
	本期冲销 130 000. 00

图 4. 12 “财务费用”账户示例

4. 账务处理

(1) 短期借款的账务处理

企业借入的各种短期借款，借记“银行存款”科目，贷记“短期借款”科目；归还借款时做相反的会计分录。

资产负债表日，应按计算确定的短期借款利息费用，借记“财务费用”科目，贷记“银行存款”“应付利息”等科目。

【例】 2016 年 1 月 1 日，惠佳服装制造有限公司向银行借入 80 万元，期限 9 个月，年利率 4. 5%，该借款的利息按季支付，本金到期归还。有关账务处理如下：

①1 月 1 日借入款项时：

借：银行存款　　　800 000

　　贷：短期借款　　　800 000

②1 月末预提当月利息 800 000 ×4. 5% ÷12 =3 000（元）

借：财务费用　　　3 000

　　贷：应付利息　　　3 000

2 月末预提当月利息的处理相同。

③3 月末支付本季度应付利息时：

借：财务费用　　　3 000

　　应付利息　　　6 000

　　贷：银行存款　　　9 000

第二季度、第三季度的债务处理同上。

④10 月 1 日偿还借款本金时：

借：短期借款　　　800 000

　　贷：银行存款　　　800 000

（2）长期借款的账务处理

企业借入长期借款，应按实际收到的金额借记“银行存款”科目，按借款本金贷记“长期借款——本金”科目，如存在差额，还应借记“长期借款——利息调整”科目。

资产负债表日，应按确定的长期借款的利息费用，借记“在建工程”“制造费用”“财务费用”“研发支出”等科目，按确定的应付未付利息，贷记“应付利息”科目，按其差额，贷记“长期借款——利息调整”等科目。

【例】某企业为建造一幢厂房，于 2015 年 1 月 1 日借入期限为两年的长期专门借款 1 500 000 元，款项已存入银行。借款利率按市场利率确定为 9%，每年付息一次，期满后一次还清本金。2015 年年初，该企业以银行存款支付工程价款共计 900 000 元，2016 年年初，又以银行存款支付工程费用 600 000 元，该厂房于 2016 年 8 月 31 日完工，达到预定可使用状态。假定不考虑闲置专门借款资金存款的利息收入或者投资收益。

该企业有关账务处理如下：

①2015 年 1 月 1 日，取得借款时：

借：银行存款　　　1 500 000

　　贷：长期借款——××银行——本金　　　1 500 000

②2015 年年初，支付工程款时：

借：在建工程——××厂房　　　900 000

　　贷：银行存款　　　900 000

③2015 年 12 月 31 日，计算 2015 年应计入工程成本的利息费用时：

借款利息 =1 500 000 ×9% =135 000（元）

借：在建工程——××厂房　　　135 000

　　贷：应付利息——××银行　　　135 000

④2015 年 12 月 31 日，支付借款利息时：

借：应付利息——××银行　　135 000

　　贷：银行存款　　135 000

⑤2016 年年初，支付工程款时：

借：在建工程——××厂房　　600 000

　　贷：银行存款　　600 000

⑥2016 年 8 月 31 日，工程达到预定可使用状态时：

该期应计入工程成本的利息 =（1 500 000 ×9% ÷12）×8 =90 000（元）

借：在建工程——××厂房　　90 000

　　贷：应付利息——××银行　　90 000

同时，

借：固定资产——××厂房　　1 725 000

　　贷：在建工程——××厂房　　1 725 000

⑦2016 年 12 月 31 日，计算 2016 年 9 ~ 12 月的利息费用时：

应计入财务费用的利息 =（1 500 000 ×9% ÷12）×4 =45 000（元）

借：财务费用——××借款　　45 000

　　贷：应付利息——××银行　　45 000

⑧2016 年 12 月 31 日，支付利息时：

借：应付利息——××银行　　135 000

　　贷：银行存款　　135 000

⑨2017 年 1 月 1 日，到期还本时：

借：长期借款——××银行——本金　　1 500 000

　　贷：银行存款　　1 500 000

4.2 固定资产业务的账务处理

固定资产业务的账务处理，要了解固定资产的概念与特征，将固定资产的成本和固定资产的折旧作为重点。

4.2.1 固定资产的概念与特征

固定资产是指为生产商品、提供劳务、出租或者经营管理而持有，使用寿命超过一个会计年度的有形资产。

固定资产同时具有以下特征：①属于一种有形资产；②为生产商品、提供劳务、出租或者经营管理而持有；③使用寿命超过一个会计年度。

4.2.2 固定资产的成本

固定资产的成本是指企业购建某项固定资产达到预定可使用状态前所发生的一切合理、必要的支出。

企业可以通过外购、自行建造、投资者投入、非货币性资产交换、债务重组、企业合并和融资租赁等方式取得固定资产。在不同取得方式下，固定资产成本的具体构成内容及其确定方法也不尽相同。

外购固定资产的成本，包括购买价款、相关税费，以及使固定资产达到预定可使用状态前所发生的可归属于该项资产的运输费、装卸费、安装费和专业人员服务费等。

4.2.3 固定资产的折旧

1. 固定资产折旧的概念

（1）固定资产折旧

固定资产折旧是指在固定资产使用寿命内，按照确定的方法对应计折旧额进行的系统分摊。其中，应计折旧额是指应当计提折旧的固定资产的原价扣除其预计净残值后的金额。已计提减值准备的固定资产，还应当扣除已计提的固定资产减值准备累计金额。

（2）预计净残值

预计净残值是指假定固定资产的预计使用寿命已满并处于使用寿命终了时的预期状态，企业目前从该项资产的处置中获得的扣除预计处置费用后的金额。预计净残值率是指固定资产预计净残值额占其原价的比率。企业应当根据固定资产的性质和使用情况，合理确定固定资产的预计净残值。预计净残值一经确定，不得随意变更。

企业应当按月对所有的固定资产计提折旧，但是，已提足折旧仍继续使用的固定资产、单独计价入账的土地和持有待售的固定资产除外。提足折旧是指已经提足该项固定资产的应计折旧额。当月增加的固定资产，当月不计提折旧，从下月起计提折旧；当月减少的固定资产，当月仍计提折旧，从下月起不计提折旧。提前报废的固定资产，不再补提折旧。

2. 折旧方法

企业可选用的折旧方法有年限平均法、工作量法、双倍余额递减法和年数总和法等。下面重点介绍年限平均法和工作量法。

（1）年限平均法

年限平均法又称直线法，是指将固定资产的应计折旧额均匀地分摊到固定资产预计使用寿命内的一种方法。各月应计提折旧额的计算公式如下：

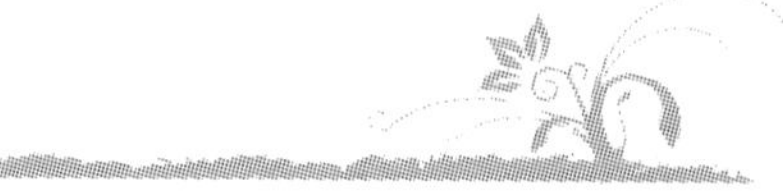

月折旧额 =（固定资产原价 - 预计净残值）× 月折旧率

其中：

月折旧率 = 年折旧率 ÷ 12

年折旧率 = 1 ÷ 预计使用寿命（年）× 100%

（2）工作量法

工作量法，是指根据实际工作量计算每期应提折旧额的一种方法。计算公式如下：

某项固定资产月折旧额 = 该项固定资产当月工作量 × 单位工作量折旧额

其中：

单位工作量折旧额 = 固定资产原价 ×（1 - 预计净残值率）÷ 预计总工作量

不同的固定资产折旧方法，将影响固定资产使用寿命期间内不同时期的折旧费用。企业应当根据与固定资产有关的经济利益的预期实现方式合理选择折旧方法，固定资产的折旧方法一经确定，不得随意变更。

固定资产在其使用过程中，因所处经济环境、技术环境以及其他环境均有可能发生很大变化，企业至少应当于每年年度终了，对固定资产的使用寿命、预计净残值和折旧方法进行复核。固定资产使用寿命、预计净残值和折旧方法的改变，应当作为会计估计变更。

4.2.4 账户设置

固定资产业务的会计核算，通常做以下的账户设置。

1. “在建工程”账户

“在建工程”账户属于资产类账户，用以核算企业基建、更新改造等在建工程发生的支出。

该账户借方登记企业各项在建工程的实际支出，贷方登记工程达到预定可使用状态时转出的成本等。期末余额在借方，反映企业期末尚未达到预定

可使用状态的在建工程的成本。如图 4.13 所示。

该账户可按“建筑工程”“安装工程”“在安装设备”“待摊支出”以及“单项工程”等进行明细核算。

在建工程

借方	贷方
登记企业各项在建工程的实际支出	登记工程达到预定可使用状态时转出的成本等
期末余额，反映企业期末尚未达到预定可使用状态的在建工程的成本	

图 4.13 “在建工程”的丁字账

2. “工程物资”账户

“工程物资”账户属于资产类账户，用以核算企业为在建工程准备的各种物资的成本，包括工程用材料、尚未安装的设备以及为生产准备的工器具等。

该账户借方登记企业购入工程物资的成本，贷方登记企业领用工程物资的成本。期末余额在借方，反映企业期末为在建工程准备的各种物资的成本。如图 4.14 所示。

该账户可按“专用材料”“专用设备”“工器具”等进行明细核算。

工程物资

借方	贷方
登记企业购入工程物资的成本	登记企业领用工程物资的成本
期末余额，反映企业期末为在建工程准备的各种物资的成本	

图 4.14 “工程物资”的丁字账

3. “固定资产”账户

“固定资产”账户属于资产类账户，用以核算企业持有的固定资产原价。

该账户的借方登记固定资产原价的增加额，贷方登记固定资产原价的减少额。期末余额在借方，反映企业期末固定资产的账面原价。如图 4.15 所示。

该账户可按固定资产类别和项目进行明细核算。

固定资产

借方	贷方
固定资产原价的增加额	固定资产原价的减少额
期末余额，反映企业期末固定资产的账面原价	

图 4.15 “固定资产”的丁字账

该账户记账规则：

①借方登记不需要经过建造、安装即可使用的固定资产增加的原始价值。

②贷方登记减少固定资产的原始价值。

③期末余额在借方，反映企业期末固定资产的账面原价。

【例】某企业年初固定资产的余额为 570 000 元，本年新购入办公楼一幢价值 600 000 元，报废机器设备一台价值 300 000 元，则年末固定资产账户余额在借方，金额为 870 000 元。如图 4.16 所示。

固定资产（资产类）

借方	贷方
期初余额 570 000.00 本期增加数 600 000.00	本期减少数 300 000.00
期末余额 870 000.00	

图 4.16 “固定资产”的账户示例

4. “累计折旧”账户

“累计折旧”账户属于资产类备抵账户，用以核算企业固定资产计提的累计折旧。

该账户贷方登记按月提取的折旧额，即累计折旧的增加额，借方登记因减少固定资产而转出的累计折旧。期末余额在贷方，反映期末固定资产的累计折旧额。如图 4. 17 所示。

该账户可按固定资产的类别或项目进行明细核算。

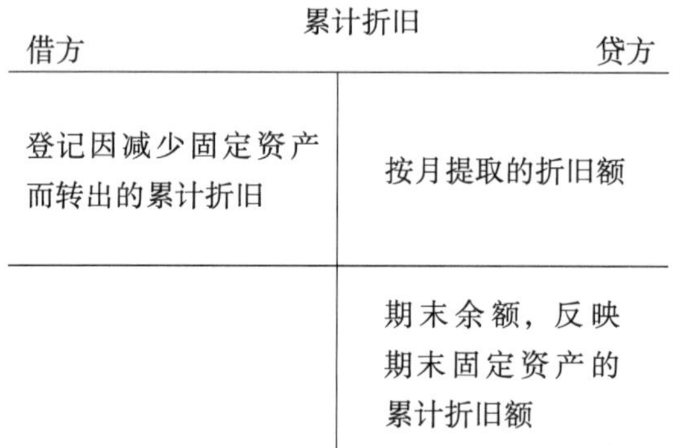

图 4. 17　“累计折旧”的丁字账

4. 2. 5　账务处理

固定资产业务的账务处理主要包括固定资产的购入和固定资产的折旧，下面分别做详细介绍。

1. 固定资产的购入

企业购入不需要安装的固定资产，按应计入固定资产成本的金额，借记“固定资产”“应交税费——应交增值税（进项税额）”科目，贷记“银行存款”等科目。

【例】甲企业自建厂房一幢，购入为工程准备的各种物资 600 000 元，支

付的增值税税额为102 000元，全部用于工程建设。领用本企业生产的水泥一批，实际成本为70 000元，税务部门确定的计税价格为100 000元，增值税税率为17%；工程人员应计工资200 000元，支付的其他费用40 000元。工程完工并达到预定可使用状态。

该企业应做如下会计处理：

①购入工程物资时：

借：工程物资　　　　702 000

　　贷：银行存款　　　　702 000

②工程领用工程物资时：

借：在建工程　　　　702 000

　　贷：工程物资　　　　702 000

③工程领用本企业生产的水泥，确定应计入在建工程成本的金额为：

借：在建工程　　　　87 000

　　贷：库存商品　　　　70 000

　　　　应交税费——应交增值税（销项税额）　　　　17 000

④分配工程人员工资时：

借：在建工程　　　　200 000

　　贷：应付职工薪酬　　　　200 000

⑤支付工程发生的其他费用时：

借：在建工程　　　　40 000

　　贷：银行存款　　　　40 000

⑥工程完工转入固定资产的成本为：702 000 + 87 000 + 200 000 + 40 000 = 1 029 000（元）

借：固定资产　　　　1 029 000

　　贷：在建工程　　　　1 029 000

2. 固定资产的折旧

企业按月计提的固定资产折旧，根据固定资产的用途计入相关资产的成

本或者当期损益，借记“制造费用”“销售费用”“管理费用”“研发支出”“其他业务成本”等科目，贷记“累计折旧”科目。

【例】C公司一台机械使用设备原值为10万元，预计净残值为4 000元，预计使用5年，采用年限平均法计提折旧。

年折旧额 =（100 000 −4 000）÷5 =19 200（元）

月折旧额 =19 200 ÷12 =1 600（元）

相关会计分录为：

借：制造费用　　　　1 600

　　贷：累计折旧　　　　1 600

【例】乙企业有一辆专门用于运货的卡车，原值为30 000元，预计总行驶里程为300 000公里（假设报废时无净残值），当月行驶30 000公里，要求计算卡车的月折旧额。

单位工作量的折旧额 =30 000 ÷300 000 =0.1（元/公里）

月折旧额 =30 000 ×0.1 =3 000（元）

借：固定资产——卡车　　　　3 000

　　贷：累计折旧——卡车　　　　3 000

4.3 材料采购业务的账务处理

材料采购业务的账务处理，包括材料的采购成本、账户设置、账务处理。

4.3.1 材料的采购成本

材料的采购成本包括几方面的内容，即包括购买价款、相关税费、运输费、装卸费、保险费以及其他可归属于采购成本的费用。从概念上讲，材料的采购成本是指企业物资从采购到入库前所发生的全部支出。

在实务中，企业也可以将发生的运输费、装卸费、保险费以及其他可归属于采购成本的费用等先进行归集，期末，再按照所购材料的存销情况进行分摊。

4.3.2 账户设置

材料采购业务的账户设置主要包括“原材料”账户、“材料采购”账户、“材料成本差异”账户、“在途物资”账户、“应付账款”账户、“应付票据”账户、“预付账款”账户和“应交税费”账户。

1. “原材料”账户

“原材料”账户属于资产类账户，用以核算企业库存的各种材料，包括原料及主要材料、辅助材料、外购半成品（外购件）、修理用备件（备品备件）、包装材料、燃料等的计划成本或实际成本。企业收到来料加工装配业务的原料、零件等，应当设置备查簿进行登记。

该账户借方登记已验收入库材料的成本，贷方登记发出材料的成本。期末余额在借方，反映企业库存材料的计划成本或实际成本。如图 4.18 所示。

该账户可按材料的保管地点（仓库）、材料的类别、品种和规格等进行明细核算。

原材料

借方	贷方
登记已验收入库材料的成本	登记发出材料的成本
期末余额，反映企业库存材料的计划成本或实际成本	

图 4.18 “原材料”的丁字账

该账户记账规则：

①借方登记企业入库材料的实际成本。

②贷方登记企业发出材料的实际成本。

③期末余额在借方，反映企业库存原材料的计划成本或实际成本。

【例】某企业年初原材料余额为 250 000 元，1 月份购入原材料 100 000 元，生产领用原材料 150 000 元，则 1 月底原材料账户期末余额在借方，金额为 200 000 元。如图 4. 19 所示。

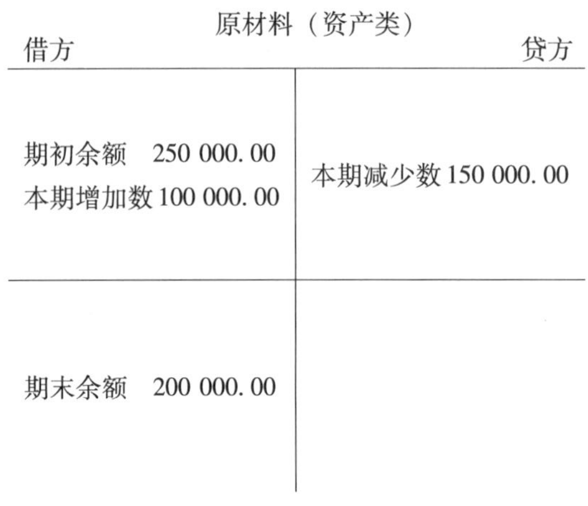

图 4. 19 “原材料”账户示例

2. “材料采购”账户

“材料采购”账户属于资产类账户，用以核算企业采用计划成本进行材料日常核算而购入材料的采购成本。

该账户借方登记企业采用计划成本进行核算时，采购材料的实际成本以及材料入库时结转的节约差异，贷方登记入库材料的计划成本以及材料入库时结转的超支差异。期末余额在借方，反映企业在途材料的采购成本。如图 4. 20 所示。

该账户可按供应单位和材料品种进行明细核算。

借方 材料采购	贷方
采购材料的实际成本以及材料入库时结转的节约差异	入库材料的计划成本以及材料入库时结转的超支差异
期末余额，反映企业在途材料的采购成本	

图 4.20 “材料采购” 的丁字账

3. “材料成本差异” 账户

“材料成本差异” 账户属于资产类账户，用以核算企业采用计划成本进行日常核算的材料计划成本与实际成本的差额。

该账户借方登记入库材料形成的超支差异以及转出的发出材料应负担的节约差异，贷方登记入库材料形成的节约差异以及转出的发出材料应负担的超支差异。期末余额在借方，反映企业库存材料等的实际成本大于计划成本的差异；期末余额在贷方，反映企业库存材料等的实际成本小于计划成本的差异。如图 4.21 所示。

该账户可以分别 “原材料” “周转材料” 等，按照类别或品种进行明细核算。

借方 材料成本差异	贷方
登记入库材料形成的超支差异以及转出的发出材料应负担的节约差异	登记入库材料形成的节约差异以及转出的发出材料应负担的超支差异
期末余额，反映企业库存材料等的实际成本大于计划成本的差异	期末余额，反映企业库存材料等的实际成本小于计划成本的差异

图 4.21 “材料成本差异” 的丁字账

4. “在途物资”账户

“在途物资”账户属于资产类账户，用以核算企业采用实际成本（或进价）进行材料、商品等物资的日常核算，货款已付尚未验收入库的在途物资的采购成本。

该账户借方登记购入材料、商品等物资的买价和采购费用（采购实际成本），贷方登记已验收入库材料、商品等物资应结转的实际采购成本。期末余额在借方，反映企业期末在途材料、商品等物资的采购成本。如图 4.22 所示。

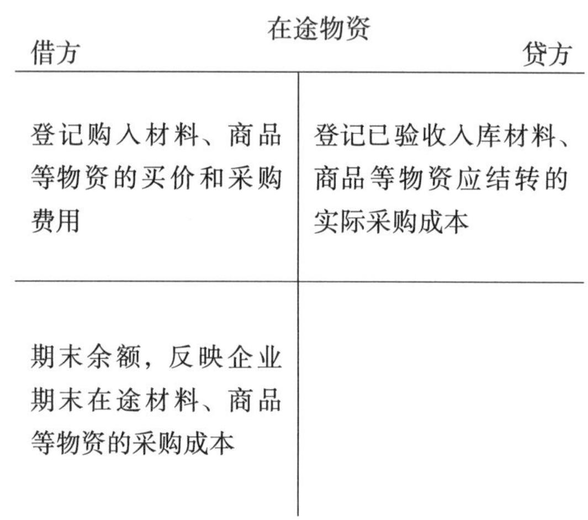

图 4.22 “在途物资”的丁字账

该账户记账规则：

①借方登记企业购入材料、商品等物资但是尚未入库的实际成本。

②贷方登记已验收入库的材料、商品等物资的实际成本。

③期末余额在借方，反映企业在途材料、商品等物资的实际成本。

【例】某企业 2016 年 2 月份在途物资期初余额为 76 000 元，2 月 5 日有部分材料验收入库，金额为 50 000 元，2 月 28 日另购入材料一批，金额为 45 000 元，款项已经支付，材料尚未验收入库，则 2 月份在途物资账户期末余额在借方，金额为 140 000 元。如图 4.23 所示。

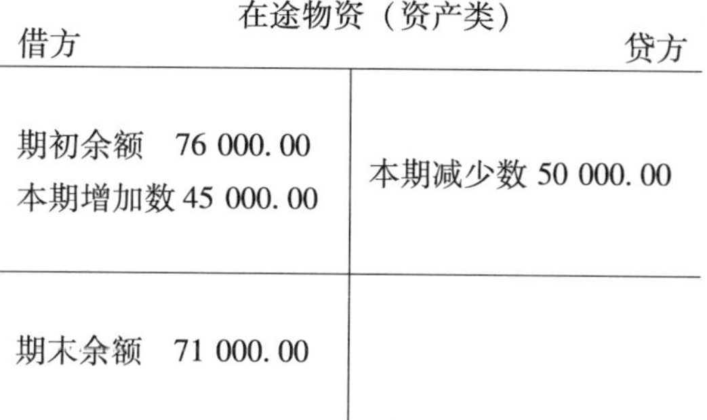

图 4.23　“在途物资”账户示例

5.“应付账款”账户

“应付账款”账户属于负债类账户，用以核算企业因购买材料、商品或接受劳务等经营活动应支付的款项。

该账户贷方登记企业因购入材料、商品或接受劳务等尚未支付的款项，借方登记企业偿还的应付账款。期末余额一般在贷方，反映企业期末尚未支付的应付账款余额；如果在借方，反映企业期末预付账款余额。如图 4.24 所示。

该账户可按债权人进行明细核算。

应付账款

借方	贷方
登记企业偿还的应付账款	登记企业因购入材料、商品和接受劳务等尚未支付的款项
	期末余额，反映企业期末尚未支付的应付账款余额

图 4.24“应付账款”的丁字账

该账户记账规则：

①贷方登记企业因购买材料、商品或接受劳务等经营活动应该支付而尚未支付的款项。

②借方登记企业已经偿还的应付账款。

③期末余额在贷方，反映企业尚未支付的应付账款余额。

【例】某企业 2 月末应付账款余额为 250 000 元，月初偿还欠款 70 000 元，月末购入原材料一批，价值 98 000 元，材料已验收入库，但款项尚未支付，则 2 月末应付账款余额在贷方，金额为 278 000 元。如图 4.25 所示。

应付账款（负债类）

借方	贷方
本期偿还金额 70 000.00	期初余额 250 000.00 本期新增欠款 98 000.00
	期末余额　278 000.00

图 4.25　“应付账款”的账户示例

6.“应付票据”账户

“应付票据”账户属于负债类账户，用以核算企业购买材料、商品或接受劳务等开出、承兑的商业汇票，包括银行承兑汇票和商业承兑汇票。

该账户贷方登记企业开出、承兑的商业汇票，借方登记企业已经支付或者到期无力支付的商业汇票。期末余额在贷方，反映企业尚未到期的商业汇票的票面金额。如图 4.26 所示。

该账户可按债权人进行明细核算。

应付票据

借方	贷方
登记企业已经支付或者到期无力支付的商业汇票	登记企业开出、承兑的商业汇票
	期末余额，反映企业尚未到期的商业汇票的票面金额

图 4.26　“应付票据”的丁字账

该账户记账规则：

①贷方登记企业开出的应付票据的面值。

②借方登记企业已经偿还的应付票据的面值。

③期末余额在贷方，反映企业尚未到期的应付票据的面值。

【例】某企业年初应付票据的余额为 570 000 元，6 月份偿还部分款项 360 000元，8 月份新开出一张商业承兑汇票，金额为 280 000 元，则年末该企业应付票据账户余额在贷方，金额为 490 000 元。如图 4.27 所示。

应付票据（负债类）

借方	贷方
本期减少数 360 000.00	期初余额 570 000.00 本期增加数 280 000.00
	期末余额 490 000.00

图 4.27 “应付票据”账户示例

7. “预付账款”账户

“预付账款”账户属于资产类账户，用以核算企业按照合同规定预付的款项。预付款项情况不多的，也可以不设置该账户，将预付的款项直接记入“应付账款”账户。

该账户的借方登记企业因购货等业务预付的款项，贷方登记企业收到货物后应支付的款项等。期末余额在借方，反映企业预付的款项；期末余额在贷方，反映企业尚需补付的款项。如图 4.28 所示。

该账户可按供货单位进行明细核算。

预付账款

登记企业因购货等业务预付的款项	登记企业收到货物后应支付的款项等
期末余额在借方，反映企业预付的款项	期末余额在贷方，反映企业尚需补付的款项

图 4.28 “预付账款”的丁字账

该账户记账规则：

①借方登记企业向供应单位预付的款项。

②贷方登记企业收到材料等应结转的预付账款。

③期末余额在借方，表示企业尚未结算的预付账款；期末余额在贷方，反映企业尚需补付的款项。

【例】 某企业 5 月初与 A 公司签订一项采购协议，拟向 A 公司购买材料一批共计 50 000 元，5 月 4 日预付定金 10 000 元，5 月 28 日 A 公司将材料运抵本企业，本企业同时支付剩余的货款 40 000 元。该企业 4 月末预付账款余额为 20 000 元，则 5 月末该企业预付账款账户余额在借方，金额为 20 000 元。如图 4.29 所示。

预付账款（资产类）

借方	贷方
期初余额 20 000.00 本期增加数 10 000.00	本期减少数 10 000.00
期末余额　20 000.00	

图 4.29 “预付账款”账户示例

8. “应交税费”账户

“应交税费”账户属于负债类账户，用以核算企业按照税法等规定计算应交纳的各种税费，包括增值税、消费税、营业税、所得税、资源税、土地增值税、城市维护建设税、房产税、土地使用税、车船使用税、教育费附加、矿产资源补偿费等，企业代扣代交的个人所得税等也通过本账户核算。

该账户贷方登记各种应交未交税费的增加额，借方登记实际缴纳的各种税费。期末余额在贷方，反映企业尚未交纳的税费；期末余额在借方，反映企业多交或尚未抵扣的税费。如图 4. 30 所示。

该账户可按应交的税费项目进行明细核算。

应交税费

借方	贷方
登记实际缴纳的各种税费	贷方登记各种应交未交税费的增加额
期末余额在借方，反映企业多交或尚未抵扣的税费	期末余额在贷方，反映企业尚未交纳的税费

图 4. 30　“应交税费”的丁字账

该账户记账规则：

①贷方登记企业本期应缴纳的各种税费。

②借方登记企业本期实际缴纳的各种税费。

③期末余额在借方，反映企业多交或尚未抵扣的税费；期末余额在贷方，表示企业应缴而未缴的税费金额。

【例】 某企业年初应交税费账户的余额为 15 000 元，1 月份应该缴纳各种税费 28 000 元，1 月末实际缴纳 40 000 元，则该企业 1 月末应交税费账户余额在贷方，金额为3 000元。如图 4. 31 所示。

借方	应交税费（负债类） 贷方
本期实缴数 40 000.00	期初余额 15 000.00 本期应缴数 28 000.00
	期末余额 3 000.00

图 4.31 “应交税费”账户示例

4.3.3 账务处理

材料采购业务的账户处理有两种成本核算方法，即实际成本法核算和计划成本法核算。下面分别对这两种账务处理做举例介绍。

1. 实际成本法核算的账务处理

实际成本法下，一般通过“原材料”和“在途物资”等科目进行核算。企业外购材料时，按材料是否验收入库分为以下两种情况：

（1）材料已验收入库

如果货款已经支付，发票账单已到，材料已验收入库，按支付的实际金额，借记“原材料”“应交税费——应交增值税（进项税额）”等科目，贷记“银行存款”“预付账款”等科目。

【例】睿智科技有限公司购入 A 材料一批，增值税专用发票上记载的货款为 500 000 元，增值税税额为 85 000 元，另对方代垫包装费 1 000 元，全部款项已用转账支票付讫，材料已经验收入库。

借：原材料　　501 000

　　应交税费——应交增值税（进项税额）　　85 000

　　贷：银行存款　　586 000

如果货款尚未支付，材料已经验收入库，按相关发票凭证上应付的金额，借记“原材料”“应交税费——应交增值税（进项税额）”等科目，贷记“应付账款”“应付票据”等科目。

【例】睿智科技有限公司2016年1月10日购入春雨公司原材料一批，其中货款100 000元，增值税专用发票上注明的增值税税额17 000元，运费3 000元。发票已经收到，货款尚未支付，材料当日验收入库。

借：原材料　　　　　　　　　　　　　103 000

　　应交税费——应交增值税（进项税额）　　17 000

　　贷：应付账款——春雨公司　　　　　　　　120 000

如果货款尚未支付，材料已经验收入库，但月末仍未收到相关发票凭证，按照暂估价入账，即借记“原材料”科目，贷记“应付账款”等科目。下月初做相反分录予以冲回，收到相关发票账单后再编制会计分录。

【例】睿智科技有限公司2016年1月15日购入春雨公司材料一批，材料已验收入库，月末发票账单尚未收到也无法确定其实际成本，暂估价值为200 000元。2月15日收到发票账单，增值税专用发票上记载的货款为205 000元，增值税税额为34 850元，对方代垫保险费2 000元，已用银行存款付讫。

①1月末睿智科技有限公司分录：

借：原材料　　200 000

　　贷：应付账款——暂估应付账款　　200 000

②2月初做相反分录冲回：

借：应付账款——暂估应付账款　　200 000

　　贷：原材料　　　　　　　　　　200 000

③2月15日收到发票账单：

借：原材料　　207 000

　　应交税费——应交增值税（进项税额）　　34 850

　　贷：银行存款　　　　　　　　　　　　241 850

(2) 材料尚未验收入库

如果货款已经支付，发票账单已到，但材料尚未验收入库，按支付的金额，借记“在途物资”“应交税费——应交增值税（进项税额）”等科目，贷记“银行存款”等科目；待验收入库时再做后续分录。

对于可以抵扣的增值税进项税额，一般纳税人企业应根据收到的增值税专用发票上注明的增值税税额，借记“应交税费——应交增值税（进项税额）”科目。

【例】睿智科技有限公司购入 B 材料一批，增值税专用发票上记载的货款为 1 600 000 元，增值税税额为 272 000 元，对方代垫包装费 2 000 元，3 月 1 日付款，但材料尚未验收入库，3 月 15 日材料入库。

①货款已经支付，材料尚未验收入库时：

借：在途物资 1 602 000

　　应交税费——应交增值税（进项税额） 272 000

　　贷：银行存款 1 874 000

②材料验收入库时：

借：原材料 1 874 000

　　贷：在途物资 1 874 000

2. 计划成本法核算的账务处理

计划成本法下，一般通过“材料采购”“原材料”“材料成本差异”等科目进行核算。企业外购材料时，按材料是否验收入库分为以下两种情况：

(1) 材料已验收入库

如果货款已经支付，发票账单已到，材料已验收入库，按支付的实际金额，借记“材料采购”科目，贷记“银行存款”科目；按计划成本金额，借记“原材料”科目，贷记“材料采购”科目；按计划成本与实际成本之间的差额，借记（或贷记）“材料采购”科目，贷记（或借记）“材料成本差异”科目。

【例】睿智科技有限公司购入材料一批，专用发票上记载的货款为50 000

元，增值税税额为 8 500 元，发票账单已收到，计划成本为 60 000 元，已验收入库，全部款项以银行存款支付。

借：材料采购　　　　　　　　　　　　　　　50 000

　　应交税费——应交增值税（进项税额）　　　8 500

　　贷：银行存款　　　　　　　　　　　　　　　58 500

借：原材料　　　　60 000

　　贷：材料采购　　　　　50 000

　　　　材料成本差异　　　10 000

如果货款尚未支付，材料已经验收入库，按相关发票凭证上应付的金额，借记“材料采购”科目，贷记“应付账款”“应付票据”等科目；按计划成本金额，借记“原材料”科目，贷记“材料采购”科目；按计划成本与实际成本之间的差额，借记（或贷记）“材料采购”科目，贷记（或借记）“材料成本差异”科目。

【例】睿智科技有限公司采用商业承兑汇票方式购入 H 材料一批，专用发票上记载的货款为 500 000 元，增值税税额为 85 000 元，发票账单已收到，计划成本 520 000 元，材料已验收入库。

借：材料采购　　　　　　　　　　　　　　500 000

　　应交税费——应交增值税（进项税额）　　85 000

　　贷：应付票据　　　　　　　　　　　　　　585 000

借：原材料　　　　　520 000

　　贷：材料采购　　　　　　500 000

　　　　材料成本差异　　　　20 000

如果材料已经验收入库，货款尚未支付，月末仍未收到相关发票凭证，按照计划成本暂估入账，即借记“原材料”科目，贷记“应付账款”等科目。下月初做相反分录予以冲回，收到账单后再编制会计分录。

【例】睿智科技有限公司 2 月 22 日购入原材料一批，材料已验收入库，发票账单未到，月末按照计划成本 300 000 元估价入账。3 月 5 日收到发票并付款，专用发票上记载的货款为 270 000 元，增值税税额为 45 900 元。

①2 月 22 日购入原材料时：

借：原材料　　　　　　　　300 000

　　贷：应付账款——暂估应付账款　　　　300 000

②3 月 1 日做相反的会计分录予以冲回：

借：应付账款——暂估应付账款　　　　300 000

　　贷：原材料　　　　　　　　　　　　300 000

③3 月 5 日收到发票并付款时：

借：原材料　　　　　　　　　　　　300 000

　　应交税费——应交增值税（进项税额）　　45 900

　　贷：银行存款　　　　　　　　　　　　315 900

　　　　材料成本差异　　　　　　　　　　30 000

（2）材料尚未验收入库

如果相关发票凭证已到，但材料尚未验收入库，按支付或应付的实际金额，借记“材料采购”科目，贷记“银行存款”“应付账款”等科目；待验收入库时再做后续分录。

对于可以抵扣的增值税进项税额，一般纳税人企业应根据收到的增值税专用发票上注明的增值税税额，借记“应交税费——应交增值税（进项税额）”科目。

【例】睿智科技有限公司购入 G 材料一批，专用发票上记载的货款为 200 000 元，增值税税额为 34 000 元，发票账单已收到，计划成本 180 000 元，材料尚未入库。

①借：材料采购　　　　　　　　　　　　200 000

　　应交税费——应交增值税（进项税额）　　34 000

　　贷：银行存款　　　　　　　　　　　　234 000

②验收入库时分录：

借：原材料　　　　　　　　180 000

　　材料成本差异　　　　　　20 000

　　贷：材料采购　　　　　　　　　200 000

4.4 生产业务的账务处理

生产业务的账务处理主要包括生产费用的构成，生产业务的账户设置和账务处理的相关内容。其中，以账务处理中的材料费用的归集与分配、职工薪酬的归集与分配、制造费用的归集与分配、完工产品生产成本的计算与结转为重点。

4.4.1 生产费用的构成

企业产品的生产过程同时也是生产资料的耗费过程。企业在生产过程中发生的各项生产费用，是企业为获得收入而预先垫支并需要得到补偿的资金耗费。这些费用最终都要归集、分配给特定的产品，形成产品的成本。

产品成本的核算是指把一定时期内企业生产过程中所发生的费用，按其性质和发生地点，分类归集、汇总、核算，计算出该时期内生产费用的发生总额，并按适当的方法分别计算出各种产品的实际成本和单位成本等。

生产费用是指与企业日常生产经营活动有关的费用，按其经济用途可分为直接材料、直接人工和制造费用。如表 4.1 所示。

表 4.1　生产费用的构成

构成	内容
直接材料	是指构成产品实体的原材料以及有助于产品形成的主要材料和辅助材料
直接人工	是指直接从事产品生产的工人的职工薪酬
制造费用	是指企业为生产产品或提供劳务而发生的各项间接费用

4.4.2 账户设置

企业对于生产业务的账户设置通常包括："生产成本"账户、"制造费用"账户、"库存商品"账户和"应付职工薪酬"账户。

1. "生产成本"账户

"生产成本"账户属于成本类账户，用以核算企业生产各种产品（产成品、自制半成品等）、自制材料、自制工具、自制设备等发生的各项生产成本。

该账户借方登记应计入产品生产成本的各项费用，包括直接计入产品生产成本的直接材料费、直接人工费和其他直接支出，以及期末按照一定的方法分配计入产品生产成本的制造费用；贷方登记完工入库产成品应结转的生产成本。期末余额在借方，反映企业期末尚未加工完成的在产品成本。

该账户可按基本生产成本和辅助生产成本进行明细分类核算。基本生产成本应当分别按照基本生产车间和成本核算对象（如产品的品种、类别、订单、批别、生产阶段等）设置明细账（或成本计算单），并按照规定的成本项目设置专栏。如图 4. 32 所示。

借方　　　　生产成本	贷方
登记应计入产品生产成本的各项费用	登记完工入库产成品应结转的生产成本
期末余额，反映企业期末尚未加工完成的在产品成本	

图 4. 32　"生产成本"的丁字账

该账户记账规则：

①借方登记企业本期发生的各项直接费用及制造费用。

②贷方登记企业已完工并验收入库的产成品的生产成本。

③期末余额在借方，反映企业期末尚未完工的在产品成本。

【例】某企业 3 月末生产成本余额为 640 000 元，4 月份发生各种直接费用240 000 元，4 月底有一批产品完工并验收入库，产品实际成本为370 000元，则 4 月末生产成本账户期末余额在借方，金额为 510 000 元。如图 4. 33 所示。

生产成本（成本类）

借方	贷方
期初余额　640 000. 00 本期增加数 240 000. 00	本期减少数 370 000. 00
期末余额　510 000. 00	

图 4. 33　“生产成本”账户示例

2. “制造费用”账户

“制造费用”账户属于成本类账户，用以核算企业生产车间（部门）为生产产品或提供劳务而发生的各项间接费用。

该账户借方登记实际发生的各项制造费用，贷方登记期末按照一定标准分配转入“生产成本”账户借方的应计入产品成本的制造费用。期末结转后，该账户一般无余额。如图 4. 34 所示。

该账户可按不同的生产车间、部门和费用项目进行明细核算。

制造费用

借方	贷方
登记实际发生的各项制造费用	登记期末按照一定标准分配转入“生产成本”账户借方的应计入产品成本的制造费用

图 4. 34　“制造费用”的丁字账

该账户记账规则：

①借方登记本期实际发生的各项间接费用。

②贷方登记期末转入“生产成本”账户借方的金额。

③期末无余额。

【例】某企业2016年4月份发生各项间接费用如下：车间管理人员工资6 000元、机器设备的折旧费用20 000元、车间生产照明费500元、其他费用2 000元。则4月份制造费用账户期末无余额。如图4. 35所示。

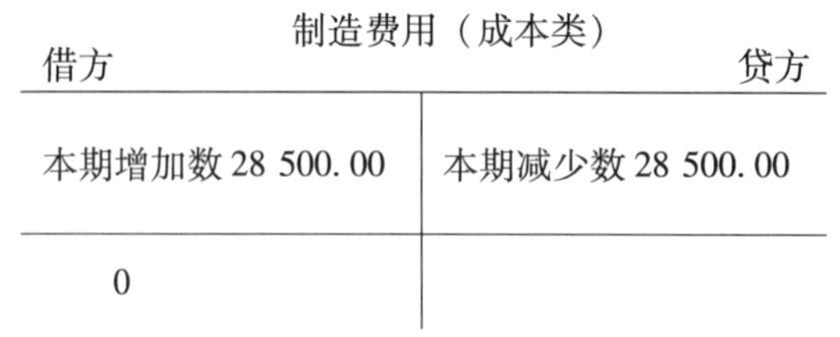

图4. 35 “制造费用”账户示例

3. “库存商品”账户

“库存商品”账户属于资产类账户，用以核算企业库存的各种商品的实际成本（或进价）或计划成本（或售价），包括库存产成品、外购商品、存放在门市部准备出售的商品、发出展览的商品以及寄存在外的商品等。

该账户借方登记验收入库的库存商品成本，贷方登记发出的库存商品成本。期末余额在借方，反映企业期末库存商品的实际成本（或进价）或计划成本（或售价）。如图4. 36所示。

该账户可按库存商品的种类、品种和规格等进行明细核。

库存商品

借方	贷方
登记验收入库的库存商品成本	登记发出的库存商品成本
期末余额，反映企业期末库存商品的成本	

图4. 36 “库存商品”的丁字账

该账户记账规则：

①借方登记企业已经完工验收入库和各种产品的实际生产成本。

②贷方登记企业已经售出的各种产品的实际生产成本。

③期末余额在借方，反映企业期末库存产品的成本。

【例】某企业5月初与A公司签订一项销售协议，拟向A公司销售B产品一批共计300 000元，5月初企业B产品的库存为380 000元，5月16日企业发货，5月17日A公司将该批产品验收入库并付款，当月新生产B产品10 000元。则5月末该企业B产品的库存商品账户余额在借方，金额为90 000元。如图4.37所示。

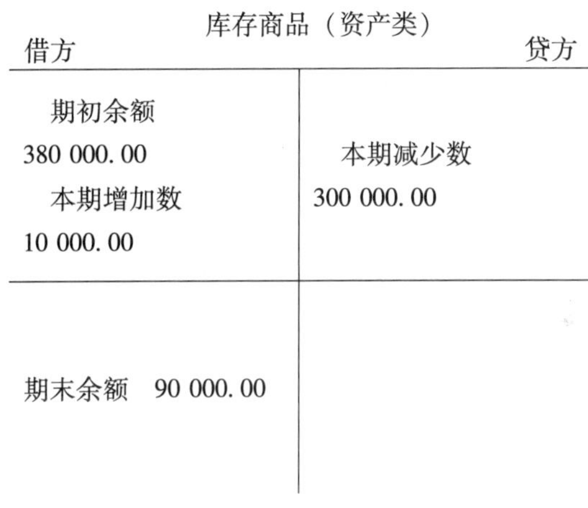

图4.37　“库存商品”账户示例

4.“应付职工薪酬”账户

“应付职工薪酬”账户属于负债类账户，用以核算企业根据有关规定应付给职工的各种薪酬。

该账户借方登记本月实际支付的职工薪酬数额，贷方登记本月计算的应付职工薪酬总额，包括各种工资、奖金、津贴和福利费等。期末余额在贷方，反映企业应付未付的职工薪酬。

该账户可按“工资”“职工福利”“社会保险费”“住房公积金”“工会经费”“职工教育经费”“非货币性福利”“辞退福利”“股份支付”等进行

明细核算。如图4. 38 所示。

应付职工薪酬	
登记本月实际支付的职工薪酬数额	登记本月计算的应付职工薪酬总额
	期末余额，反映企业应付未付的职工薪酬

图4. 38 “应付职工薪酬”的丁字账

该账户记账规则：

①贷方登记企业本期应该支付的职工薪酬。

②借方登记企业本期实际支付的职工薪酬。

③期末余额在贷方，反映企业应付而未付的职工薪酬。

【例】 某企业3月末应付职工薪酬余额为20 000 元，本月发生如下职工薪酬：生产人员工资65 000 元，车间管理人员工资40 000 元，企业管理人员工资200 000 元。企业实际支付工资310 000 元，则4 月末应付职工薪酬账户余额在贷方，金额为15 000 元。如图4. 39 所示。

应付职工薪酬（负债类）

借方	贷方
本期实际支付 310 000. 00	期初余额 20 000. 00 本期应付薪酬 305 000. 00
	期末余额　15000. 00

图4. 39 “应付职工薪酬”账户示例

4.4.3 账务处理

生产业务的账务处理主要包括以下几个方面的内容：材料费用的归集与分配、职工薪酬的归集与分配、制造费用的归集与分配、完工产品生产成本的计算与结转，具体内容介绍如下。

1. 材料费用的归集与分配

在确定材料费用时，应根据领料凭证区分车间、部门和不同用途后，按照确定的结果将发出材料的成本借记“生产成本”“制造费用”“管理费用”等科目，贷记“原材料”等科目。

对于直接用于某种产品生产的材料费用，应直接计入该产品生产成本明细账中的直接材料费用项目；对于由多种产品共同耗用、应由这些产品共同负担的材料费用，应选择适当的标准在这些产品之间进行分配，按分担的金额计入相应的成本计算对象（生产产品的品种、类别等）；对于为提供生产条件等间接消耗的各种材料费用，应先通过“制造费用”科目进行归集，期末再同其他间接费用一起按照一定的标准分配计入有关产品成本；对于行政管理部门领用的材料费用，应记入“管理费用”科目。

【例】红星公司生产 A、B 两种产品，生产过程中主要耗费甲、乙两种材料。2015 年 1 月 31 日，该公司的材料成本分配表如表 4.2 所示。

表 4.2　材料成本分配表　　2015 年 1 月

项目	甲材料			乙材料			合计
	数量	单价	金额	数量	单价	金额	
生产车间——A 产品	7 000		35 000	2 500		15 000	50 000
生产车间——B 产品	3 000		15 000	1 500		9 000	24 000
车间一般耗用	1 000		5 000	500		3 000	8 000
厂部管理部门	500		2 500	300		1 800	4 300
合计	11 500	5	57 500	4 800	6	28 800	86 300

借：生产成本——A 产品　　50 000

　　　　　——B 产品　　24 000

　　制造费用　　8 000

　　管理费用　　4 300

　　贷：原材料——甲材料　　57 500

　　　　　　　——乙材料　　28 800

2. 职工薪酬的归集与分配

职工薪酬是指企业为获得职工提供的服务或解除劳动关系而给予各种形式的报酬或补偿，具体包括：短期薪酬、离职后福利、辞退福利和其他长期职工福利。企业提供给职工配偶、子女、受赡养人、已故员工遗属及其他受益人等的福利，也属于职工薪酬。

对于短期职工薪酬，企业应当在职工为其提供服务的会计期间，按实际发生额确认为负债，并计入当期损益或相关资产成本。企业应当根据职工提供服务的受益对象，分别下列情况处理：

①应由生产产品、提供劳务负担的短期职工薪酬，计入产品成本或劳务成本。其中，生产工人的短期职工薪酬应借记“生产成本”科目，贷记“应付职工薪酬”科目；生产车间管理人员的短期职工薪酬属于间接费用，应借记“制造费用”科目，贷记“应付职工薪酬”科目。

当企业采用计件工资制时，生产工人的短期职工薪酬属于直接费用，应直接计入有关产品的成本。当企业采用计时工资制时，对于只生产一种产品的生产工人的短期职工薪酬也属于直接费用，应直接计入产品成本；对于同时生产多种产品的生产工人的短期职工薪酬，则需采用一定的分配标准（实际生产工时或定额生产工时等）分配计入产品成本。

②应由在建工程、无形资产负担的短期职工薪酬，计入建造固定资产或无形资产成本。

③除上述两种情况之外的其他短期职工薪酬应计入当期损益。如企业行政管理部门人员和专设销售机构销售人员的短期职工薪酬均属于期间费

用，应分别借记“管理费用”“销售费用”等科目，贷记“应付职工薪酬”科目。

【例】2015 年 6 月，红星公司发生应付工资 205 000 元，根据本月份“工资费用分配表”，车间生产工人工资 150 000 元，车间管理人员工资 20 000 元，厂部行政管理人员工资 15 000 元。6 月 30 日，红星公司以银行存款发放了本月工资。相关会计分录如下：

①计提工资：

借：生产成本　　150 000

　　制造费用　　20 000

　　管理费用　　15 000

　　贷：应付职工薪酬——应付工资　　185 000

②支付工资：

借：应付职工薪酬　　185 000

　　贷：银行存款　　185 000

3. 制造费用的归集与分配

企业发生的制造费用，应当按照合理的分配标准按月分配计入各成本核算对象的生产成本。企业可以采取的分配标准包括机器工时、人工工时、计划分配率等。

企业发生制造费用时，借记“制造费用”科目，贷记“累计折旧”“银行存款”“应付职工薪酬”等科目；结转或分摊时，借记“生产成本”等科目，贷记“制造费用”科目。

【例】2015 年 5 月 31 日，红星公司归集当月发生的制造费用的总额为 15 500元，按照该月 A、B 产品生产工人工资进行分配。制造费用分配表如表4.3 所示。

表 4.3　制造费用分配表　　2015 年 5 月份

产品名称	分配标准（生产工人工资）	分配率（元/工时）	分配金额（元）
A 产品	160 000		80 000
B 产品	150 000		75 000
合计	310 000	0.5	155 000

根据表中数据，编制如下会计分录：

借：生产成本——A 产品　　80 000

　　　　　　——B 产品　　75 000

　贷：制造费用　　　　　　155 000

4. 完工产品生产成本的计算与结转

产品生产成本计算是指将企业生产过程中为制造产品所发生的各种费用按照成本计算对象进行归集和分配，以便计算各种产品的总成本和单位成本。有关产品成本信息是进行库存商品计价和确定销售成本的依据，产品生产成本计算是会计核算的一项重要内容。

企业应设置产品生产成本明细账，用来归集应计入各种产品的生产费用。通过对材料费用、职工薪酬和制造费用的归集和分配，企业各月生产产品所发生的生产费用已记入“生产成本”科目中。

如果月末某种产品全部完工，该种产品生产成本明细账所归集的费用总额，就是该种完工产品的总成本，用完工产品总成本除以该种产品的完工总产量，即可计算出该种产品的单位成本。如果月末某种产品全部未完工，该种产品生产成本明细账所归集的费用总额就是该种产品在产品的总成本。

如果月末某种产品一部分完工，一部分未完工，这时归集在产品成本明细账中的费用总额还要采取适当的分配方法在完工产品和在产品之间进行分配，然后才能计算出完工产品的总成本和单位成本。完工产品成本的基本计算公式为：

完工产品生产成本＝期初在产品成本＋本期发生的生产费用－期末在产品成本

当产品生产完成并验收入库时，借记“库存商品”科目，贷记“生产成本”科目。

【例】 宏春股份有限公司 2015 年 5 月产成品入库单及产品成本计算单中显示：本月生产完工验收入库 A 产品 700 件，单位成本 1 500 元；验收入库 B 产品800 件，单位成本 1 000 元。本月销售 A 产品 600 件，销售 B 产品 900 件，按加权平均法计算的销售 A 产品的单位成本为 1 520 元，销售 B 产品的单位成本为 1 000 元。

结转完工验收入库产品成本：

借：库存商品——A 产品　　1 050 000

　　　　　　——B 产品　　800 000

　贷：生产成本——A 产品　　1 050 000

　　　　　　——B 产品　　800 000

结转已经销售产品成本：

借：主营业务成本——A 产品　　912 000

　　　　　　　——B 产品　　900 000

　贷：库存商品——A 产品　　912 000

　　　　　　——B 产品　　900 000

4.5 销售业务的账务处理

销售过程是企业以一定的方式将产品销售给购货单位，并按销售价格取得销售收入的过程。在销售过程中，一方面，企业销售产品取得收入，资金回收，资产增加；另一方面，在销售过程中需要支付一些必需的税金和费用，结转产品的成本。

为了企业销售过程的核算，应设置“主营业务收入”“应收账款”“应收票据”等账户来确认企业取得销售收入和企业资产的增加；设置“主营业务成本”“销售费用”“营业税金及附加”等账户反映企业销售过程中产品成本的结转和费用的增加。

销售业务的账务处理，包括商品销售收入的确认与计量、账户设置和销售业务的账务处理的相关内容。

4.5.1 商品销售收入的确认与计量

企业销售商品收入的确认，需要一定的条件限制。

必须同时符合以下条件：第一，企业已将商品所有权上的主要风险和报酬转移给购货方；第二，企业既没有保留通常与商品所有权相联系的继续管理权，也没有对已售出的商品实施控制；第三，收入的金额能够可靠地计量；第四，相关的经济利益很可能流入企业；第五，相关的已发生或将发生的成本能够可靠地计量。

4.5.2 账户设置

在企业的销售业务中通常进行以下账户设置，包括“主营业务收入”账户、“其他业务收入”账户、“应收账款”账户、“应收票据”账户、“预收账款”账户、“主营业务成本”账户、“其他业务成本”账户以及“营业税金及附加”账户。

1.“主营业务收入”账户

“主营业务收入”账户属于损益类账户，用以核算企业确认的销售商品、提供劳务等主营业务的收入。

该账户贷方登记企业实现的主营业务收入，即主营业务收入的增加额；借方登记期末转入“本年利润”账户的主营业务收入（按净额结转），以及发生销售退回和销售折让时应冲减本期的主营业务收入。期末结转后，该账户无余额。如图 4.40 所示。

该账户应按照主营业务的种类设置明细账户，进行明细分类核算。

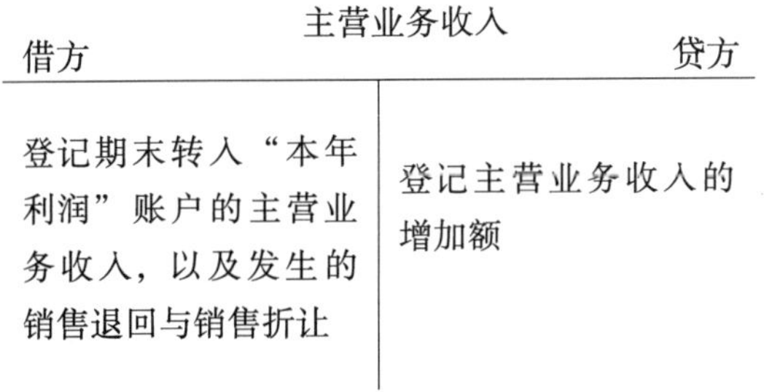

图 4.40 “主营业务收入”的丁字账

该账户记账规则：

①贷方登记企业本期已经确认实现的销售收入。

②借方登记企业本期发生的销售退回或折让，以及期末转入“本年利润”账户的主营业务收入。

③期末无余额。

【例】某企业 6 月份确认实现销售收入 360 000 元，则 6 月末该企业主营业务收入账户期末无余额。如图 4.41 所示。

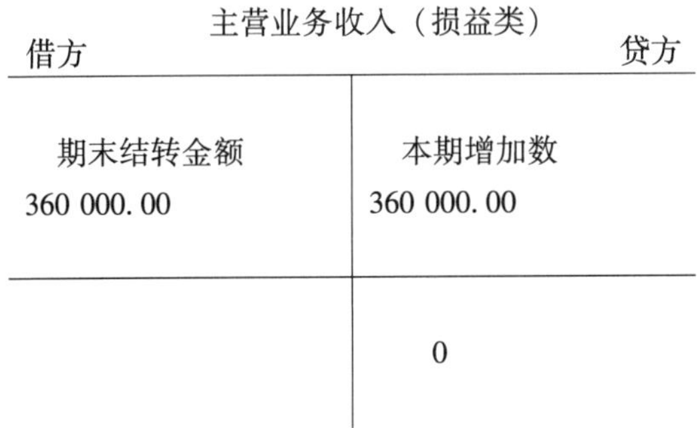

图 4.41“主营业务收入”账户示例

2. “其他业务收入”账户

“其他业务收入”账户属于损益类账户，用以核算企业确认的除主营业务

活动以外的其他经营活动实现的收入，包括出租固定资产、出租无形资产、出租包装物和商品、销售材料等。

该账户贷方登记企业实现的其他业务收入，即其他业务收入的增加额；借方登记期末转入“本年利润”账户的其他业务收入。期末结转后，该账户无余额。“其他业务收入”的记账方式跟“主营业务收入”的记账方式相似。

该账户可按其他业务的种类设置明细账户，进行明细分类核算。

3.“应收账款”账户

“应收账款”账户属于资产类账户，用以核算企业因销售商品、提供劳务等经营活动应收取的款项。

该账户借方登记由于销售商品以及提供劳务等发生的应收账款，包括应收取的价款、税款和代垫款等；贷方登记已经收回的应收账款。期末余额通常在借方，反映企业尚未收回的应收账款；期末余额如果在贷方，则反映企业预收的账款。如图 4.42 所示。

该账户应按不同的债务人进行明细分类核算。

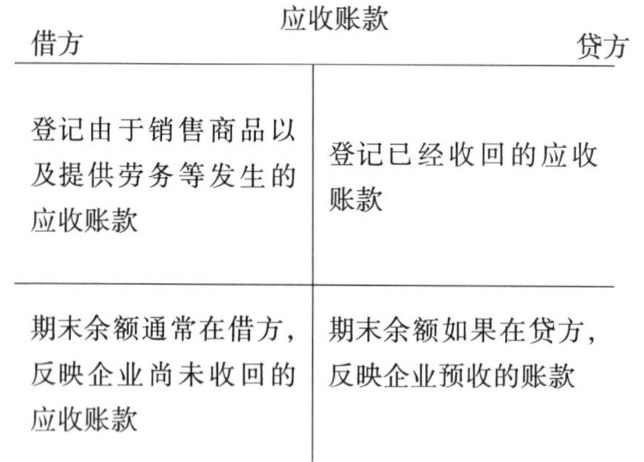

图 4.42“应收账款”的丁字账

该账户记账规则：

①借方登记企业因销售商品等应向购货方收取的销货款。

②贷方登记企业已经收回的货款。

③期末余额在借方，反映企业应收而未收的货款。

④期末余额在贷方，反映企业预收的账款。

【例】某企业6月初与A公司签订一项销售协议，拟向A公司销售B产品一批，价款合计500 000元，6月16日企业发货，6月17日A公司将该批产品验收入库，并于28日付清货款。5月末应收账款余额为65 000元，则6月末该企业应收账款账户余额在借方，金额为65 000元。如图4.43所示。

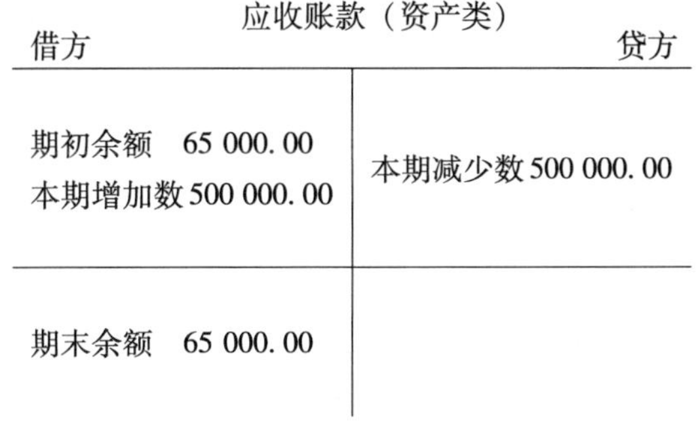

图4.43 "应收账款"账户示例

4. "应收票据"账户

"应收票据"账户属于资产类账户，用以核算企业因销售商品、提供劳务等而收到的商业汇票。

该账户借方登记企业收到的应收票据，贷方登记票据到期收回的账款；期末余额在借方，反映企业持有的尚未到期的商业汇票的票面金额。"应收票据"账户与"应付票据"账户的记账方向相反。

该账户可按开出、承兑商业汇票的单位进行明细核算。

该账户记账规则：

①借方登记企业因销售商品等而收到的商业汇票。

②贷方登记企业由于持有的商业汇票到期而收到的款项。

③期末余额在借方，反映企业持有的尚未到期的商业汇票金额。

【例】某企业6月份销售商品一批，价款合计234 000元，购货方开出一张商业承兑汇票进行支付。6月初企业持有的汇票金额为400 000元，本期到期汇票两张，金额合计为330 000元，则6月末该企业应收票据账户余额在借方，金额为304 000元。如图4.44所示。

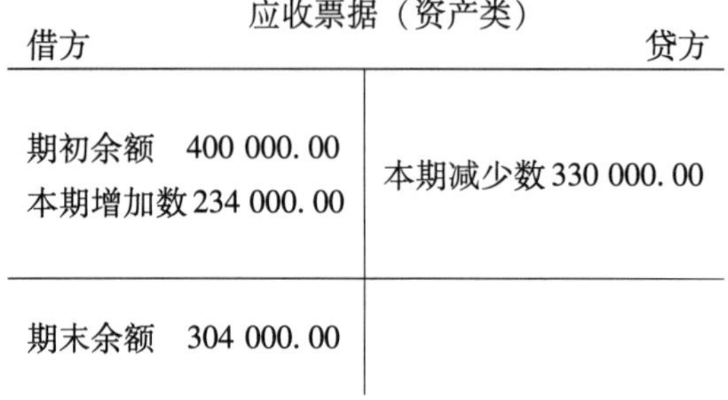

应收票据（资产类）

借方	贷方
期初余额　400 000.00 本期增加数234 000.00	本期减少数330 000.00
期末余额　304 000.00	

图4.44　“应收票据”账户示例

5.“预收账款”账户

“预收账款”账户属于负债类账户，用以核算企业按照合同规定预收的款项。预收账款情况不多的，也可以不设置本账户，将预收的款项直接记入“应收账款”账户。

该账户贷方登记企业向购货单位预收的款项等，借方登记销售实现时按实现的收入转销的预收款项等。期末余额在贷方，反映企业预收的款项；期末余额在借方，反映企业已转销但尚未收取的款项。如图4.45所示。

该账户可按购货单位进行明细核算。

预收账款

借方	贷方
登记销售实现时按实现的收入转销的预收款项等	登记企业向购货单位预收的款项等
期末余额在借方，反映企业已转销但尚未收取的款项	期末余额在贷方，反映企业预收的款项

图4.45　“预收账款”的丁字账

该账户记账规则：

①贷方登记企业根据销售合同预收购货方的款项。

②借方登记企业实现销售，预收账款转为应收的货款。

③期末余额在贷方，反映企业尚未结清的预收货款金额。

④期末余额在借方，反映企业已转销但尚未收取的款项。

【例】某企业6月初与C公司签订一项销售协议，拟向C公司销售产品一批，C公司现预付全部款项的20%，计算金额为20 000元。6月初企业预收账款账户余额为10 000元，本月完成该项销售合同。则6月末该企业预收账款账户余额在贷方，金额为20 000元。如图4.46所示。

预收账款（负债类）

借方	贷方
本期减少数 10 000.00	期初余额 10 000.00 本期增加数 20 000.00
	期末余额 20 000.00

图4.46 “预收账款”账户示例

6. “主营业务成本”账户

“主营业务成本”账户属于损益类账户，用以核算企业确认销售商品、提供劳务等主营业务收入时应结转的成本。

该账户借方登记主营业务发生的实际成本，贷方登记期末转入“本年利润”账户的主营业务成本。期末结转后，该账户无余额。如图4.47所示。

该账户可按主营业务的种类设置明细账户，进行明细分类核算。

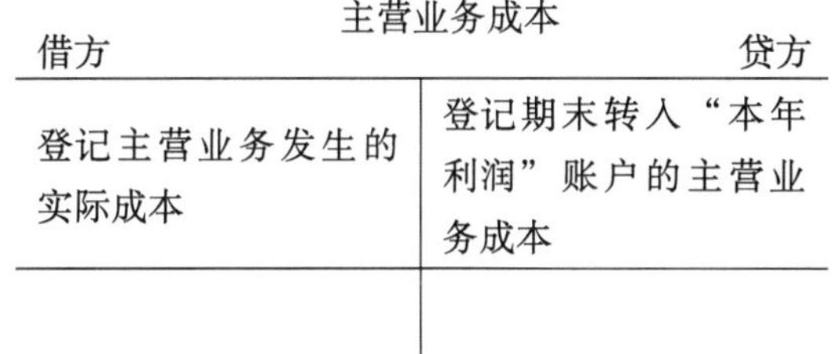

图4.47 “主营业务成本”的丁字账

该账户记账规则：

①借方登记企业本期销售产品发生的实际成本。

②贷方登记企业本期发生销售退回而减少的主营业务成本或期末结转至“本年利润”账户的主营业务成本。

③期末无余额。

【例】 某企业2015年6月份销售产品的实际生产成本为250 000元，均已确认相关收入，则6月末主营业务成本账户期末无余额。如图4.48所示。

图4.48 “主营业务成本”账户示例

7. “其他业务成本”账户

“其他业务成本”账户属于损益类账户，用以核算企业确认的除主营业务活动以外的其他经营活动所发生的支出，包括销售材料的成本、出租固定资产的折旧额、出租无形资产的摊销额、出租包装物的成本或摊销额等。

该账户借方登记其他业务的支出额，贷方登记期末转入“本年利润”账户的其他业务支出额。期末结转后，该账户无余额。“其他业务成本”记账方向与“主营业务成本”的记账方向相同。

该账户可按其他业务的种类设置明细账户，进行明细分类核算。

8. “营业税金及附加”账户

“营业税金及附加”账户属于损益类账户，用以核算企业经营活动发生的营业税、消费税、城市维护建设税、资源税和教育费附加等相关税费。需注意的是，房产税、车船使用税、土地使用税、印花税通过“管理费用”账户核算，但与投资性房地产相关的房产税、土地使用税通过该账户核算。

该账户借方登记企业应按规定计算确定的与经营活动相关的税费，贷方登记期末转入“本年利润”账户的与经营活动相关的税费。期末结转后，该账户无余额。如图 4. 49 所示。

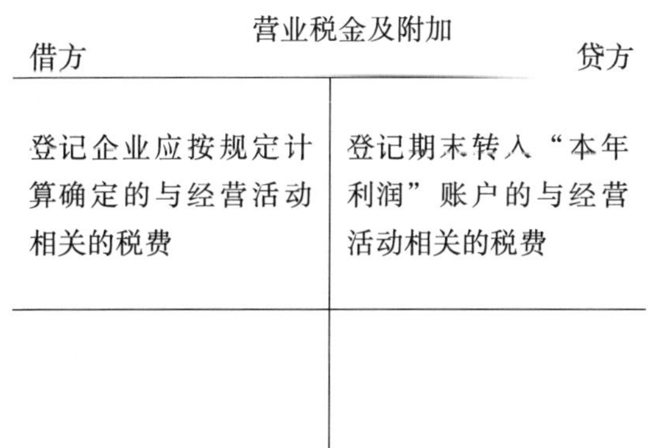

图 4. 49　“营业税金及附加”的丁字账

该账户记账规则：

①借方登记企业本期销售产品所应支付的消费税、城市维护建设税、教育费附加等。

②贷方登记企业期末转入“本年利润”账户的营业税金及附加。

③期末无余额。

【例】 某企业 6 月按照一定的税率计算应该缴纳的消费税、城市维护建设税、教育费附加等合计为 47 000 元，则 6 月末营业税金及附加账户无余额。如图 4. 50 所示。

营业税金及附加（损益类）

借方	贷方
本期增加额 47 000. 00	期末结转金额 47 000. 00
0	

图 4. 50　“营业税金及附加”账户示例

4.5.3 账务处理

销售业务的账务处理主要包括两个方面的内容：主营业务收入与主营业务成本的账务处理，其他业务收入与其他业务成本的账务处理。下面分别做详细介绍。

1. 主营业务收入与主营业务成本的账务处理

企业销售商品或提供劳务实现的收入，应按实际收到、应收或者预收的金额，借记“银行存款”“应收账款”“应收票据”“预收账款”等科目，按确认的营业收入，贷记“主营业务收入”科目。

对于增值税销项税额，一般纳税人应贷记“应交税费——应交增值税（销项税额）”科目；小规模纳税人应贷记“应交税费——应交增值税”科目。

期（月）末，企业应根据本期（月）销售各种商品、提供各种劳务等实际成本，计算应结转的主营业务成本，借记“主营业务成本”科目，贷记“库存商品”“劳务成本”等科目。

采用计划成本或售价核算库存商品的，平时的营业成本按计划成本或售价结转，月末，还应结转本月销售商品应分摊的产品成本差异或商品进销差价。

【例】宏春股份有限公司 2016 年 1 月销售 A 产品 100 件，每件售价 500 元，单位成本 400 元，增值税税率为 17%。款项尚未收到。

①销售商品，确认收入时：

借：应收账款　　　　　　　　　　58 500

　　贷：主营业务收入——A 产品　　　　　　　　　50 000

　　　　应交税费——应交增值税（销项税额）　　　8 500

②销售商品，结转成本时：

借：主营业务成本 ——A 产品　　　　40 000

贷：库存商品 ——A 产品　　　　　　40 000

2. 其他业务收入与成本的账务处理

主营业务和其他业务的划分并不是绝对的，一个企业的主营业务可能是另一个企业的其他业务，即便在同一个企业，不同期间的主营业务和其他业务的内容也不是固定不变的。

当企业发生其他业务收入时，借记“银行存款”“应收账款”“应收票据”等科目，按确定的收入金额，贷记“其他业务收入”科目，同时确认有关税金；在结转其他业务收入的同一会计期间，企业应根据本期应结转的其他业务成本金额，借记“其他业务成本”科目，贷记“原材料”“累计折旧”“应付职工薪酬”等科目。

【例】 宏春公司向春天公司销售一批甲材料，开出的增值税专用发票上注明的售价为 100 000 元，增值税税额为 17 000 元；宏春公司已收到货款 117 000元，并将提货单送交春天公司；该批材料成本为 70 000 元。

①收到货款时：

借：银行存款　　117 000

　　贷：其他业务收入——甲材料　　100 000

　　　　应交税费——应交增值税（销项税额）　　17 000

②结转成本时：

借：其他业务成本　　70 000

　　贷：原材料——甲材料　　　　70 000

4.6 期间费用的账务处理

期间费用包括管理费用、销售费用、财务费用。

4.6.1 期间费用的构成

在企业日常活动中不能直接归属于某个特定成本核算对象的，在发生时应直接计入当期损益的各种费用就是期间费用。期间费用包括管理费用、销售费用和财务费用。如表4.4所示。

表4.4 期间费用的构成

构成	内容
管理费用	指企业为组织和管理企业生产经营活动所发生的各项费用
销售费用	指企业销售商品和材料、提供劳务过程中发生的各项费用
财务费用	指企业为筹集生产经营所需资金等而发生的筹资费用

4.6.2 账户设置

企业的期间费用账务设置主要包括“管理费用”账户、“销售费用”账户、“财务费用”账户等。下面对这些账户设置进行详细介绍。

1.“管理费用”账户

“管理费用”账户属于损益类账户，用以核算企业为组织和管理企业生产经营所发生的管理费用。

该账户借方登记发生的各项管理费用，贷方登记期末转入“本年利润”账户的管理费用。期末结转后，该账户无余额。如图4.51所示。

该账户可按费用项目设置明细账户，进行明细分类核算。

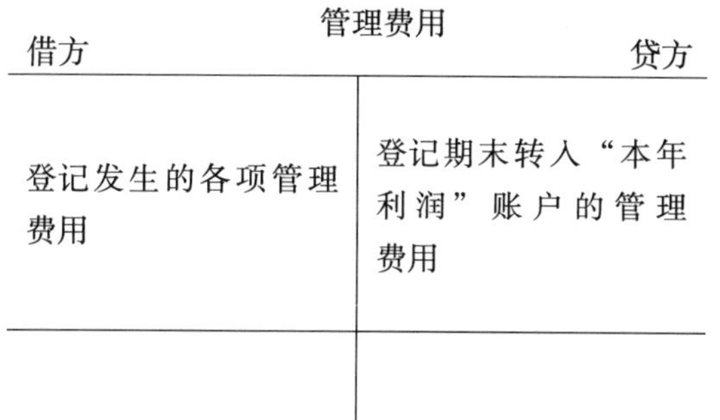

图 4.51 “管理费用”的丁字账

2. “销售费用”账户

“销售费用”账户属于损益类账户，用以核算企业发生的各项销售费用。

该账户借方登记发生的各项销售费用，贷方登记期末转入“本年利润”账户的销售费用。期末结转后，该账户无余额。如图 4.52 所示。

该账户可按费用项目设置明细账户，进行明细分类核算。

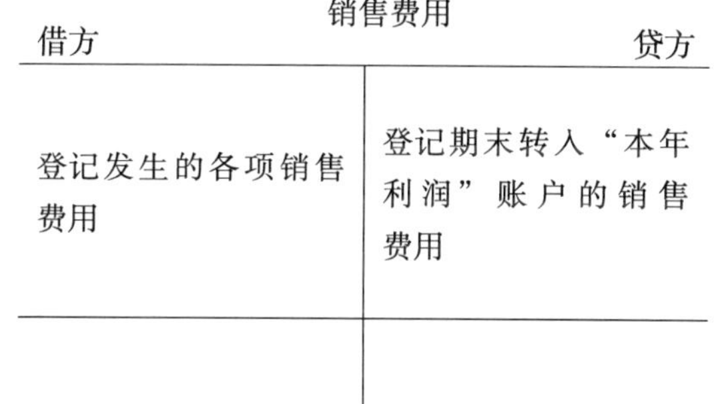

图 4.52 “销售费用”的丁字账

该账户记账规则：

①借方登记企业本期销售商品过程中实际发生或支付的各项费用。

②贷方登记企业期末结转至“本年利润”账户的销售费用。

③期末无余额。

【例】某企业 6 月发生各项销售费用合计为 24 500 元，月末结转该费用，则该企业 6 月末销售费用账户无余额。如图 4.53 所示。

销售费用（损益类）

借方	贷方
本期增加额 24 500.00	期末结转金额 24 500.00
0	

图 4.53 “销售费用”账户示例

3. “财务费用”账户

“财务费用”账户属于损益类账户，用以核算企业为筹集生产经营所需资金等而发生的筹资费用，包括利息支出（减利息收入）、汇兑损益以及相关的手续费、企业发生的现金折扣或收到的现金折扣等。为购建或生产满足资本化条件的资产发生的应予资本化的借款费用，通过“在建工程”“制造费用”等账户核算。

该账户借方登记手续费、利息费用等的增加额，贷方登记应冲减财务费用的利息收入等。期末结转后，该账户无余额。如图 4.54 所示。

该账户可按费用项目进行明细核算。

财务费用

借方	贷方
登记手续费、利息费用等的增加额	登记应冲减财务费用的利息收入等

图 4.54 “财务费用”的丁字账

该账户记账规则：

①借方登记企业财务费用的增加数额。

②贷方登记企业财务费用的冲销和结转。

③期末将该账户余额结转至“本年利润”账户，该账户无期末余额。

【例】某企业4月份支付第一季度利息10 000元，10月份支付半年度利息14 000元，12月份收到存款利息收入20 000元，则年底财务费用账户结转至“本年利润”账户的金额为4 000元，该账户无期末余额。如图4.55所示。

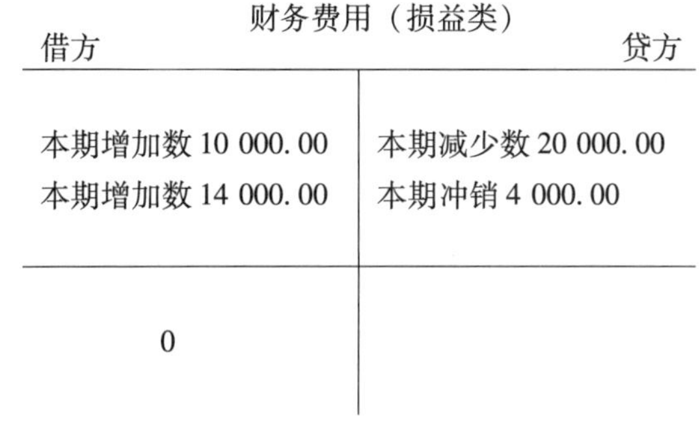

图4.55 “财务费用”账户示例

4.6.3 账务处理

1. 管理费用的账务处理

企业在筹建期间内发生的开办费，包括人员工资、办公费、培训费、差旅费、印刷费、注册登记费以及不计入固定资产成本的借款费用等在实际发生时，借记“管理费用”科目，贷记“应付利息”“银行存款”等科目。

行政管理部门人员的职工薪酬，借记“管理费用”科目，贷记“应付职工薪酬”科目。

行政管理部门计提的固定资产折旧，借记“管理费用”科目，贷记“累计折旧”科目。

行政管理部门发生的办公费、水电费、业务招待费、聘请中介机构费、

咨询费、诉讼费、技术转让费、企业研究费用，借记“管理费用”科目，贷记“银行存款”“研发支出”等科目。

【例】 睿智科技公司筹建期间发生差旅费、交通费等开办费 50 000 元，用银行存款支付。

借：管理费用　　　　50 000

　　贷：银行存款　　　　50 000

2. 销售费用的账务处理

企业在销售商品过程中发生的包装费、保险费、展览费和广告费、运输费、装卸费等费用，借记“销售费用”科目，贷记“库存现金”“银行存款”等科目。

企业发生的为销售本企业商品而专设的销售机构的职工薪酬、业务费等费用，借记“销售费用”科目，贷记“应付职工薪酬”“银行存款”“累计折旧”等科目。

【例】 睿智科技公司为宣传新产品发生广告宣传费 20 000 元，用银行存款支付。

借：销售费用　　　　20 000

　　贷：银行存款　　　　20 000

3. 财务费用的账务处理

企业发生的财务费用，借记“财务费用”科目，贷记“银行存款”“应付利息”等科目。发生的应冲减财务费用的利息收入、汇兑损益、现金折扣，借记“银行存款”“应付账款”等科目，贷记“财务费用”科目。

【例】 睿智科技公司 2016 年 1 月 1 日向银行借入短期借款 200 000 元，期限 6 个月，年利率为 6%，银行要求按月支付利息。

借入款项时：

借：银行存款　　　　200 000

　　贷：短期借款　　　　200 000

1 月末支付利息时：

借：财务费用　　　1 000

　　贷：银行存款　　　1000

2 月、3 月、4 月、5 月支付利息同 1 月末。

6 月还本并支付当月应分摊的利息费用时：

借：短期借款　　　200 000

　　财务费用　　　1 000

　　贷：银行存款　　　201 000

【例】睿智科技公司向春天公司签发一张银行承兑汇票 1 000 000 元，银行按万分之五收取手续费。

借：财务费用——手续费　　　500

　　贷：银行存款　　　　　　500

4.7 利润形成与分配业务的账务处理

利润由营业利润、利润总额和净利润三个层次构成。利润分配的顺序为：首先，计算可供分配的利润；其次，提取法定盈余公积和任意盈余公积；最后，向投资者分配利润（或股利）。

4.7.1 利润形成的账务处理

首先介绍利润的基本概念。利润是指企业在一定会计期间的经营成果，包括收入减去费用后的净额、直接计入当期损益的利得和损失等。

从构成来看，利润由营业利润、利润总额和净利润三个层次构成。如表 4.5 所示。

表 4.5　利润构成

构成	内容	计算公式
营业利润	这一指标能够比较恰当地反映企业管理者的经营业绩	营业利润 = 营业收入 - 营业成本 - 营业税金及附加 - 销售费用 - 管理费用 - 财务费用 - 资产减值损失 + 公允价值变动收益（ - 公允价值变动损失） + 投资收益（ - 投资损失）； 营业收入 = 主营业务收入 + 其他业务收入 营业成本 = 主营业务成本 + 其他业务成本
利润总额	又称税前利润，是营业利润加上营业外收入减去营业外支出后的金额	利润总额 = 营业利润 + 营业外收入 - 营业外支出
净利润	又称税后利润，是利润总额扣除所得税费用后的净额	净利润 = 利润总额 - 所得税费用

1. 账户设置

企业通常设置以下账户对利润形成业务进行会计核算：

（1）“本年利润”账户

“本年利润”账户属于所有者权益类账户，用以核算企业当期实现的净利润（或发生的净亏损）。企业期（月）末结转利润时，应将各损益类账户的金额转入本账户，结平各损益类账户。

该账户贷方登记企业期（月）末转入的主营业务收入、其他业务收入、营业外收入和投资收益等；借方登记企业期（月）末转入的主营业务成本、营业税金及附加、其他业务成本、管理费用、财务费用、销售费用、营业外支出、投资损失和所得税费用等。上述结转完成后，期末余额如在贷方，即为当期实现的净利润；期末余额如在借方，即为当期发生的净亏损。年度终了，应将本年收入和支出相抵后结出的本年实现的净利润（或发生的净亏损）转入“利润分配——未分配利润”账户贷方（或借方），结转后本账户无余额。如图 4.56 所示。

借方 本年利润	贷方
登记企业期（月）末转入的主营业务成本、营业税金及附加、其他业务成本、管理费用、财务费用、销售费用、营业外支出、投资损失和所得税费用等	登记企业期（月）末转入的主营业务收入、其他业务收入、营业外收入和投资收益等
期末余额在借方，即为当期发生的净亏损	期末余额在贷方，即为当期实现的净利润

图 4.56 “本年利润”的丁字账

该账户记账规则：

①贷方登记企业期末转至“本年利润”账户的本期实现的各类收入。

②借方登记企业期末转至“本年利润”账户的本期发生的各类成本、费用。

③年末无余额（年度终了，将“本年利润”账户余额转至“利润分配”账户）。

【例】某企业今年实现各类收入 3 600 000 元，结转或发生各类成本 3 260 000元，则年末该企业本年利润账户无余额。如图 4.57 所示。

借方 本年利润（所有者权益类）	贷方
转入费用 3 260 000.00 年末结转 340 000.00	转入收入 3 600 000.00
	0

图 4.57 “本年利润”账户示例

（2）“投资收益”账户

“投资收益”账户属于损益类账户，用以核算企业确认的投资收益或投资损失。

该账户贷方登记实现的投资收益和期末转入“本年利润”账户的投资净损失，借方登记发生的投资损失和期末转入“本年利润”账户的投资净收益。期末结转后，该账户无余额。

该账户可按投资项目设置明细账户，进行明细分类核算。

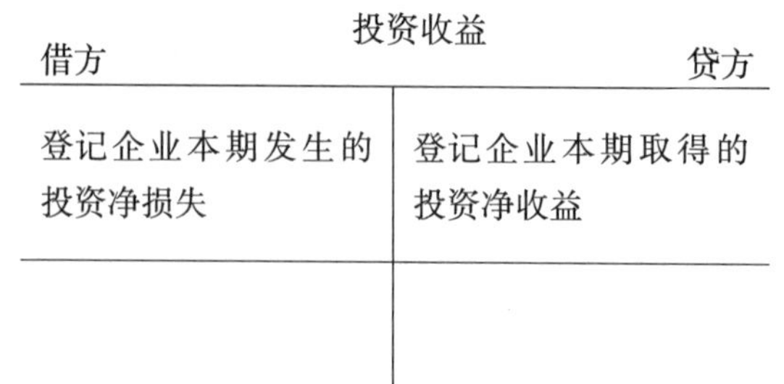

图 4.58　“投资收益”账户示例

该账户记账规则：

①贷方登记企业本期取得的投资净收益。

②借方登记企业本期发生的投资净损失。

③期末无余额（期末“投资收益”账户的净损益金额结转至“本年利润”账户）。

【例】某企业今年取得投资收益 529 000 元，支付投资损失 238 000 元，则年末该企业投资收益账户无余额。如图 4.59 所示。

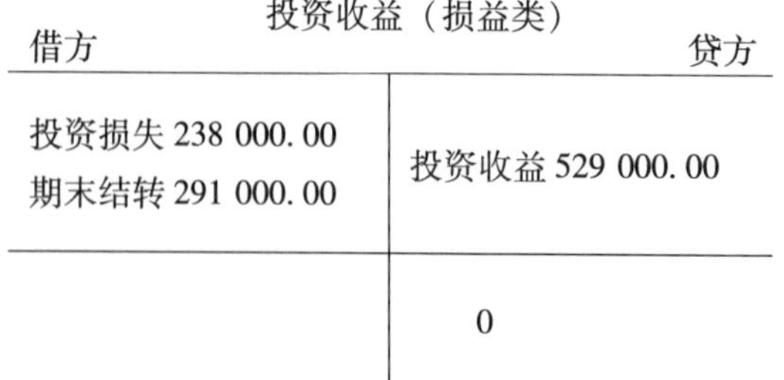

图 4.59　“投资收益”账户示例

(3)“营业外收入”账户

“营业外收入”账户属于损益类账户，用以核算企业发生的各项营业外收入，主要包括非流动资产处置利得、非货币性资产交换利得、债务重组利得、政府补助、盘盈利得、捐赠利得等。

该账户贷方登记营业外收入的实现，即营业外收入的增加额，借方登记会计期末转入“本年利润”账户的营业外收入额。期末结转后，该账户无余额。如图 4.60 所示。

该账户可按营业外收入项目设置明细账户，进行明细分类核算。

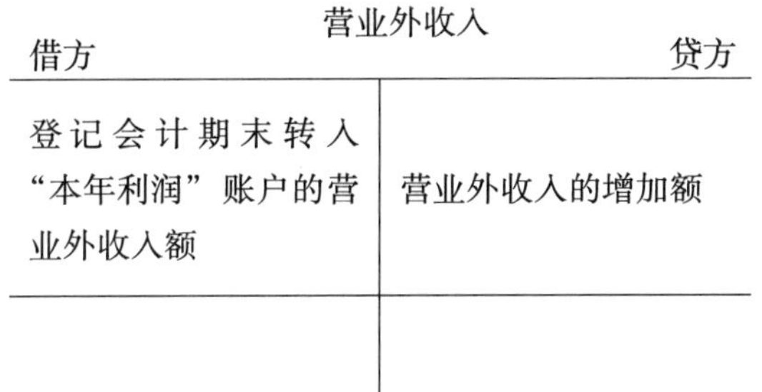

图 4.60 “营业外收入”的丁字账

该账户记账规则：

①贷方登记企业本期发生的各项营业外收入，如固定资产盘盈、处置等。

②借方登记企业期末转入“本年利润”账户的营业外收入。

③期末无余额。

【例】 某企业 6 月份将生产车间多余的 A 材料转让出售，价款合计 7 800 元。则月末该企业营业外收入账户无余额。如图 4.61 所示。

营业外收入（损益类）

借方	贷方
期末结转 7 800.00	本期增加额 7 800.00
	0

图 4.61 “营业外收入”账户示例

（4）“营业外支出”账户

“营业外支出”账户属于损益类账户，用以核算企业发生的各项营业外支出，包括非流动资产处置损失、非货币性资产交换损失、债务重组损失、公益性捐赠支出、非常损失、盘亏损失等。

该账户借方登记营业外支出的发生，即营业外支出的增加额；贷方登记期末转入“本年利润”账户的营业外支出额。期末结转后，该账户无余额。如图 4. 62 所示。

该账户可按支出项目设置明细账户，进行明细分类核算。

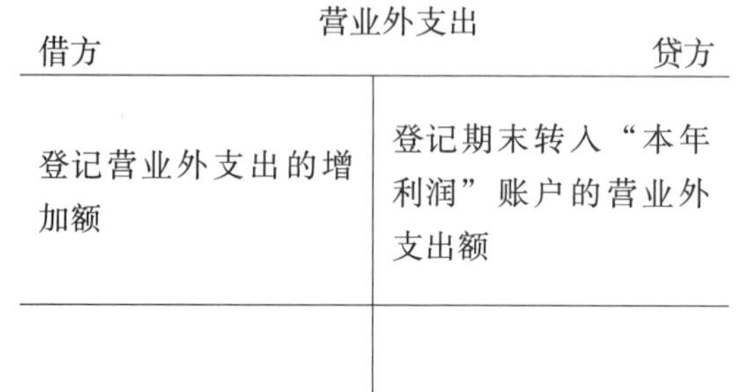

图 4. 62　“营业外支出”的丁字账

（5）“所得税费用”账户

“所得税费用”账户属于损益类账户，用以核算企业确认的应从当期利润总额中扣除的所得税费用。

该账户借方登记企业应计入当期损益的所得税，贷方登记企业期末转入“本年利润”账户的所得税。期末结转后，该账户无余额。如图 4. 63 所示。

所得税费用

借方	贷方
登记企业应计入当期损益的所得税	登记企业期末转入“本年利润”账户的所得税

图 4. 63　“所得税费用”的丁字账

2. 账务处理

会计期末（月末或年末）结转各项收入时，借记“主营业务收入”“其他业务收入”“营业外收入”等科目，贷记“本年利润”科目；结转各项支出时，借记“本年利润”科目，贷记“主营业务成本”“营业税金及附加”“其他业务成本”“管理费用”“财务费用”“销售费用”“资产减值损失”“营业外支出”“所得税费用”等科目。

【例】睿智科技公司采用表结法年末一次结转损益类科目。2015 年损益类科目的年末余额如下：

科目名称	结账前余额
主营业务收入	5 000 000 元（贷）
其他业务收入	500 000 元（贷）
投资收益	100 000 元（贷）
营业外收入	20 000 元（贷）
主营业务成本	4 000 000 元（借）
其他业务成本	400 000 元（借）
营业税金及附加	80 000 元（借）
销售费用	100 000 元（借）
管理费用	250 000 元（借）
财务费用	20 000 元（借）
营业外支出	25 000 元（借）

（1）将各损益类科目年末余额结转入“本年利润”科目

借：主营业务收入　　5 000 000
　　其他业务收入　　500 000
　　投资收益　　100 000
　　营业外收入　　20 000
　　贷：本年利润　　5 620 000

借：本年利润　　4 875 000

贷：主营业务成本　　4 000 000
　　其他业务成本　　400 000
　　营业税金及附加　80 000
　　销售费用　　　　100 000
　　管理费用　　　　250 000
　　财务费用　　　　20 000
　　营业外支出　　　25 000

（2）将“本年利润”科目转入“利润分配——未分配利润”科目

借：本年利润　　745 000
　贷：利润分配——未分配利润　　745 000

4.7.2 利润分配的账务处理

1. 利润分配的概念

利润分配是指企业根据国家有关规定和企业章程、投资者协议等，对企业当年可供分配利润指定其特定用途和分配给投资者的行为。利润分配的过程和结果不仅关系到每个股东的合法权益是否得到保障，而且还关系到企业的未来发展。

2. 利润分配的顺序

企业向投资者分配利润，应按一定的顺序进行。按照我国《公司法》的有关规定，利润分配应按下列顺序进行：

（1）计算可供分配的利润

企业在利润分配前，应根据本年净利润（或亏损）与年初未分配利润（或亏损）、其他转入的金额（如盈余公积弥补的亏损）等项目，计算可供分配的利润，即：

可供分配的利润＝净利润（或亏损）＋年初未分配利润－弥补以前年度

的亏损+其他转入的金额

如果可供分配的利润为负数（即累计亏损），则不能进行后续分配；如果可供分配的利润为正数（即累计盈利），则可进行后续分配。

（2）提取法定盈余公积

按照我国《公司法》的有关规定，公司应当按照当年净利润（抵减年初累计亏损后）的10%提取法定盈余公积，提取的法定盈余公积累计额超过注册资本50%以上的，可以不再提取。

（3）提取任意盈余公积

公司提取法定盈余公积后，经股东会或者股东大会决议，还可以从净利润中提取任意盈余公积。

（4）向投资者分配利润（或股利）

企业可供分配的利润扣除提取的盈余公积后，形成可供投资者分配的利润，即：

可供投资者分配的利润=可供分配的利润-提取的盈余公积

企业可采用现金股利、股票股利和财产股利等形式向投资者分配利润（或股利）。

3. 账户设置

企业对于利润分配业务的会计核算通常进行以下的账户设置。下面分别做详细介绍。

（1）“利润分配”账户

“利润分配”账户属于所有者权益类账户，用以核算企业利润的分配（或亏损的弥补）和历年分配（或弥补）后的余额。

该账户借方登记实际分配的利润额，包括提取的盈余公积和分配给投资者的利润，以及年末从“本年利润”账户转入的全年发生的净亏损；贷方登记用盈余公积弥补的亏损额等其他转入数，以及年末从“本年利润”账户转入的全年实现的净利润。年末，应将“利润分配”账户下的其他明细账户的余额转入“未分配利润”明细账户，结转后，除“未分配利润”明细账户可能有余额外，其他各个明细账户均无余额。“未分配利润”明细账户的贷方余额为历年累积的未分配利润（即可供以后年度分配的利润），借方余额为历年累积的未弥补亏损（即留待以后年度弥补的亏损）。如图4.64所示。

该账户应当分别“提取法定盈余公积”“提取任意盈余公积”“应付现金股利或利润”“转作股本的股利”“盈余公积补亏”和“未分配利润”等进行明细核算。

利润分配	
借方	贷方
登记实际分配的利润额以及年末从“本年利润”账户转入的全年发生的净亏损	登记用盈余公积弥补的亏损额等其他转入数以及年末从“本年利润”账户转入的全年实现的净利润

图4.64 “利润分配”的丁字账

（2）“盈余公积”账户

“盈余公积”账户属于所有者权益类账户，用以核算企业从净利润中提取的盈余公积。该账户贷方登记提取的盈余公积，即盈余公积的增加额，借方登记实际使用的盈余公积，即盈余公积的减少额。期末余额在贷方，反映企业结余的盈余公积。如图4.65所示。

该账户应当分别“法定盈余公积”“任意盈余公积”进行明细核算。

盈余公积	
借方	贷方
登记盈余公积的减少额	登记盈余公积的增加额
	期末余额，反映企业结余的盈余公积

图4.65 “盈余公积”的丁字账

(3)“应付股利”账户

“应付股利”账户属于负债类账户，用以核算企业分配的现金股利或利润。

该账户贷方登记应付给投资者股利或利润的增加额，借方登记实际支付给投资者的股利或利润，即应付股利的减少额。期末余额在贷方，反映企业应付未付的现金股利或利润。

该账户可按投资者进行明细核算。如图4.66所示。

应付股利

登记实际支付给投资者的股利或利润	登记应付给投资者股利或利润的增加额
	期末余额，反映企业应付未付的现金股利或利润

图4.66 “应付股利”的丁字账

4. 账务处理

(1) 净利润转入利润分配

会计期末，企业应将当年实现的净利润转入“利润分配——未分配利润”科目，即借记“本年利润”科目，贷记“利润分配——未分配利润”科目，如为净亏损，则做相反的会计分录。

结转前，如果“利润分配——未分配利润”明细科目的余额在借方，上述结转当年所实现净利润的分录同时反映了当年实现的净利润自动弥补以前年度亏损的情况。因此，在用当年实现的净利润弥补以前年度亏损时，不需另行编制会计分录。

(2) 提取盈余公积

企业提取的法定盈余公积，借记“利润分配——提取法定盈余公积”科目，贷记“盈余公积——法定盈余公积”科目；提取的任意盈余公积，借记“利润分配——提取任意盈余公积”科目，贷记“盈余公积——任意盈余公积”科目。

【例】睿智科技有限公司 2015 年实现净利润 5 000 000 元，提取法定盈余公积 500 000 元，提取任意盈余公积 250 000 元。

借：利润分配——提取法定盈余公积　　500 000
　　　　　　——提取任意盈余公积　　250 000
　贷：盈余公积——法定盈余公积　　　　500 000
　　　　　　　——任意盈余公积　　　　250 000

（3）向投资者分配利润或股利

企业根据股东大会或类似机构审议批准的利润分配方案，按应支付的现金股利或利润，借记“利润分配——应付现金股利”科目，贷记“应付股利”等科目；以股票股利转作股本的金额，借记“利润分配——转作股本股利”科目，贷记“股本”等科目。

董事会或类似机构通过的利润分配方案中拟分配的现金股利或利润，不做账务处理，但应在附注中披露。

【例】睿智科技有限公司 2015 年 12 月 31 日普通股股本为 50 000 000 股，每股面值 1 元，可供投资者分配的利润为 5 000 000 元，盈余公积 20 000 000 元。2016 年 3 月 20 日，股东大会批准了 2015 年度利润分配方案，以 2015 年 12 月 31 日为登记日，按每股 0. 2 元发放现金股利，共需分派 10 000 000 元现金股利，其中动用可供投资者分配的利润 5 000 000 元、盈余公积 5 000 000 元。

宣告分派股利时：

借：利润分配——应付现金股利　　5 000 000
　　盈余公积　　　　　　　　　　5 000 000
　贷：应付股利　　　　　　　　　　10 000 000

支付股利时：

借：应付股利　　10 000 000
　贷：银行存款　　10 000 000

（4）盈余公积补亏

企业发生的亏损，除用当年实现的净利润弥补外，还可使用累积的盈余公积弥补。以盈余公积弥补亏损时，借记“盈余公积”科目，贷记“利润分

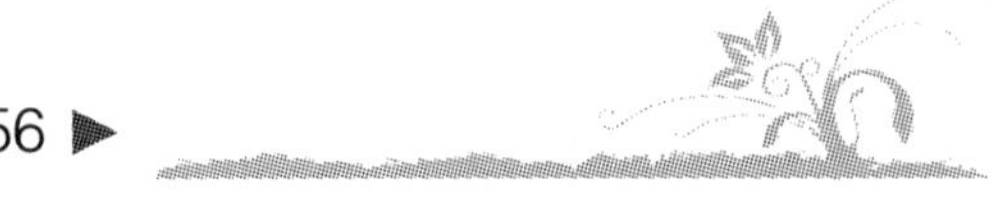

配——盈余公积补亏”科目。

【例】睿智科技有限公司2015年股东大会决议，用盈余公积弥补以前年度亏损，金额为500 000元，用盈余公积派送新股，股票面值1元，派送的新股总数为100 000股。

借：盈余公积　　　　　　　600 000

　　贷：利润分配——盈余公积补亏　　　　500 000

　　　　股本　　　　　　　　　　　　　　100 000

（5）企业未分配利润的形成

年度终了，企业应将“利润分配”科目所属其他明细科目的余额转入该科目“未分配利润”明细科目，即借记“利润分配——未分配利润”“利润分配——盈余公积补亏”等科目，贷记“利润分配——提取法定盈余公积”“利润分配——提取任意盈余公积”“利润分配——应付现金股利”“利润分配——转作股本股利”等科目。

结转后，“利润分配”科目中除“未分配利润”明细科目外，所属其他明细科目无余额。“未分配利润”明细科目的贷方余额表示累积未分配的利润；如果出现借方余额，则表示累积未弥补的亏损。

4.8　本章习题

一、复习思考题

（1）企业资金筹集的途径有哪些？

（2）投入资金的核算主要设置哪些账户？如何进行账务处理？

（3）借入资金的核算主要设置哪些账户？如何进行账务处理？

（4）短期借款与长期借款的区别和联系。

（5）原材料和在途物资有哪些区别？

（6）应付账款和应付票据怎样进行账务处理？

（7）预付账款账户有什么性质？

（8）生产成本和制造费用有什么区别？

（9）制造费用的结转流程。

（10）应付职工薪酬的账务处理，可以设置哪些明细科目？

（11）累计折旧账户和固定资产账户之间有什么关系？

（12）库存商品成本的结转流程。

（13）主营业务收入和主营业务成本的账务处理。

（14）主营业务成本的结转流程。

（15）营业税金及附加账户中包括哪些税费？

（16）营业税金及附加和应交税费的区别。

（17）销售费用包括哪些内容？

（18）应收账款、预收账款和应收票据的区别。

（19）本年利润的账务处理。

（20）管理费用、财务费用和所得税费用的区别。

（21）所有者权益类账户的账务处理特点。

（22）营业外收支与主营业务收支的区别。

二、实务操作题

（一）选择题

（1）企业接受国家投资时，贷方记入（　　）账户。

A. 资本公积　　B. 盈余公积

C. 实收资本　　D. 未分配利润

（2）企业接受固定资产或无形资产投入时，其价值应该按照（　　）记入。

A. 原始价值　　B. 市场价值

C. 重置价值　　D. 协商作价

（3）企业在筹资时产生的费用，一般记入（　　）账户。

A. 短期借款　　B. 财务费用

C. 银行存款　　D. 销售费用

（4）企业在采购原材料时发生的运输费等应记入（　　）账户。

A. 原材料　　B. 在途物资

C. 生产成本　　D. 物资采购

（5）预付账款属于(　　)账户。

A. 资产类　　B. 负债类

C. 损益类　　D. 费用类

（6）“应付票据”账户的贷方一般登记(　　)。

A. 企业尚未偿还的应付票据的面值

B. 企业开出的应付票据的面值

C. 企业已经偿还的应付票据面值

D. 企业所欠的货款

（7）下列不构成产品成本项目的是(　　)。

A. 直接材料　　B. 直接人工

C. 制造费用　　D. 管理费用

（8）制造费用是产品的间接费用，一般期末需要结转到(　　)账户。

A. 主营业务　　B. 生产成本

C. 管理费用　　D. 库存商品

（9）生产车间管理人员的工资应该记入(　　)账户。

A. 生产成本　　B. 制造费用

C. 管理费用　　D. 销售费用

（10）生产工人的工资应该记入(　　)账户。

A. 生产成本　　B. 制造费用

C. 管理费用　　D. 销售费用

（11）下列账户期末无余额的是(　　)。

A. 制造费用　　B. 主营业务成本

C. 生产成本　　D. 库存商品

（12）“营业税金及附加”账户用来核算企业销售商品所负担的营业税金及附加，下列选项中不通过该账户核算的是(　　)。

A. 营业税　　B. 消费税

C. 所得税　　D. 教育费附加

(13) 销售过程中促销人员的工资应该记入(　　)。

A. 生产成本　　B. 制造费用

C. 管理费用　　D. 销售费用

(14) 下列账户期末结转至“本年利润”账户贷方的是(　　)。

A. 营业外收入　　B. 营业外支出

C. 销售费用　　D. 营业税金及附加

(15) 假设某公司全年实现净利润 100 000 元，按 10% 提取法定盈余公积，则下列说法正确的是(　　)。

A. 借记盈余公积 10 000 元　　B. 贷记盈余公积 10 000 元

C. 借记利润分配 10 000 元　　D. 贷记利润分配 10 000 元

(16) 若某公司宣告分给投资者现金股利 20 000 元，则下列说法错误的是(　　)。

A. 借记盈余公积 20 000 元　　B. 贷记应付股利 20 000 元

C. 借记利润分配 20 000 元　　D. 贷记利润分配 20 000 元

(二) 判断题

(1) 企业接受张某投入的厂房一幢，按照该厂房的重置价值入账。(　　)

(2)“短期借款”账户和“长期借款”账户都是负债类账户，向银行借入款项，记入负债类账户的借方。(　　)

(3) 原材料已经验收入库，则借方应记入“原材料”账户。(　　)

(4)“预付账款”和“预收账款”同属于负债类账户。(　　)

(5) 生产领用原材料，则借方应记入“原材料”账户。(　　)

(6)“生产成本”账户和“制造费用”账户同属于成本类账户。(　　)

(7) 管理人员的工资应记入“生产成本”账户。(　　)

(8) 成本、费用类账户期末都无余额。(　　)

(9)“应收账款”账户、“预收账款”账户和“应收票据”账户同属于资产类账户。(　　)

(10)“本年利润”账户期末无余额。(　　)

(11) 企业当年实现的净利润金额即今年可供分配的利润金额。(　　)

（12）企业转让多余的原材料取得的收入，应记入“营业外收入”。（　　）

（三）实务训练题

（1）将下列所示“实收资本”账户和“短期借款”账户的账户结构图补充完整。

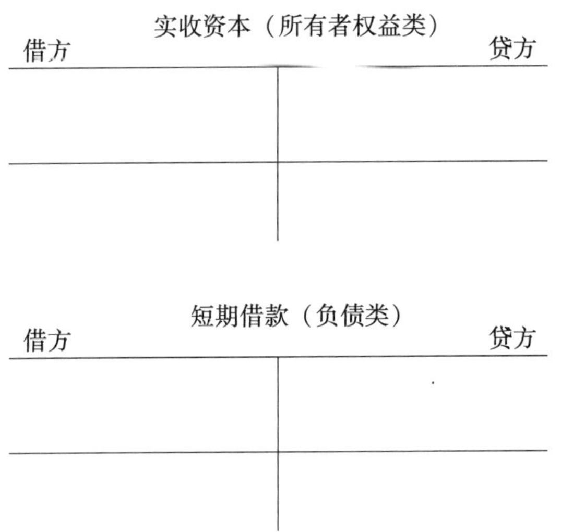

（2）华夏公司2016年1月份发生下列经济业务：

◆3日，公司收到巨星公司投入的一套新设备，双方协商作价50 000元。

◆5日，公司收到兴华公司投资80 000元，存入银行。

◆8日，张三投入一项专利技术，双方协商作价120 000元。

◆13日，公司从某金融机构取得借款30 000元，偿还期为8个月。

◆20日，公司向某银行取得借款180 000元，用于购建固定资产，偿还期3年。

华夏公司1月初部分账户余额表　　　　**单位：元**

资产	金额	负债及所有者权益	金额
银行存款	65 000. 00	短期借款	28 000. 00
无形资产	80 000. 00	长期借款	117 000. 00
固定资产	400 000. 00	实收资本	400 000. 00
合计	545 000. 00	合计	545 000. 00

要求：①根据上述经济业务编制会计分录。

②根据要求①编制的会计分录，期末结出下列各账户的本期发生额和期末余额，并编制华夏公司1月末账户余额表。

银行存款（资产类）

借方	贷方
月初余额　65 000.00	
月末余额	

固定资产（资产类）

借方	贷方
月初余额　400 000.00	
月末余额	

无形资产（资产类）

借方	贷方
月初余额　80 000.00	
月末余额	

实收资本（所有者权益类）

借方	贷方
	月初余额　400 000.00
	月末余额

短期借款（负债类）

借方	贷方
	月初余额 28 000.00
	月末余额

长期借款（负债类）

借方	贷方
	月初余额 117 000.00
	月末余额

财务费用（损益类）

借方	贷方

华夏公司1月末部分账户余额表 单位：元

资产	金额	负债及所有者权益	金额
银行存款		短期借款	
无形资产		长期借款	
固定资产		实收资本	
合计		合计	

（3）补充完整下列所示“原材料”账户、“在途物资”账户和“应付账

款”账户的账户结构图，并比较“原材料”账户和“在途物资”账户的异同点。

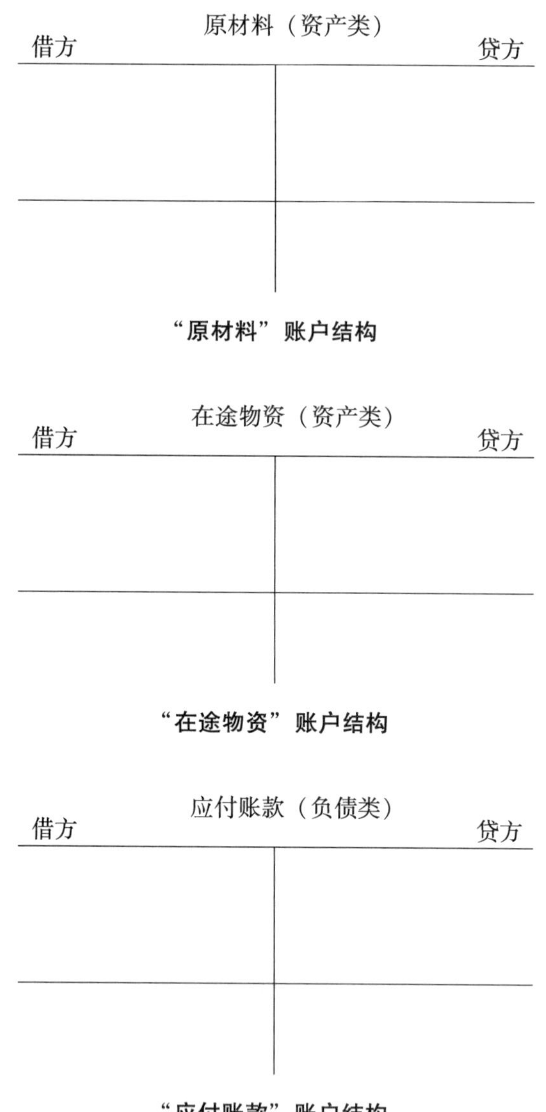

“原材料”账户结构

“在途物资”账户结构

“应付账款”账户结构

（4）华夏公司2016年2月份发生下列经济业务：

◆3日，从金华公司处购入A材料10吨，每吨800元，材料已经验收入库，款项已用银行存款支付。

◆5 日，从康泰公司处购入 B 材料 20 吨，每吨 500 元，运杂费 200 元，合计 10 200 元，款项尚未支付，材料尚未验收入库。

◆7 日，B 材料 10 200 元验收入库。

◆15 日，公司用银行存款支付康泰公司材料款 10 200 元。

◆23 日，从康泰公司购入 A 材料 30 吨，每吨 780 元，B 材料 50 吨，每吨 600 元，开出商业承兑汇票支付，材料已验收入库。

◆28 日，从华达公司购进 A 材料 40 吨，每吨 800 元，用银行存款支付 30 000 元，其余款项暂未支付，材料已经验收入库。

华夏公司 2 月初部分账户余额表 单位：元

资产	金额	负债及所有者权益	金额
银行存款	65 000.00	短期借款	28 000.00
原材料	8 000.00	应付账款	7 000.00
在途物资	5 000.00	预收账款	5 000.00
预付账款	2 000.00	应付票据	3 000.00
无形资产	80 000.00	长期借款	117 000.00
固定资产	400 000.00	实收资本	400 000.00
合计	560 000.00	合计	560 000.00

要求：①根据上述经济业务编制会计分录。

②根据要求①编制的会计分录，期末结出下列各账户的本期发生额和期末余额，并编制华夏公司 2 月末账户余额表。

银行存款（资产类）

借方	贷方
月初余额 65 000.00	
月末余额	

原材料（资产类）

借方	贷方
月初余额　8 000.00	
月末余额	

在途物资（资产类）

借方	贷方
月初余额　5 000.00	
月末余额	

应付账款（负债类）

借方	贷方
	月初余额　7 000.00
	月末余额

应付票据（负债类）

借方	贷方
	月初余额　3 000.00
	月末余额

预付账款（资产类）

借方	贷方
	月初余额　2 000.00
	月末余额

华夏公司 2 月末部分账户余额表　　　　**单位：元**

资产	金额	负债及所有者权益	金额
银行存款		短期借款	
原材料		应付账款	
在途物资		预收账款	
预付账款		应付票据	
无形资产		长期借款	
固定资产		实收资本	
合计		合计	

（5）要求①：补充完整下列所示“生产成本”账户、“制造费用”账户、“库存商品”账户的账户结构图。

生产成本（成本类）

借方	贷方

制造费用（成本类）

借方	贷方

借方	库存商品（资产类） 贷方

②：根据“生产成本”“制造费用”和“库存商品”三个账户的结构图，用箭头勾画出产品成本结转的流程。

（6）华夏公司2016年3月份发生下列经济业务：

◘公司各部门领用日常办公用品2 300元，其中管理部门领用1 500元，车间管理人员领用800元。

◘仓库发出A材料共50 000元，其中用于生产甲产品20 000元，用于生产乙产品25 000元，车间一般耗用3 000元，企业管理部门耗用2 000元。

◘公司从银行提取现金280 000元，备发工资。

◘公司用280 000元现金发放工资。

◘公司租入生产用的机器设备一台，以银行存款支付本月租金2 000元。

◘计提本月固定资产折旧费2 000元，其中车间固定资产折旧费1 000元，企业管理部门固定资产折旧费为1 000元。

◘公司以银行存款1 800元，其中500元用于支付车间生产用设备日常修理费，1 300元用于支付办公大楼的维护费。

◘公司月末计提职工工资260 000元，其中生产甲产品的一线工人工资为80 000元，生产乙产品的一线工人工资为120 000元，车间管理人员的工资为20 000元，企业管理人员的工资为40 000元。

◘按上述工资总额的14%计提职工福利费。

◘公司以银行存款支付电费，金额合计为5 000元，其中，生产甲产品的动力用电金额为2 000元，生产乙产品的动力用电金额为1 500元，车间照明用电1 000元，企业管理部门照明用电500元。

◆计算本月负担的短期借款利息 1 500 元。

◆根据“制造费用”账户本月的发生额 31 100 元，按照 1∶1 的比例分配结转至甲、乙两种产品成本中。

本月生产甲产品 200 件，乙产品 100 件，将本月发生的所有费用都结转至甲、乙产品的生产成本中，产品验收入库。

华夏公司 3 月初部分账户余额表 单位：元

资产	金额	负债及所有者权益	金额
库存现金	1 000.00	短期借款	20 000.00
银行存款	65 000.00	应付账款	15 000.00
原材料	203 240.00	预收账款	40 000.00
库存商品	8 560.00	应付职工薪酬	100 000.00
无形资产	80 000.00	应付票据	53 000.00
固定资产	400 000.00	长期借款	102 000.00
累计折旧	27 800.00	实收资本	400 000.00
…	…	…	…

要求：①根据上述经济业务编制会计分录。

②根据要求①编制的会计分录，期末结出下列各账户的本期发生额和期末余额，并编制华夏公司 3 月末账户余额表。

生产成本（成本类）

借方	贷方
月末余额	

原材料（资产类）

借方	贷方
月初余额	
月末余额	

制造费用（成本类）

借方	贷方
月末余额	

管理费用（成本类）

借方	贷方
月末余额	

制造费用（成本类）

借方	贷方
月末余额	

库存现金（资产类）

借方	贷方
月初余额	
月末余额	

应付职工薪酬（负债类）

借方	贷方
	月初余额
	月末余额

累计折旧（资产类）

借方	贷方
	月初余额
	月末余额

库存商品（资产类）

借方	贷方
月初余额	
月末余额	

华夏公司 3 月末部分账户余额表 单位：元

资产	金额	负债及所有者权益	金额
库存现金		短期借款	
银行存款		应付账款	
原材料		预收账款	
库存商品		应付职工薪酬	
无形资产		应付票据	
固定资产		长期借款	
累计折旧		实收资本	
合计		合计	

（7）要求：①补充完整下列所示“主营业务收入”账户、“主营业务成本”账户、“营业税金及附加”账户的账户结构图。

主营业务收入（损益类）

借方	贷方

主营业务成本（损益类）

借方	贷方

营业税金及附加（损益类）

借方	贷方

②根据上述三个账户的结构图和库存商品的账户结构图，用箭头勾画出销售产品时，产品成本结转的过程。

（8）华夏公司2016年4月份发生下列经济业务：

◆公司销售给天翼公司甲产品10件，金额合计为12 000元，货物已经发出，款项收到并存入银行。

◆公司销售乙产品10件，款项合计为20 000元，货款暂未收到。

◆向泰酷公司销售甲产品20件，每件售价1 000元，乙产品20件，每件售价2 000元，收到货款60 000元存入银行。

◆公司用银行存款36 000元支付甲、乙产品的广告费。

◆公司用银行存款400元支付甲、乙产品在销售过程中的运杂费。

◆结转已经销售出去的甲、乙产品的生产成本，甲产品成本为19 312.50元，乙产品成本为53 655元。

◆月末计算本月应交城市维护建设税2 500元。

华夏公司4月初部分账户余额表 **单位：元**

资产	金额	负债及所有者权益	金额
银行存款	50 000.00	短期借款	50 000.00
应收账款	10 000.00	应付账款	8 000.00
库存商品	90 000.00	应交税费	5 000.00
…	…	…	…

要求：①根据上述经济业务编制会计分录。

②根据要求①编制的会计分录，期末结出下列各账户的本期发生额和期

末余额，并编制华夏公司4月末账户余额表。

银行存款（资产类）

借方	贷方
月初余额　50 000.00	
月末余额	

主营业务收入（损益类）

借方	贷方
月末结转	
	0

应收账款（资产类）

借方	贷方
月初余额　10 000.00	
月末余额	

销售费用（损益类）

借方	贷方
	月末结转
0	

营业税金及附加（损益类）

借方	贷方
	月末结转
0	

应交税费（负债类）

借方	贷方
月末结转	月初余额 5 000.00

主营业务成本（损益类）

借方	贷方
	月末结转
0	

库存商品（资产类）

借方	贷方
月初余额 90 000.00	
月末余额	

华夏公司4月末部分账户余额表 单位：元

资产	金额	负债及所有者权益	金额
银行存款		短期借款	
应收账款		应付账款	
库存商品		应交税费	
……	…	……	…

（9）要求：①补充完整下列所示“本年利润”账户、“管理费用”账户、“所得税费用”账户和“利润分配”账户的账户结构图。

本年利润（所有者权益类）

借方 贷方

管理费用（损益类）

借方 贷方

所得税费用（损益类）

借方 贷方

利润分配（所有者权益类）

借方	贷方

②根据上述账户的结构图，用箭头勾画出这四个账户之间的钩稽关系。

（10）华夏公司 2016 年 6 月份发生下列经济业务：

◘公司有一笔应付账款金额为 100 067. 50 元，由于债权人破产，经批准作为无法支付的应付款予以转销。

◘公司以银行存款支付违约金 800 元。

◘结转主营业务收入 92 000 元和营业外收入至“本年利润”账户。

◘公司实现利润总额 26 000 元，按 25% 的税率计算应交所得税。

◘结转主营业务成本 72 967. 50 元、销售费用 36 400 元、管理费用 51 900 元、营业税金及附加 2 000 元、财务费用 1 500 元、所得税费用 6500 元至“本年利润”账户。

◘将本年产生的净利润 19 500 元结转至“利润分配”账户。

◘公司提取盈余公积金 6 030 元。

要求：①根据上述经济业务编制会计分录。

②计算企业的净利润，并结出下列各账户的本期发生额和期末余额。

本年利润（所有者权益类）

借方	贷方
转入： 主营业务成本 营业税金及附加 销售费用 管理费用 财务费用 营业外支出 所得税费用	转入： 主营业务收入 营业外收入

利润分配（所有者权益类）

借方	贷方
利润分配	净利润转入
	未分配利润

盈余公积（所有者权益类）

借方	贷方

会计凭证

会计凭证是具有一定的格式，用来记录经济业务事项发生或完成情况，明确经济责任、登记账簿的书面证明。任何单位对所发生的每一项经济业务都必须按照规定的程序和要求，由相关人员填制或审核凭证，在凭证上写明经济业务的内容，并在上面签名盖章，对凭证内容的真实性和正确性负责。

5.1 会计凭证的概述

会计凭证是指记录经济业务发生或者完成情况的书面证明，是登记账簿的依据，通过填制或取得会计凭证，可以明确经济责任。

会计凭证是记录经济业务、明确经济责任、按一定格式编制的据以登记会计账簿的书面证明。会计凭证记录经济业务的合法性与合理性，保证了会计记录的真实性，加强了经济责任制。会计凭证为落实岗位责任制提供重要文件；可以反映相关经济利益关系，为维护合法权益提供法律证据；可以监督经济活动，控制经济运行。

任何单位办理一切经济业务，都要经办人员或有关部门填制或取得能证明经济业务内容、数量、金额的凭证，对整个经济活动过程做出书面记录。正确地填制和审核会计凭证，是财务管理不可缺少的基础工作，是进行会计核算工作的起点和基本环节，也是对经济业务进行日常监督的重要环节。

5.1.1 会计凭证的作用

合法地取得、正确地填制和审核会计凭证，是会计核算的基本方法之一，也是会计核算工作的起点和基本环节。对于保证会计核算的质量、有效地进行会计监督、提供真实可靠的会计信息等都具有十分重要的作用。

1. 记录经济业务

通过会计凭证的填制和审核，可以如实反映各项经济业务的具体情况。企业任何一项经济业务的发生，如提取现金、购买材料、货款的收取、利润的形成和分配等，都必须按规定的程序和要求，及时地填制或取得会计凭证，将经济业务如实记录下来，再经过严格的审核，然后将审核无误的会计凭证分类和汇总。这样，就能够把日常发生的大量的经济业务，通过会计凭证正确地、及时地反映出来，为登记账簿提供可靠的依据。

2. 明确经济责任

任何会计凭证都必须由有关部门和人员签章，发挥会计的监督作用。通过会计凭证的审核，可以监督和检查每项经济业务是否符合国家的有关方针、政策、法令、准则的规定，可以及时地发现经济管理上存在的问题和管理制度上存在的漏洞，如果发现违法乱纪行为，可以根据有关签章追究责任，从而加强记账的合法性和正确性，促使企业相关人员严格按照政策、法令、制度和计划办事。

3. 监督经济活动

企业每一项经济业务的发生，必须以审核过的会计凭证为依据。会计凭证的审核过程，同时也是会计监督的过程。通过会计凭证的审核，可以监督原始凭证的合法性，查明每项经济业务的开展是否符合国家的政策和法律制度，可以验证企业及有关人员是否按照预算和计划办事等，从而限制各种违法行为发生，对经济业务活动进行监督。

5.1.2 会计凭证的种类

会计凭证的形式多种多样，可以按照不同的标准进行分类。会计凭证按照填制的程序和用途不同，分为原始凭证和记账凭证。

1. 原始凭证

原始凭证又称单据，是指在经济业务发生或完成时取得或填制的、用以记录或证明经济业务的发生或完成情况的最初的文字凭据。原始凭证是编制会计凭证的依据和原始资料。

原始凭证由经济业务或事项的经办人员填制或取得，用来证明经济业务已经完成，如运输发票、领料单、工资单等。但有些单据不能表明企业某项经济业务已经发生或完成，则不能作为原始凭证登记入账，如申请购进原材料的请购单、采购部门的用款申请等。

（1）原始凭证按照来源不同，可分为外来原始凭证和自制原始凭证

①外来原始凭证。

外来原始凭证指在经济业务发生或完成时，由经办人员从其他单位或个人处直接取得的凭证。例如：增值税专用发票（见表5.1）、普通发票（见表5.2）等；此外，还包括一些定额发票，如火车票、轮船票、手机充值发票、停车费发票等。

表5.1　增值税专用发票票样

×××增值税专用发票

开票日期：　年　月　日　　　　　　　　　　　　No.

<table>
<tr><td rowspan="4">购货单位</td><td>名称</td><td colspan="2"></td><td rowspan="4">密码区</td><td colspan="4" rowspan="4"></td></tr>
<tr><td>纳税人识别号</td><td colspan="2"></td></tr>
<tr><td>地址、电话</td><td colspan="2"></td></tr>
<tr><td>开户行及账号</td><td colspan="2"></td></tr>
<tr><td colspan="2">商品或劳务名称</td><td>规格/型号</td><td>单位</td><td>数量</td><td>单价</td><td>金额</td><td>税率</td><td>税额</td></tr>
<tr><td colspan="2"></td><td></td><td></td><td></td><td></td><td></td><td></td><td></td></tr>
<tr><td colspan="2"></td><td></td><td></td><td></td><td></td><td></td><td></td><td></td></tr>
<tr><td colspan="2"></td><td></td><td></td><td></td><td></td><td></td><td></td><td></td></tr>
<tr><td colspan="2"></td><td></td><td></td><td></td><td></td><td></td><td></td><td></td></tr>
<tr><td colspan="2">价税合计（大写）</td><td colspan="7"></td></tr>
<tr><td rowspan="4">销货单位</td><td>名称</td><td colspan="2"></td><td rowspan="4">备注</td><td colspan="4" rowspan="4"></td></tr>
<tr><td>纳税人识别号</td><td colspan="2"></td></tr>
<tr><td>地址、电话</td><td colspan="2"></td></tr>
<tr><td>开户行及账号</td><td colspan="2"></td></tr>
</table>

收款人：　　　复核：　　　开票人：　　　销货单位（章）：

表 5.2　普通发票票样

×××公司销售商品专用发票

发票代码

发票号码

客户名称：　　　　　　　　　　　　　　　　　　　　　订单号：

编号	商品名称	规格	单位	数量	单价	金额								
						百	十	万	千	百	十	元	角	分
合计（大写）：														

开票单位（盖章）：　　　　　　　开票人：　　　　　　　年　月　日

②自制原始凭证。

自制原始凭证是指经济业务发生或完成时，由本单位内部经办人员自己填制的原始凭证，如领料单（见表 5.3）、收料单、产品入库单、出库单（见表 5.4）等。

表 5.3　领料单基本格式

领料单

领料部门：　　　　　　　年　月　日　　　　　　　领料单编号：

序号	材料编号	材料名称	规格	用途单位	数量		单价	金额
					请领	实发		
合计								
用途								

领料人：　　　　　　　发料人：　　　　　　　领料部门负责人：

表 5.4 出库单基本格式

出库单

客户名称：　　　　　　　　　　　　　　　　　　　　　　年　月　日

编号	名称	规格	单位	出库数量	单价	金额	备注
合计							

生产车间或部门：　　　　制单人：　　　　仓库管理员：

（2）原始凭证按其填制方法的不同，可分为一次性原始凭证、累计原始凭证和汇总原始凭证三种

①一次性原始凭证。

一次性原始凭证是指对一项或若干项同类经济业务，一次填制完成的原始凭证。一次凭证的填制手续是一次完成，是一次有效的凭证。所有的外来原始凭证和部分自制原始凭证都属于一次性原始凭证。例如，企业购进材料验收入库时，由仓库保管人员填制的收料单，车间、班组等向仓库领料时填制的领料单等，都是自制的一次性凭证。收料单的格式，如表 5.5 所示。

表 5.5 收料单基本格式

收料单

供应单位：　　　　　　　　　　材料单编号：

发票号码：　　　　　　　　　　收料仓库：

材料类别：　　　　　　　　　　　　年　月　日

编号	名称	规格	单位	数量		单价	运杂费	金额								
				应收	实收			百	十	万	千	百	十	元	角	分
合计																

采购员：　　　　检验员：　　　　记账员：　　　　保管员：

②累计原始凭证。

累计原始凭证是指对某些在一定时期内不断重复发生的同类经济业务，在规定时间内多次、连续地加以记录的原始凭证。其特点是在一张凭证内可以连续登记相同性质的经济业务，随时结出累计数及结余数，并按照费用限额进行费用控制，期末按实际发生额记账。一般情况下，累计原始凭证属于自制原始凭证。例如，工业企业的限额领料单就是一种典型的累计凭证（如表 5.6 所示）。在限额领料单中，注明某种材料在规定日期内（通常为 1 个月）的领用限额，每次领料或退料应在凭证上逐笔登记，并随时结出限额的余额，期末求出实际领用材料的数量和金额，送交会计部门作为记账的依据。限额领料单的格式，如表 5.6 所示。

表 5.6　限额领料单基本格式

限额领料单

领料车间：　　　　　　　　用途：　　　　　　　　　　计划产量：

<table>
<tr><td colspan="2">材料类别</td><td>材料编号</td><td colspan="2">材料名称及规格</td><td>计量单位</td><td>单价</td><td>全月领用限额</td></tr>
<tr><td colspan="2"></td><td></td><td colspan="2"></td><td></td><td></td><td></td></tr>
<tr><td colspan="2">年</td><td rowspan="2">请领数量</td><td colspan="4">实发</td><td rowspan="2">限额结余数量</td></tr>
<tr><td>月</td><td>日</td><td>数量</td><td>累计</td><td>发料人</td><td>领料人</td></tr>
<tr><td></td><td></td><td></td><td></td><td></td><td></td><td></td><td></td></tr>
<tr><td></td><td></td><td></td><td></td><td></td><td></td><td></td><td></td></tr>
<tr><td></td><td></td><td></td><td></td><td></td><td></td><td></td><td></td></tr>
<tr><td></td><td></td><td></td><td></td><td></td><td></td><td></td><td></td></tr>
<tr><td></td><td></td><td></td><td></td><td></td><td></td><td></td><td></td></tr>
<tr><td></td><td></td><td></td><td></td><td></td><td></td><td></td><td></td></tr>
<tr><td></td><td></td><td></td><td></td><td></td><td></td><td></td><td></td></tr>
<tr><td colspan="8">累计实发金额（大写）：</td></tr>
</table>

记账：　　　　　　发料人：　　　　　　领料部门主管：　　　　　　领料人：

③汇总原始凭证。

汇总原始凭证是指对一定时期内反映同类经济业务的若干张同类原始凭证加以汇总，按照一定标准综合编制的原始凭证。汇总凭证既可提供经营管理所需要的总量指标，又可简化核算手续。如工资汇总表、耗用材料汇总表等就是汇总凭证。耗用材料汇总表是根据一个月内所有的领料单，按照材料的用途加以归类、整理编制而成的。其格式如表 5.7 所示。

表 5.7　耗用材料汇总表基本格式

×××公司耗用材料汇总表

年　月　日起至　年　月　日至止

部门	名称及规格	单位	领用数量	金额
合计				

制表人签章：　　　　复核人签章：

(3) 原始凭证按照格式的不同，可分为通用原始凭证和专用原始凭证两种

①通用原始凭证。

通用原始凭证是指由有关部门统一印制、在一定范围使用的具有统一格式和使用方法的原始凭证。通用原始凭证的使用范围可以是某一地区、某一行业，也可以是全国。如全国通用的增值税专用发票、银行转账结算凭证等。

②专用原始凭证。

专用原始凭证是指由单位自行印制、仅在本单位内部使用的原始凭证，大多属于自制原始凭证。如收料单、领料单、工资费用分配表、折旧计算表

等（见表5.8所示）。

表5.8　折旧计算表基本格式

折旧计算表

单位名称：　　　　　　　　　　　　　　　　　　日期：

编号	名称	单位	数量	原值	购置时间	预计可使用年限	实际已使用年限	折旧方法	残值率	本月折旧	累计折旧	净值
合计												

制表人：　　　　　　　　　　　　　　　　　　　　复核人：

2. 记账凭证

记账凭证又称传票，是由会计人员根据审核无误后的原始凭证或汇总原始凭证填制的，用以确定经济业务的会计分录，作为登记账簿直接依据的会计凭证。

企业发生的经济业务比较繁杂，原始凭证来自不同的单位，种类繁多、数量庞大、格式不一，不能清楚地表明应记入账户的名称和借、贷方向。为了便于登记账簿，需要根据原始凭证反映的不同经济业务，加以归类和整理，然后填制具有统一格式的记账凭证。在记账凭证中，确定记载该项经济业务的账户、方向和金额，并将相关的原始凭证附在后面。这样不仅可以简化记账工作、减少差错，而且有利于原始凭证的保管，便于对账和查账，据此直接登记账簿。

（1）记账凭证按其适用的经济业务不同，分为专用记账凭证和通用记账凭证两类

①专用记账凭证。

专用记账凭证是用来专门记录某一类经济业务的记账凭证。专用凭证按其所记录的经济业务与现金和银行存款的收付有无关系，又分为收款凭证、付款凭证和转账凭证三种。

收款凭证（见表5.9所示）是用来记录现金和银行存款收款业务的凭证，是根据现金和银行存款收入业务的原始凭证填制的，是登记现金日记账、银行存款日记账以及有关明细账和总账的依据，也是出纳人员收讫款项的依据。

表5.9　收款凭证基本格式

收款凭证

借方科目：　　　　　　　　　　年　　月　　日　　　收字第　　　号

摘 要	贷方总账科目	明细科目	记账符号	金额									
				千	百	十	万	千	百	十	元	角	分
合 计													

财务主管：　　　记账：　　　出纳：　　　审核：　　　制单：

付款凭证（见表5.10所示）是用来记录现金和银行存款付款业务的凭证，是根据现金和银行存款支付业务的原始凭证填制的，是登记现金日记账、银行存款日记账以及有关明细账和总账的依据，也是出纳人员付讫款项的依据。

表 5.10　付款凭证基本格式

付款凭证

贷方科目：　　　　　　　　　　　　年　　月　　日　　　付字第　　　号

摘 要	借方总账科目	明细科目	记账符号	金额									
				千	百	十	万	千	百	十	元	角	分
合 计													

财务主管：　　　　记账：　　　　出纳：　　　　审核：　　　　制单：

转账凭证（见表 5.11 所示）是用来记录不涉及库存现金和银行存款业务的会计凭证，是根据有关转账业务的原始凭证填制的。转账凭证是登记总分类账及有关明细分类账的依据。

表 5.11　转账凭证基本格式

转账凭证

年　　月　　日　　　转字第　　　号

摘要	会计科目		借方金额								贷方金额								记账符号
	总账科目	明细科目	十	万	千	百	十	元	角	分	十	万	千	百	十	元	角	分	
合计																			

财务主管：　　　　记账：　　　　出纳：　　　　审核：　　　　制单：

②通用记账凭证。

通用记账凭证是用来记录各种经济业务的记账凭证（见表5.12所示）。在经济业务比较简单的经济单位，为了简化凭证可以使用通用记账凭证，记录所发生的各种经济业务。

表5.12　通用记账凭证基本格式

通用记账凭证

年　　月　　日　　　记账第　　　号

摘要	会计科目		借方金额								贷方金额								记账符号
	总账科目	明细科目	十	万	千	百	十	元	角	分	十	万	千	百	十	元	角	分	
合计																			

财务主管：　　　记账：　　　出纳：　　　审核：　　　制单：

(2) 记账凭证按其包括的会计科目是否单一，分为复式记账凭证和单式记账凭证

①复式记账凭证。

复式记账凭证，又叫作多科目记账凭证，要求将某项经济业务所涉及的全部会计科目及其发生额集中填列在一张记账凭证上。复式记账凭证的优点是可以集中反映经济业务的科目对应关系，便于了解经济业务的全貌，了解资金的来龙去脉；便于查账，节约纸张等。复式记账凭证的缺点是不便于汇总每一会计科目的发生额。

②单式记账凭证。

单式记账凭证，又叫作单科目记账凭证，要求将某项经济业务所涉及的每个会计科目分别填制记账凭证，每张记账凭证只填列经济业务所涉及的一个会计科目及其金额。

单式记账凭证的优点是便于汇总计算每一个会计科目的发生额，便于分

工记账。单式记账凭证的缺点是填制记账凭证的工作量变大，一张凭证不能反映经济业务全貌，不便于查账。

（3）记账凭证按其是否经过汇总，可以分为汇总记账凭证和非汇总记账凭证

①汇总记账凭证。

汇总记账凭证是根据同类记账凭证定期加以汇总编制的记账凭证。汇总记账凭证按汇总方法不同，可分为分类汇总凭证和全部汇总凭证两种。

分类汇总凭证是根据一定期间的记账凭证按其种类分别汇总填制的，如根据收款凭证汇总填制的“现金汇总收款凭证”和“银行存款汇总付款凭证”。

全部汇总凭证是根据一定期间的记账凭证全部汇总填制的，如“科目汇总表（见表5.13所示）”就是全部汇总凭证。

表5.13　科目汇总表基本格式

科目汇总表

年　月　日　　　　凭证号

科目名称	上期结余		本期发生		本期结余	
	借方	贷方	借方	贷方	借方	贷方
库存现金						
银行存款						
应收账款						
坏账准备						
……						
合计						

制单人：　　　　审核人：

②非汇总记账凭证。

非汇总记账凭证是没有经过汇总的记账凭证，前面介绍的收款凭证、付款凭证和转账凭证，以及通用记账凭证都是非汇总记账凭证。

原始凭证与记账凭证之间存在着密切的联系。原始凭证附在记账凭证后面，是编制记账凭证的基础。记账凭证是对原始凭证内容的汇总。

5.2 认识原始凭证

原始凭证是用来记录经济业务发生和完成情况的，由于日常经济业务千差万别，因此记录经济业务情况的原始凭证的具体内容和格式等也是多种多样的。由于原始凭证是记账凭证填制的基础，因此必须确保每一张原始凭证都准确无误，这就要求相关人员一定要严格审核和填制原始凭证。

5.2.1 原始凭证的基本内容

由于经济业务的不同，原始凭证的格式多种多样，但都应该具备以下基本内容：

①原始凭证的名称。

②填制原始凭证的日期。

③填制单位签章。

④接受原始凭证的单位名称（俗称抬头）。

⑤经济业务的基本内容，如摘要、数量、单价和金额等。

⑥本部门经办人员的签名或盖章。

除此之外，不同的原始凭证根据其所反映的经济业务的不同，还有不同的其他内容，如合同编号、计划指标等。

5.2.2 原始凭证的填制要求

原始凭证的填制应根据经济业务的实际发生情况，由填制人员按规定方法将凭证各要素填写齐全，并办妥签章手续，以明确经济责任。为保证会计核算资料的准确性，原始凭证的填制应遵循记录真实、内容完整、手续完备、填制及时、书写规范等要求。

1. 记录真实

原始凭证应根据实际已发生的经济业务事项填制，日期、金额等必须保证真实可靠。

2. 内容完整

原始凭证所要求填列的各项要素逐项填列齐全，不得遗漏和省略，并按要求签名或盖章。

3. 手续完备

对外开出的原始凭证必须加盖本单位公章；从外部取得的原始凭证，必须盖有对方公章；从个人取得的原始凭证，必须有填制人员的签名盖章。

4. 填制及时

各项经济业务发生后，及时填制相关的原始凭证，并按规定的程序及时送交会计机构、会计人员进行审核，不得积压、后补等。

5. 书写规范

原始凭证要按规定填写，文字要简要，字迹要清楚、易于辨认，不得使用未经国务院公布的简化汉字，发现原始凭证有错误的，应当由出具单位重开或更正，更正处应当加盖出具单位印章。原始凭证金额有错误的，应当由出具单位重开，不得在原始凭证上更正。若原始凭证已预先印定编号，在写坏作废时，应加盖“作废”戳记，妥善保管，不得撕毁。

【例】2016 年 4 月 6 日，A 公司销售冰箱 3 台给 B 公司，每台冰箱单价为 3 000元，填制下列销售商品专用发票。

表 5.14　A 公司销售商品专用发票

A 公司销售商品专用发票

客户名称：B 公司　　　　订单号：00128

编号	商品名称	规格	单位	数量	单价	金额							
						十	万	千	百	十	元	角	分
1	冰箱	BCD－171FR	台	3	3 000.00			9	0	0	0	0	0
合计（大写）：人民币玖仟元整							¥	9	0	0	0	0	0

开票单位（盖章）：　　　　开票人：张武　　　　2012 年 4 月 6 日

5.2.3　原始凭证的审核

为了正确反映经济业务的执行和完成情况，会计人员必须履行会计工作的监督功能，对原始凭证的真实性、合法性、完整性、合理性和及时性进行审核。审核原始凭证是会计核算工作中必不可少的环节，只有经过审核合格的原始凭证，才能作为编制记账凭证和登记账簿的依据。

原始凭证的审核内容主要有以下几个方面：

1. 真实性审核

真实性审核是指审核原始凭证反映的内容是否符合所发生的实际经济业务的情况，文字填制有无伪造、涂改、修补等，大小写等书写有无不规范，有关数量、单价、金额是否正确无误，是否与实际业务一致等。

2. 合法性审核

合法性审核是指审核原始凭证所反映的经济业务是否符合国家有关法规和制度，是否符合财经纪律，各种税费等票据是否按照有关部门的规定等。企业应当杜绝不合法的业务，会计人员对审核不合法的原始凭证应该拒绝受理，可以要求更正、补充，甚至重开。

3. 完整性审核

对原始凭证完整性的审核要求是审核原始凭证的所有项目是否填列齐全，如商品名称、计量单位、单价、数量、大小写金额、填制的日期、填制人员等，以及填制的手续是否齐备、签名或盖章有无遗漏等。

4. 合理性审核

合理性审核是指通过审核原始凭证检查各项业务活动是否按预算执行，费用是否按开支范围开支，是否是合理的支出等。

5. 及时性审核

及时性审核是指企业的经济业务发生后，会计人员等相关人员应及时将原始凭证传递给会计部门进行处理，有无存在拖沓或后补等情况。

原始凭证的审核关系到账簿的准确登记，经审核无误的原始凭证，应及时据以编制记账凭证入账；对于内容不够完整、填写有错误的原始凭证，应退回给有关经办人员更正错误或重开；对于不真实、不合法的原始凭证，会计机构和会计人员有权不予接受，并及时上报。

5.3 认识记账凭证

记账凭证是根据审核无误的原始凭证填制的，是企业登记账簿的直接依据，记账凭证的填制和审核是保证会计信息质量的重要保障。

5.3.1 记账凭证的填制要求

1. 记账凭证是登记账簿的依据，正确填制记账凭证，是保证账簿准确性的基础。记账凭证填制的基本要求如下

(1) 审核无误

记账凭证是在审核无误的原始凭证基础上填制的，是企业内部控制制度的一个重要环节。

(2) 内容完整

记账凭证至少应包括八项基本内容，根据经济业务的性质，填制必需的项目要素，将相关凭证的各项内容填制完整。

(3) 分类正确

根据经济业务性质的不同，选择正确的记账凭证填制，如涉及现金或银行存款业务的，应该填列付款凭证或收款凭证。

(4) 编号连续

每一张记账凭证都必须填制编号，按照发生时间先后顺序连续编号，利于记账、对账和查账。

2. 记账凭证填制的具体要求如下

①除结账和更正错误外，记账凭证必须附有原始凭证并注明所附原始凭

证的张数。所附原始凭证张数的计算，一般以原始凭证的自然张数为准。与记账凭证中的经济业务记录有关的每一张证据，都应当作为原始凭证的附件。一张原始凭证如涉及几张记账凭证的，可以将该原始凭证附在一张主要的记账凭证后面，在其他记账凭证上注明该主要记账凭证的编号或者附上该原始凭证的复印件。如果记账凭证中附有原始凭证汇总表，则应该把所附的原始凭证和原始凭证汇总表的张数一起计入附件的张数之内。但报销交通费等零散票券，可以粘贴在一张纸上，作为一张原始凭证。

②一张原始凭证所列的支出需要由两个以上的单位共同负担时，应当由保存该原始凭证的单位开给其他应负担单位原始凭证分割单。原始凭证分割单必须具备原始凭证的基本内容，如凭证的名称、经办人员的签名或盖章等。

③记账凭证编号的方法有多种，可以按现金收付、银行存款收付和转账业务三类分别编号，也可以按现金收入、现金支出、银行存款收入、银行存款支出和转账五类进行编号，或者将转账业务按照具体内容再分成几类编号。各单位应当根据本单位实际情况来选择最合适的编号方法。无论采用哪一种编号方法，都应该按月顺序编号，即每月都从 1 号编起，顺序编至月末。一笔经济业务需要填制两张或者两张以上记账凭证的，可以采用分数编号法编号，如 1 号会计事项分录需要填制三张记账凭证，就可以编成 1（1/3）、1（2/3）、1（3/3）号。

④填制记账凭证时如果发生错误，应当选择恰当的方式重新填制。

⑤实行会计电算化的单位，其机制记账凭证应当符合对记账凭证的一般要求，并应认真审核，做到会计科目使用正确，数字准确无误。打印出来的机制记账凭证，要加盖制单人员、审核人员、记账人员和会计主管人员的印章或者签字，以明确责任。

⑥记账凭证填制完经济业务事项后，如有空行，应当在金额栏自最后一笔金额数字下的空行处至合计数上的空行处画线注销。

⑦正确编制会计分录并保证借贷平衡。必须根据国家统一会计制度的规定和经济业务的内容，正确使用会计科目和编制会计分录，记账凭证借、贷方的金额必须相等，合计数必须计算正确。

⑧摘要应与原始凭证内容一致，能正确反映经济业务的主要内容，表述简短精练。应能使阅读的人通过摘要就能了解该项经济业务的性质、特征，判断出会计分录的正确与否，一般不必再去翻阅原始凭证或询问有关人员。

⑨只涉及现金和银行存款之间收入或付出的经济业务，应以付款业务为主，只填制付款凭证，不填制收款凭证，以免重复。

记账凭证填制举例如下：

（1）收款凭证的填制

【例】2016 年 1 月 7 日，A 公司收到 B 公司所欠货款 8 400 元，款项已经存入银行。

该题中公司涉及收到银行存款的业务，凡是收到银行存款或现金，均应根据相应的原始凭证填制收款凭证。具体填制情况见下表。

表 5.15　收款凭证

收款凭证

借方科目　银行存款　　　　2016 年 1 月 7 日　　　　　　收字第 34 号

摘 要	贷方总账科目	明细科目	记账符号	金额							
				十	万	千	百	十	元	角	分
收回前欠货款	应收账款	B 公司	√			8	4	0	0	0	0
合 计					¥	8	4	0	0	0	0

财务主管：张三　　记账：李四　　出纳：王五　　审核：赵六　　　制单：王一

（2）付款凭证的填制

【例】2016 年 1 月 8 日，A 公司从银行支取现金 2 000 元。

该题中涉及银行存款和现金两项内容，此时只填制付款凭证，以免重复。

表 5.16　付款凭证

付款凭证

贷方科目　银行存款　　　2012 年 1 月 8 日　　　　付字第 23 号

摘 要	借方总账科目	明细科目	记账符号	金额							
				十	万	千	百	十	元	角	分
银行取现	库存现金		√			2	0	0	0	0	0
合 计					¥	2	0	0	0	0	0

财务主管：张三　记账：李四　出纳：王五　审核：赵六　制单：王一

(3) 转账凭证的填制

【**例**】2016 年 4 月 9 日，A 公司提取办公大楼折旧费 4 300 元。

该题中公司提取办公楼折旧费，既没有涉及银行存款，也没有涉及现金，需要填制转账凭证。

表 5.17　转账凭证

转账凭证

摘要	会计科目		借方金额								贷方金额								记账符号
	总账科目	明细科目	十	万	千	百	十	元	角	分	十	万	千	百	十	元	角	分	
提取折旧	管理费用	办公楼			4	3	0	0	0	0									√
	累计折旧												4	3	0	0	0	0	√
合计				¥	4	3	0	0	0	0		¥	4	3	0	0	0	0	

附单据1张

财务主管：张三　记账：李四　出纳：王五　审核：赵六　制单：王一

5.3.2 记账凭证的基本内容

经济业务性质不同，记账凭证格式也不一样，且种类繁多。但为了满足日常记账的需要，记账凭证应具备以下基本内容：

①记账凭证的名称。

②记账凭证的填制日期。

③记账凭证的编号。

④经济业务的摘要。

⑤经济业务涉及的会计科目（包括明细科目）及借贷方向。

⑥经济业务的发生额、合计数及记账符号。

⑦记账凭证所附单据的张数。

⑧财务主管、记账人、出纳、审核人和制单人等的签章。

5.3.3 记账凭证的审核

记账凭证登记后必须审核，才能作为登记账簿的依据。审核的内容包括：

①审核摘要是否填写清楚，是否与原始凭证保持一致。

②审核记账凭证的借、贷双方的会计科目是否正确，金额填制是否准确。

③审核记账凭证是否附有原始凭证，记账凭证所记录的经济业务与所附原始凭证反映的经济业务是否相符。

④审核记账凭证上面有关人员签章是否齐全。

5.4 会计凭证的管理

会计凭证是会计信息的载体之一，是重要的会计核算资料。会计凭证的书写、传递和保管对会计核算的质量和会计核算工作的连续性和可溯性，都有直接的影响。

5.4.1　会计凭证的书写

依据财政部制定的会计基础工作规范的要求，填制会计凭证，字迹必须清晰、工整。规范还对填制会计凭证时阿拉伯数字、汉字大写数字和货币符号等的书写要求做了十分具体的规定。

1. 阿拉伯数字的书写要求

阿拉伯数字应当一个一个地写，不得连笔写。特别在要连着写几个“0”时，一定要单个地写，不能将几个“0”连在一起一笔写完。数字的排列要整齐，数字之间的空隙应均匀，不宜过大。根据习惯，阿拉伯数字在书写时应有一定的斜度。倾斜角度的大小应以笔顺书写方便、好看易认为准，不宜过大也不宜过小，一般可掌握在60度左右，即数码的中心斜线与底平线为60度的夹角。此外，阿拉伯数字的书写还应有高度标准，一般要求数字的高度占凭证横格高度的1/2为宜。书写时还要注意紧靠横格底线，使上方能留出一定空位，以便需要进行更正时可以再次书写。

2. 货币符号的书写要求

阿拉伯金额数字前面应当书写货币币种符号或者货币名称简写和币种符号。币种符号与阿拉伯金额数字之间不得留有空白。凡阿拉伯数字前写有币种符号的，数字后面不再写货币单位。所有以元为单位的阿拉伯数字，除表示单价等情况外，一律填写到角分；无角分的角位和分位可写“00”，或者符号“－”；有角无分的，分位应当写“0”，不得用符号“－”代替。

3. 汉字大写数字的书写要求

汉字大写数字金额如零、壹、贰、叁、肆、伍、陆、柒、捌、玖、拾、

佰、仟、万、亿等，一律用正楷或者行书体书写，不得用0、一、二、三、四、五、六、七、八、九、十等简化字代替，不得任意自造简化字。

大写金额数字到元或者角为止的，在“元”或者“角”字之后应当写“整”字或者“正”字；大写金额数字有分的，“分”字后面不写“整”字或者“正”字。

大写金额数字前未印有货币名称的，应当加填货币名称，货币名称与金额数字之间不得留有空白。如人民币76 497元，应当写成“人民币柒万陆仟肆佰玖拾柒元整”。

阿拉伯金额数字中间有“0”时，汉字大写金额要写“零”字；阿拉伯数字金额中间连续有几个“0”时，汉字大写金额中可以只写一个“零”字；阿拉伯金额数字元位是“0”，或者数字中间连续有几个“0”、元位也是“0”，但角位不是“0”时，汉字大写金额可以只写一个“零”字，也可以不写“零”字。

5.4.2 会计凭证的传递

会计凭证的传递，是指会计凭证从填制到归档保管为止，按规定的程序和时间在相关人员之间的传递和交接，包括传递程序和传递时间。

企业经济业务的内容决定会计凭证的传递程序，办理经济业务手续所需要的时间决定会计凭证的传递时间。为提高效率，通常在制定合理的凭证传递程序和时间时，要考虑以下几点：

①根据不同经济业务的特点，企业内部机构的设置和人员的分工以及管理上的要求等，应当为每种会计凭证规定经过经办人员和部门传递签章以及每道手续过程中的停留时间，避免不必要的环节，加快传递速度。

②由于原始凭证和记账凭证涉及不同的部门和人员，所以要通过调查研究和协商来制定会计凭证的传递程序和传递时间。

5.4.3 会计凭证的保管

会计凭证是重要的会计档案和经济资料，每个单位都要建立保管制度，妥善保管。对各种会计凭证要分门别类、按照编号顺序整理，装订成册。封面上要注明会计凭证的名称、起讫号、时间以及有关人员的签章。要妥善保管好会计凭证，在保管期间会计凭证不得外借，对超过所规定期限（一般是15年）的会计凭证，要严格依照有关程序销毁。需永久保留的有关会计凭证，不能销毁。

5.5 本章习题

一、复习思考题

（1）会计凭证的种类。

（2）如何审核原始凭证？

（3）如何填制记账凭证？

（4）填制收款凭证、付款凭证和转账凭证的不同点。

（5）会计凭证的书写要求。

（6）会计凭证的保管期限。

二、实务操作题

（一）选择题

（1）对于将现金送存银行业务，会计人员应填制的记账凭证是(　　)。

A. 银行存款收款凭证

B. 银行存款付款凭证

C. 现金付款凭证

D. 现金收款凭证

（2）下列内容不属于记账凭证审核的是(　　)。

A. 凭证是否符合有关的计划和预算

B．会计科目使用是否正确

C．凭证的内容与所附凭证的内容是否一致

D．凭证的金额与所附凭证的金额是否一致

（3）原始凭证按照格式的不同，可分为(　　)。

A．通用凭证和专用凭证

B．收款凭证、付款凭证和转账凭证

C．外来原始凭证和自制原始凭证

D．一次凭证、累计凭证和汇总原始凭证

（4）由于经济业务的不同，原始凭证的格式是多种多样的，下列属于必备要素的是(　　)。

A．原始凭证的名称

B．原始凭证的日期

C．本部门经办人员的签名或盖章

D．经济业务的基本内容，如摘要、数量、单价和金额等

（二）判断题

（1）原始凭证都是外来凭证。(　　)

（2）将现金存入银行，应填制“库存现金付款凭证”。(　　)

（3）如果企业规模较小，且经济业务数量或收付业务较少，可以不设收款凭证或付款凭证，统一采用通用记账凭证。(　　)

（4）所有以元为单位的阿拉伯数字，除表示单价等情况外，一律填写到角分；无角分的角位和分位可写“00”，或者符号“－”；有角无分的，分位应当写“0”，不得用符号“－”代替。(　　)

（5）一笔经济业务需要填制两张或者两张以上记账凭证的，可以采用分数编号法编号，如1号会计事项分录需要填制三张记账凭证，就可以编成1（1/3）、1（2/3）、1（3/3）号。(　　)

（三）实务训练题

某企业发生下列几项经济业务，将未填制完整的记账凭证填制完整。

（1）企业收到国家投资350 000元，款项存入银行。

收款凭证

借方科目　　　　　　　　　　　　　　年　月　日　　收字第　　号

摘 要	贷方总账科目	明细科目	记账符号	金额									
				千	百	十	万	千	百	十	元	角	分
合 计													

财务主管：　　记账：　　出纳：　　审核：　　制单：

（2）企业从大恒公司购入甲乙两种材料，甲材料 40 吨，单价 700 元，合计 28 000 元；乙材料 60 吨，单价 900 元，合计 54 000 元。上述款项已用银行存款支付，材料已运达企业，并已验收入库。

付款凭证

贷方科目　　　　　　　　　　　　　　年　月　日　　付字第　　号

摘 要	借方总账科目	明细科目	记账符号	金额									
				千	百	十	万	千	百	十	元	角	分
合 计													

财务主管：　　记账：　　出纳：　　审核：　　制单：

（3）结算本月应付职工工资 28 650 元，其中生产工人工资 24 200 元，车间管理人员工资 4 450 元。

转账凭证

年　　月　　日　　　转字第　　　号

<table>
<tr><td rowspan="2">摘要</td><td colspan="2">会计科目</td><td colspan="8">借方金额</td><td colspan="8">贷方金额</td><td rowspan="2">记账
符号</td></tr>
<tr><td>总账
科目</td><td>明细
科目</td><td>十</td><td>万</td><td>千</td><td>百</td><td>十</td><td>元</td><td>角</td><td>分</td><td>十</td><td>万</td><td>千</td><td>百</td><td>十</td><td>元</td><td>角</td><td>分</td></tr>
<tr><td></td><td>生产成本</td><td></td><td></td><td></td><td></td><td></td><td></td><td></td><td></td><td></td><td></td><td></td><td></td><td></td><td></td><td></td><td></td><td></td><td></td></tr>
<tr><td></td><td>管理费用</td><td></td><td></td><td></td><td></td><td></td><td></td><td></td><td></td><td></td><td></td><td></td><td></td><td></td><td></td><td></td><td></td><td></td><td></td></tr>
<tr><td></td><td>应付职工薪酬</td><td></td><td></td><td></td><td></td><td></td><td></td><td></td><td></td><td></td><td></td><td></td><td></td><td></td><td></td><td></td><td></td><td></td><td></td></tr>
<tr><td>合计</td><td></td><td></td><td></td><td></td><td></td><td></td><td></td><td></td><td></td><td></td><td></td><td></td><td></td><td></td><td></td><td></td><td></td><td></td><td></td></tr>
</table>

财务主管：　　　记账：　　　出纳：　　　审核：　　　制单：

会计账簿

企业将发生的每一项经济业务记录在相对应的会计凭证上，形成了数量和种类繁多的会计资料。为了系统、完整地反映企业经济全貌，需要将会计凭证归类整理，形成会计账簿。通过本章的学习，我们需要掌握会计账簿的相关内容。

6.1 会计账簿的概述

会计账簿简称账簿，是指由一定格式、相互联系的账页组成，以审核无误的会计凭证为依据，用来序时、分类地全面记录和反映一个单位经济业务事项的会计簿籍。账簿是会计资料的主要载体之一，也是会计资料的重要组成部分。会计账簿具有对会计凭证提供的大量分散数据或资料进行分类归集整理的作用，能全面、连续、系统地记录和反映经济活动情况。

会计账簿是指由一定格式账页组成的，以经过审核的会计凭证为依据，全面、系统、连续地记录各项经济业务事项的簿籍。各单位应当按照国家统一的会计制度的规定和会计业务的需要设置会计账簿。

在会计核算中，对每一项经济业务，都必须取得和填制会计凭证，但会计凭证数量很多，又很分散，而且每张凭证只能记载个别经济业务的内容，所提供的资料是零星的，不能全面、连续、系统地反映和监督一个经济单位在一定时期内某一类和全部经济业务活动情况，且不便于日后查阅。因此，为了给经济管理提供系统的会计核算资料，就要运用登记账簿的方法，把分散在会计凭证上的大量核算资料加以集中和归类整理，登记到账簿中去，生成有用的会计信息。

6.1.1 会计账簿的种类

由于各个单位的经济业务和经营管理的要求不同，会计账簿的种类也有所不同。为了便于了解和运用会计账簿，可以从不同角度对其进行分类，如图 6.1 所示。

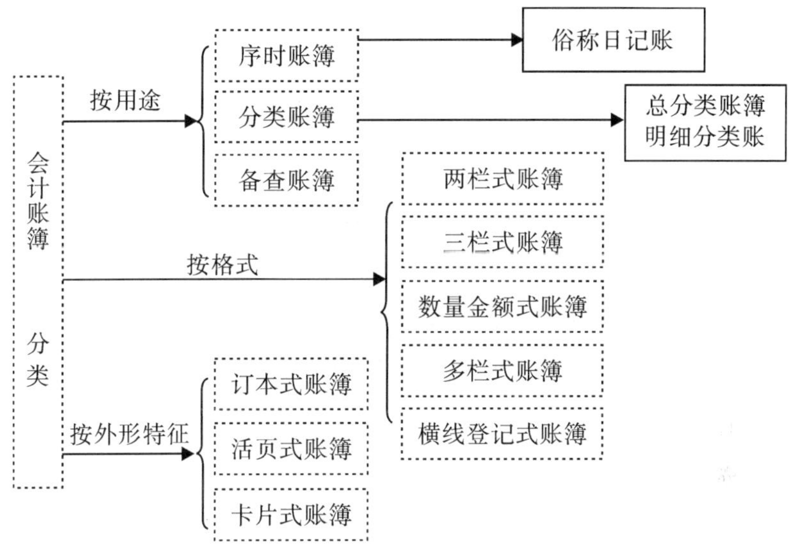

图 6.1　会计账簿的种类

1. 按用途分类

(1) 序时账簿

序时账簿通常也称为日记账，是指按照经济业务发生或完成时间的先后顺序，逐日逐笔连续进行登记的账簿。一般企业根据记账凭证编号的先后顺序，逐笔登记会计账簿，每日结出余额，因而习惯称序时账簿为日记账。序时账簿按其记录经济业务的内容不同，又可分为普通日记账和特种日记账。

普通日记账是指用来逐日逐笔记录全部经济业务的序时账簿。不区分经济业务的性质，只按照时间先后顺序进行登记账簿。

特种日记账是指用来逐日逐笔记录某一类经济业务的序时账簿。按经济业务性质单独设置账簿，把特定项目按经济业务顺序记入账簿。在我国，大多数单位一般只设置库存现金日记账和银行存款日记账，以便加强对货币资金的日常监督和管理。

(2) 分类账簿

分类账簿通常又简称为分类账，是指对发生的全部经济业务按照会计要素的具体类别而设置的分类账户进行登记的账簿。分类账簿按其反映指标时

的详细程度不同，又可以分为总分类账簿和明细分类账簿。

总分类账簿又称为总分类账，简称总账，是指根据总分类科目设置账户，分类登记全部经济业务，提供总括核算资料的分类账簿。总账对明细账具有统驭和控制作用。

明细分类账簿又称为明细分类账，简称明细账，是指根据总账科目设置的，按其所属的二级明细科目设置账户，用来分类登记某一类经济业务，提供明细核算资料的分类账簿。明细账是对总账的补充和具体化。在实际工作中，每个会计主体可以根据经营管理的需要，为不同的总账账户设置所属的明细账。

（3）备查账簿

备查账簿又称为辅助账簿，是指对某些在序时账簿和分类账簿等主要账簿中都不予登记或登记不够详细的经济业务事项进行补充登记时使用的账簿。主要是为某些经济业务的内容提供必要的参考资料。备查账簿不是根据会计凭证登记的账簿，同时也没有固定的格式，它可以视实际需要而定，通常依据表外科目登记，如租入固定资产登记簿、委托加工材料登记簿等。

2. 按格式分类

（1）两栏式账簿

两栏式账簿是指只有借方和贷方两个基本金额栏目的账簿，各种收入、费用类账户都可以采用两栏式账簿。如表 6.1 所示。

表 6.1　两栏式账簿基本格式

管理费用

二级科目____________________　　　第　　页

年		凭证		摘要	借方								贷方							
月	日	种类	号数		十	万	千	百	十	元	角	分	十	万	千	百	十	元	角	分

（2）三栏式账簿

三栏式账簿是指采用借方、贷方、余额三个基本栏目的账簿，如表 6.2 所示。一般适用于各种日记账、总分类账以及资本、债权债务明细账。

表 6.2　三栏式账簿基本格式

总分类账

会计科目：　　　　　　　　　　　　　　　　　　　　总第　　页

　　　　　　　　　　　　　　　　　　　　　　　　　分第　　页

年		凭证		摘要	对方会计科目	借方								✓	贷方								✓	借或贷	余额								✓
月	日	种类	号数			十	万	千	百	十	元	角	分		十	万	千	百	十	元	角	分			十	万	千	百	十	元	角	分	

（3）数量金额式账簿

数量金额式账簿是指在借方、贷方和余额三个基本栏目内都分设数量、单价和金额三小栏，借以反映财产物资的数量与金额双重指标的账簿，见表 6.3 所示。一般适用于具有实物形态的财产物资的明细账，如原材料明细账，库存商品、产成品明细账等。

表 6.3　数量金额式账簿基本格式

原材料明细分类账

材料名称　　　　　　　　　　　计量单位　　　　　　　　　　　第　　页

年		凭证		摘要	收入										发出										结余										✓
					数量	单价	金额								数量	单价	金额								数量	单价	金额								
月	日	种类	号数				十	万	千	百	十	元	角	分			十	万	千	百	十	元	角	分			十	万	千	百	十	元	角	分	

（4）横线登记式账簿

横线登记式账簿是指在同一张账簿的同一行，记录某一项经济业务从发生到结束的相关内容（如表 6.4 所示）。该明细账适用于登记材料采购业务、应收票据和一次性备用金等业务。

表 6.4 横线登记式账簿基本格式

库存商品明细分类账

产品名称：　　　　　　　　　　　　　　　　　　　　　　　　总第　　页
分第　　页

<table>
<tr><td rowspan="3">供货单位</td><td colspan="13">借方</td><td colspan="13">贷方</td></tr>
<tr><td colspan="2">年</td><td colspan="2">凭证</td><td rowspan="2">摘要</td><td colspan="8">金额</td><td colspan="2">年</td><td colspan="2">凭证</td><td rowspan="2">摘要</td><td colspan="8">金额</td></tr>
<tr><td>月</td><td>日</td><td>种类</td><td>号数</td><td>十</td><td>万</td><td>千</td><td>百</td><td>十</td><td>元</td><td>角</td><td>分</td><td>月</td><td>日</td><td>种类</td><td>号数</td><td>十</td><td>万</td><td>千</td><td>百</td><td>十</td><td>元</td><td>角</td><td>分</td></tr>
<tr><td></td><td></td><td></td><td></td><td></td><td></td><td></td><td></td><td></td><td></td><td></td><td></td><td></td><td></td><td></td><td></td><td></td><td></td><td></td><td></td><td></td><td></td><td></td><td></td><td></td><td></td><td></td></tr>
<tr><td></td><td></td><td></td><td></td><td></td><td></td><td></td><td></td><td></td><td></td><td></td><td></td><td></td><td></td><td></td><td></td><td></td><td></td><td></td><td></td><td></td><td></td><td></td><td></td><td></td><td></td><td></td></tr>
<tr><td></td><td></td><td></td><td></td><td></td><td></td><td></td><td></td><td></td><td></td><td></td><td></td><td></td><td></td><td></td><td></td><td></td><td></td><td></td><td></td><td></td><td></td><td></td><td></td><td></td><td></td><td></td></tr>
<tr><td></td><td></td><td></td><td></td><td></td><td></td><td></td><td></td><td></td><td></td><td></td><td></td><td></td><td></td><td></td><td></td><td></td><td></td><td></td><td></td><td></td><td></td><td></td><td></td><td></td><td></td><td></td></tr>
<tr><td></td><td></td><td></td><td></td><td></td><td></td><td></td><td></td><td></td><td></td><td></td><td></td><td></td><td></td><td></td><td></td><td></td><td></td><td></td><td></td><td></td><td></td><td></td><td></td><td></td><td></td><td></td></tr>
<tr><td></td><td></td><td></td><td></td><td></td><td></td><td></td><td></td><td></td><td></td><td></td><td></td><td></td><td></td><td></td><td></td><td></td><td></td><td></td><td></td><td></td><td></td><td></td><td></td><td></td><td></td><td></td></tr>
<tr><td></td><td></td><td></td><td></td><td></td><td></td><td></td><td></td><td></td><td></td><td></td><td></td><td></td><td></td><td></td><td></td><td></td><td></td><td></td><td></td><td></td><td></td><td></td><td></td><td></td><td></td><td></td></tr>
</table>

（5）多栏式账簿

多栏式账簿是指在借方栏或贷方栏下按照需要分设多个栏目，用以反映经济业务不同内容的账簿（如表 6.5 所示）。一般适用于收入、费用类的明细账，如管理费用明细账、生产成本明细账、制造费用明细账等。

3. 按外形特征分类

（1）订本式账簿

订本式账簿简称订本账，是指在未启用前就已经将账页装订在一起，并对账页进行连续编号的账簿。订本账的优点是可以避免账页散失，防止账页被抽换，确保账簿资料的完整，比较安全；缺点是同一账簿在同一时间只能

表 6.5　多栏式账簿基本格式

生产成本明细账

产品名称：　　　　　　　　　　　　　　　　　　　　　　　　总第　　页

分第　　页

年		凭证		摘要	借方																																贷方								借或贷	余额							
月	日	种类	号数		直接材料								直接人工								制造费用								合计																									
					十	万	千	百	十	元	角	分	十	万	千	百	十	元	角	分	十	万	千	百	十	元	角	分	十	万	千	百	十	元	角	分	十	万	千	百	十	元	角	分		十	万	千	百	十	元	角	分

由一人登记，不便于记账人员的分工。一般订本账适用于总分类账、库存现金日记账和银行存款日记账。

（2）活页式账簿

活页式账簿简称活页账，是指年度内在账簿登记完毕之前账页不固定装订成册，而是置于活页账夹中，可以根据需要随时增加或抽减账页，随时可以取放，待年终才装订成册的账簿。活页账的优点是可以根据实际需要随时抽换、增减账页，不会浪费账页，使用灵活，便于记账人员的分工、记账；缺点是账页容易散失、被抽换。活页账一般适用于各种明细分类账。

（3）卡片式账簿

卡片式账簿简称卡片账，是指将所需格式印刷在硬卡上，由若干具有相同格式的卡片作为账页组成的账簿。卡片账的卡片通常装在卡片箱内，不用装订成册，随时可取可放可移动，也可跨年度长期使用，但卡片容易丢失。卡片账也是一种活页账，一般情况下，低值易耗品和固定资产的明细账采用卡片账形式。

6.1.2 会计账簿的作用

设置和登记账簿，是加工整理、积累、储存会计资料的一种重要方法，是编制会计报表的基础，是连接会计凭证与会计报表的中间环节，在会计核算中具有重要作用。主要表现在：账簿可以全面、系统、连续地记录和反映企业资产和权益的增减变动情况；账簿可以为计算财产物资的详细情况提供详细资料；账簿可以为编制各种财务报表提供系统的会计核算资料；账簿可以为分析和检查会计主体提供依据。

因此，所有企业，不论规模大小、业务多少，都必须设置账簿，认真做好记账工作。

6.1.3 会计账簿与账户的关系

账户存在于账簿之中，账簿中的每一账页就是账户的存在形式和载体，没有账簿，账户就无法存在。账簿是由若干账页组成的一个整体，账簿序时、分类地记录经济业务，是在各个具体的账户中完成的。

6.2 会计账簿的设置和登记

各单位应当按照国家统一的会计核算基本要求和会计规范的有关规定，结合本单位经济业务的特点和经营管理的需要，设置必要的账簿，并按要求认真做好记账工作。

6.2.1 会计账簿的启用

启用跨级账簿时，应当在账簿封面写明单位名称和账簿名称，并在账簿扉页上附启用表，表内详细载明：单位名称、账簿名称、账簿编号、账簿页数、启用日期、记账人员和会计主管人员姓名，并加盖有关人员的签章和单位公章。

1. 启用

启用会计账簿时必须按照相关规则办理手续，其中：

①为了保证会计账簿记录的合法性和资料的完整性，明确记账责任，会计账簿应当由专人负责登记。

②启用会计账簿时，应当在账簿封面上写明单位名称和账簿名称。并在账簿扉页上附启用表，内容包括：启用日期、账簿页数，以及记账人员和会

计机构负责人、会计主管人员姓名，并加盖名章和单位公章。

③活页式账簿可在装订成册后，填写账簿的起止页数。记账人员或者会计机构负责人、会计主管人员调动工作时，应当注明交接日期、接办人员或者监交人员姓名，并由交接双方人员签名或者盖章。年度开始启用新账簿时，应将上年的年末余额计入新账的第一行，并在摘要栏注明“上年结转”或“年初余额”。如表 6.6 所示。

表 6.6　账簿扉页上所附的启用表

账簿启用登记和经营人员一览表

单位名称：________________　　账簿名称（单位公章）：________________

账簿编号：________________　　账簿册数：________________

账簿页数：________________　　启用日期：________________

会计主管（签章）：__________　　记账人员（签章）：________________

移交日期			移交人		接管日期			接管人		会计主管	

2. 注意事项

账簿启用时应当注意以下几点内容：

①启用订本式账簿，应当从第一页到最后一页顺序编定页数，不得跳页、

缺号。

②使用活页式账页，应当按账户顺序编号，并须定期装订成册，装订后再按实际使用的账页顺序编定页码。另加目录，以便记明每个账户的名称和页次。

③更换记账人员时，应当办理交接手续，在交接记录内填写交接日期和交接人员姓名并盖章。

6.2.2 会计账簿的基本内容

各种账簿的形式和格式多种多样，企业应根据经济业务的性质和账簿不同的用途来选择适当的账簿种类，无论哪一种会计账簿，都应具有以下基本内容：

1. 封面（含封底）

封面起保护账页的作用，主要标明账簿的名称，如总分类账、各种明细账、现金日记账、银行存款日记账等。如图6.2所示。

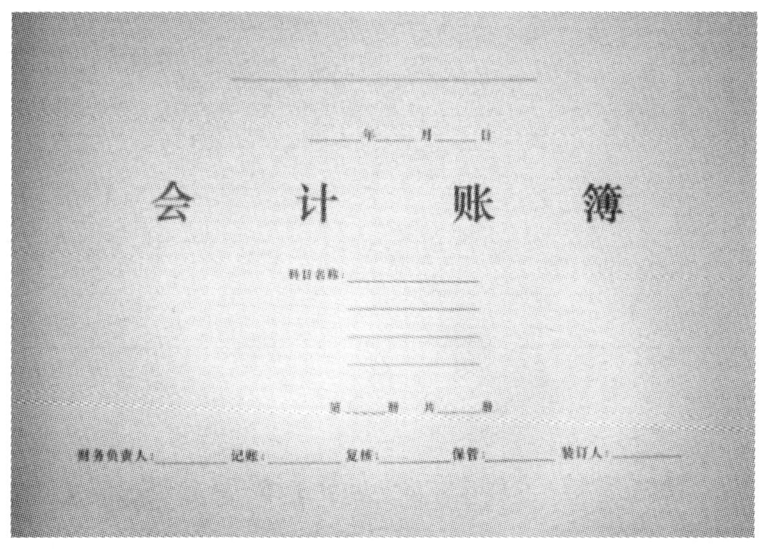

图6.2 会计账簿封面

2. 扉页

扉页主要用来登载“账簿目录”和“账簿启用登记表”。账簿目录主要包括科目代码、会计科目名称、账页起始等。账簿启用表主要包括单位名称、账簿名称、账簿页数、启用日期、单位负责人、会计主管负责人、经管人员、移交人和移交日期以及接管人和接管日期等。如表 6.7 所示。

表 6.7　扉页

账簿启用登记表

<table>
<tr><td>单位名称</td><td colspan="6"></td><td colspan="5" rowspan="5"></td></tr>
<tr><td rowspan="4">本账簿</td><td colspan="2">名称</td><td colspan="4"></td></tr>
<tr><td colspan="2">册次</td><td colspan="4">第　　册</td></tr>
<tr><td colspan="2">页数</td><td colspan="4">第　号至第　号共计　页</td></tr>
<tr><td colspan="2">使用起讫日期</td><td colspan="4"></td></tr>
<tr><td rowspan="2">单位负责人</td><td>姓名</td><td>签章</td><td rowspan="2">主办会计</td><td>姓名</td><td colspan="2">签章</td><td colspan="2" rowspan="2">记账</td><td colspan="2">姓名</td><td>签章</td></tr>
<tr><td></td><td></td><td></td><td colspan="2"></td><td colspan="2"></td><td></td></tr>
<tr><td rowspan="6">交接记录</td><td colspan="3">经管人员</td><td colspan="4">接管</td><td colspan="4">交出</td></tr>
<tr><td>职别</td><td colspan="2">姓名</td><td colspan="2">年月日</td><td colspan="2">盖章</td><td colspan="2">年月日</td><td colspan="2">盖章</td></tr>
<tr><td></td><td colspan="2"></td><td colspan="2"></td><td colspan="2"></td><td colspan="2"></td><td colspan="2"></td></tr>
<tr><td></td><td colspan="2"></td><td colspan="2"></td><td colspan="2"></td><td colspan="2"></td><td colspan="2"></td></tr>
<tr><td></td><td colspan="2"></td><td colspan="2"></td><td colspan="2"></td><td colspan="2"></td><td colspan="2"></td></tr>
<tr><td></td><td colspan="2"></td><td colspan="2"></td><td colspan="2"></td><td colspan="2"></td><td colspan="2"></td></tr>
<tr><td>备注</td><td colspan="11"></td></tr>
</table>

3. 账页

账页是用来连续系统地核算经济业务的载体。一般情况下，包括以下基本要素：账户的名称（一级账户、二级账户或明细账户）；登记账户的日期

栏；记账凭证种类和号数栏；摘要栏（简要说明所记录经济业务的内容）；金额栏（记录经济业务的增减变动发生额及余额）；总页次和分户页次。如表6.8所示。

表6.8　会计账簿账页

现金日记账

年		凭证编号	摘要	对应科目	借方									✓	贷方									✓	余额								
月	日				百	十	万	千	百	十	元	角	分		百	十	万	千	百	十	元	角	分		百	十	万	千	百	十	元	角	分

6.2.3　会计账簿的登记方法

会计账簿按照不同的分类方式会有不同的分类，账簿的分类存在着交叉，即某一账簿可归属于不同类别。现介绍几种常用账簿的登记方法。

1. 日记账的登记方法

各单位根据经济业务性质的不同，可分别设置普通日记账和特种日记账。

（1）普通日记账

普通日记账是按照时间顺序记录各项经济业务，不区分经济业务的性质。一般只设借方和贷方两栏，以便分别记入各项经济业务所确定的账户名称及借方和贷方的金额。基本格式如表6.9所示。

表 6.9　两栏式普通日记账基本格式

两栏式普通日记账

第　　页

年		凭证		摘要	会计科目	借方								贷方							
月	日	种类	号数			十	万	千	百	十	元	角	分	十	万	千	百	十	元	角	分

两栏式普通日记账的登记方法如下：

①日期栏：登记经济业务事项发生或完成的日期。

②凭证栏：登记收款凭证或付款凭证的种类和编号。

③摘要栏：经济业务事项的简要说明，登记方法要与记账凭证一致。

④会计科目：登记每笔经济业务事项所编制的会计分录借方、贷方的账户名称。

⑤金额栏：登记会计分录的借方金额和贷方金额。

⑥其他：如账户的页码等相关信息。

【例】2016 年 2 月 5 日，星峰企业采购材料一批，价费共计 15 000 元，已用银行存款支付，材料验收入库。登记下列普通日记账。

普通日记账

银付　　　　第 22 页

2016 年		凭证		摘要	会计科目	借方								贷方							
月	日	种类	号数			十	万	千	百	十	元	角	分	十	万	千	百	十	元	角	分
		付款凭证	34	购入原材料并用银行存款支付	原材料		1	5	0	0	0	0	0								
					银行存款										1	5	0	0	0	0	0

(2) 特种日记账

特种日记账是按时间顺序记录某类经济业务事项的账簿。一般常用的有现金日记账和银行存款日记账。

现金日记账是用来核算和监督现金的收入、支出及结余情况的账簿。它由出纳人员根据审核无误后的收款凭证和付款凭证，逐日逐笔进行登记。

现金日记账可以设置三栏式（见表6.10）或多栏式（见表6.11），一般要求做到日清月结，每天结出账面余额，并与库存现金实存数核对。

表6.10　三栏式现金日记账基本格式

三栏式现金日记账

第　　页

年		凭证		摘要	对方科目	收入								支出								结余							
月	日	种类	号数			金额								金额								金额							
						十	万	千	百	十	元	角	分	十	万	千	百	十	元	角	分	十	万	千	百	十	元	角	分

表6.11　多栏式现金日记账基本格式

多栏式现金日记账

第　　页

年		凭证		摘要	收入（贷记下列科目）								支出（借记下列科目）								结余
月	日	种类	号数									合计								合计	

三栏式现金日记账的登记方法如下：

①日期栏：登记现金收付业务发生或完成的日期。

②凭证栏：登记收款凭证或付款凭证的种类和编号。

③摘要栏：经济业务事项的简要说明，登记方法要与记账凭证一致。

④对方科目：现金收入或支出的对应账户名称。

⑤收入、支出栏：登记现金收入或支出的金额，日清月结。

⑥结余栏：登记每笔现金收入或支出后，应逐笔结算出现金余额。

【例】 星峰公司2016年2月份期初库存现金余额为1 000元，2日提取现金2 000元备用，当天销售人员借差旅费1 800元。编制三栏式现金日记账。

三栏式现金日记账

第　　页

2016年		凭证		摘要	对方科目	收入								支出								结余							
						金额								金额								金额							
月	日	种类	号数			十	万	千	百	十	元	角	分	十	万	千	百	十	元	角	分	十	万	千	百	十	元	角	分
02	01			期初余额																				1	0	0	0	0	0
02	02	银付	23	提现	银行存款			2	0	0	0	0	0																
02	02	现付	68	借差旅费	其他应收款											1	8	0	0	0	0								
				本日合计																				1	2	0	0	0	0

银行存款日记账是由出纳人员根据审核无误后的银行存款收款凭证和付款凭证，按照先后顺序逐日逐笔登记的账簿。每日结出余额，定期与银行对账单核对，以达到账实相符。银行存款日记账的格式和登记方法与现金日记账基本相同。三栏式银行存款日记账的登记方法如下：

①日期栏：登记银行存款收付业务发生或完成的日期。

②凭证栏：登记收款凭证或付款凭证的种类和编号。

③摘要栏：经济业务事项的简要说明，登记方法要与记账凭证一致。

④对方科目：银行存款收入或支出的对应账户名称。

⑤收入、支出栏：登记银行存款收入或支出的金额，日清月结。

⑥结余栏：登记每笔银行存款收入或支出后，应逐笔结算出现银行存款余额。

【例】 星峰公司 2016 年 2 月份期初银行存款余额为 20 000 元，月初发生以下三笔业务：2 日提取现金 2 000 元备用；3 日销售产品取得银行存款收入 16 500 元；5 日购买原材料支出 15 000 元。

编制三栏式银行存款日记账。

银行存款日记账

2016 年		凭证		结算凭证		摘要	对方科目	收入								支出								结余							
月	日	种类	号数	种类	号数			金额								金额								金额							
								十	万	千	百	十	元	角	分	十	万	千	百	十	元	角	分	十	万	千	百	十	元	角	分
02	01					期初余额																			2	0	0	0	0	0	0
02	02	银付	23	现支	23630	提现	现金											2	0	0	0	0	0								
						本日合计																			1	8	0	0	0	0	0
02	03	银收	56	转支	35681	销售产品	主营业务收入		1	6	5	0	0	0	0																
						本日合计																			3	4	5	0	0	0	0
02	05	银计	24	银汇	2489	购买原材料	原材料										1	5	0	0	0	0	0								
						本日合计																			1	9	5	0	0	0	0

2. 分类账的登记方法

分类账可以分为总分类账和明细分类账，分别介绍这两类账簿的登记方法。

(1) 总分类账

总分类账是按照总分类账户分类登记以提供全面、系统的会计信息的账簿。总分类账最常用的格式为三栏式，设置借方、贷方和余额三个基本金额栏目。

【例】以星峰公司 2016 年 3 月份库存商品总分类账的部分内容为例，说明三栏式总分类账的登记方法。

三栏式总分类账的登记可以直接根据各种记账凭证逐笔进行登记，也可以把各种记账凭证先汇总编制成汇总记账凭证或科目汇总表，再据以登记总分类账。月末，在全部凭证都登记入账后，结出总分类账各账户的本期发生额和月末余额，作为编制会计报表的依据。

会计科目：库存商品

2016 年		凭证		摘要	会计科目	借方								贷方								借或贷	贷方							
月	日	种类	号数			十	万	千	百	十	元	角	分	十	万	千	百	十	元	角	分		十	万	千	百	十	元	角	分
03	01			月初余额																		借	3	4	0	0	0	0	0	0
03	02	转字	45	结转成本	主营业务成本										5	0	0	0	0	0	0	借	2	9	0	0	0	0	0	0
03	04	转字	46	商品验收入库	生产成本		2	0	0	0	0	0	0									借	3	1	0	0	0	0	0	0

(2) 明细分类账

明细分类账是根据二级账户或明细账户开设账页，分类、连续地登记经济业务以提供明细核算资料的账簿。其格式一般有三栏式、多栏式、数量金额式和横线登记式（见第一节各表所示基本格式）等多种。

现以星辉公司 5 月份各明细分类账（部分）为例，分别说明各类明细账的登记方法。

【例】以星峰公司 2016 年 5 月份应收账款明细分类账的部分内容为例，说明三栏式明细分类账的登记方法。

三栏式明细分类账是设有借方、贷方和余额三个栏目，用以分类核算各项经济业务，提供详细核算资料的账簿。其格式与三栏式总账格式相同，适用于只进行金额核算的账户。

应收账款明细账

二级科目：ABC 公司

2016 年		凭证		摘要	会计科目	借方								贷方								借或贷	贷方							
月	日	种类	号数			十	万	千	百	十	元	角	分	十	万	千	百	十	元	角	分		十	万	千	百	十	元	角	分
04	01			月初余额																		借		4	0	0	0	0	0	0
04	02	转字	78	销售产品	主营业务收入		7	0	0	0	0	0	0									借	1	1	0	0	0	0	0	0
04	06	转字	46	收到前欠货款	银行存款										2	0	0	0	0	0	0	借		9	0	0	0	0	0	0

【例】以星峰公司 2016 年 5 月份生产成本明细分类账的部分内容为例，说明多栏式明细分类账的登记方法。

多栏式明细分类账是将属于同一个总账科目的各个明细科目合并在一张账页上进行登记，适用于成本费用类科目的明细核算。

生产成本明细账

产品名称：饮水机

总第 34 页
分第 78 页

年		凭证		摘要	借方																																贷方								借或贷	余额							
月	日	种类	号数		直接材料								直接人工								制造费用								合计																						
					十	万	千	百	十	元	角	分	十	万	千	百	十	元	角	分	十	万	千	百	十	元	角	分	十	万	千	百	十	元	角	分	十	万	千	百	十	元	角	分		十	万	千	百	十	元	角	分
05	01	转字	58	领用材料			2	0	0	0	0	0																			2	0	0	0	0	0									借			2	0	0	0	0	0
05	02	转字	67	计算工资										1	4	0	0	0	0	0										1	4	0	0	0	0	0									借		1	6	0	0	0	0	0
05	04	转字	78	计提生产设备折旧																		3	7	0	0	0	0	0		3	7	0	0	0	0	0									借		5	3	0	0	0	0	0
05	23	转字	90	产品验收入库																																		2	3	0	0	0	0	0	借		3	0	0	0	0	0	0

【**例**】以星峰公司2016年5月份甲材料明细分类账的部分内容为例，说明数量金额式明细分类账的登记方法。

数量金额式明细分类账其借方（收入）、贷方（发出）和余额（结存）都分别设有数量、单价和金额三个专栏，适用于既要进行金额核算又要进行数量核算的账户。

原材料明细分类账

材料名称：甲材料　　　　　　　　　　　　　　　　　　　　计量单位：吨

年		凭证		摘要	收入										发出										结余										✓
月	日	种类	号数		数量	单价	金额								数量	单价	金额								数量	单价	金额								
							十	万	千	百	十	元	角	分			十	万	千	百	十	元	角	分			十	万	千	百	十	元	角	分	
05	01			月初余额	30	90.00																			30	90.00			2	7	0	0	0	0	✓
05	03	银付	70	从新月公司购入	5	90.00				4	5	0	0	0											35	90.00			3	1	5	0	0	0	✓
05	12	转字	89	生产领用	25	90.00													2	2	5	0	0	0	10	90.00				9	0	0	0	0	✓

【**例**】以星峰公司2016年5月份材料采购业务的明细分类账的部分内容为例，说明横线登记式明细分类账的登记方法。

横线登记式明细分类账是将每一相关的业务登记在一行，从而可依据每一行各个栏目的登记是否齐全来判断该项业务的进展情况。该明细分类账适用于登记材料采购业务、应收票据和一次性备用金业务。

材料采购明细分类账

供货单位	借方													贷方												
	年		凭证		摘要	金额								年		凭证		摘要	金额							
	月	日	种类	号数		十	万	千	百	十	元	角	分	月	日	种类	号数		十	万	千	百	十	元	角	分
ABC公司	05	03	转字	63	赊购材料一批，尚未验收入库		1	6	5	0	0	0	0	05	14	转字	72	材料验收入库		1	6	5	0	0	0	0

3. 备查账的登记方法

备查账的登记一般不需要填制会计凭证，其格式可以根据实际需要调整，注重文字叙述较多。

【例】以星峰公司租入固定资产登记簿为例，说明备查账的一般格式。

租入固定资产备查账

固定资产名称和规格	出租单位	合同号	租入日期	租金	使用部门	归还日期	备注
353E/H178凿岩机	阿拉斯	354	2011-10-10	1 000 000元/年	生产车间	2013-10-10	

6.3 记账规则

账簿是重要的会计资料之一，为了保证会计资料的真实性、完整性和可靠性，必须规范账簿的登记，严格按照账簿的启用规则、登记规则和错账更正法等相关规则登记账簿。

6.3.1 会计账簿的启用规则

启用会计账簿时，首先应填写账簿扉页上的“账簿启用登记表”（如表6.12 所示）。账簿封面上写明单位名称和账簿名称，并在账簿扉页上附启用表。其内容包括：单位名称、账簿名称、启用日期、账簿页数、记账人员和会计机构负责人（会计主管人员）姓名，并盖个人签章和单位公章。中途更换记账人员时，应办理交接手续，并填写移交日期、个人签章等信息。

表 6.12 账簿启用登记表

账簿启用登记表

<table>
<tr><td>单位名称
账簿名称</td><td colspan="3"></td><td>全宗号
目录号</td></tr>
<tr><td rowspan="2">账簿页数</td><td colspan="3" rowspan="2">自第　　页起至第　　页止
共　　页</td><td>案宗号</td></tr>
<tr><td>盒　号</td></tr>
<tr><td>启用日期</td><td colspan="3">自　　年　　月　　日
至　　年　　月　　日</td><td>保管期限</td></tr>
<tr><td>单位领导人
签　章</td><td colspan="2"></td><td colspan="2">会计机构负责人
（会计主管人员）签章</td></tr>
<tr><td>经管人员
职　别</td><td>姓名</td><td>经管或接管日期</td><td>签章</td><td>移交日期</td></tr>
<tr><td></td><td></td><td>年　月　日</td><td></td><td>年　月　日</td></tr>
<tr><td></td><td></td><td>年　月　日</td><td></td><td></td></tr>
</table>

6.3.2 会计账簿的登记规则

登记账簿时应遵循下列十大规则，具体如下：

①登记依据准确。会计人员应根据审核无误的会计凭证及时进行登记。

②书写规范。登记账簿时要使用蓝黑墨水的钢笔或者碳素墨水的铅字书写，不得用铅笔或圆珠笔（银行的复写账簿除外）记账。

记账的文字必须书写整齐美观，在账簿中填写的数字和文字应紧靠行格底线书写，约占全格的二分之一位置，留有余地，以便改错时书写。

③慎用红色墨水。红色墨水的使用有严格要求，一般只能用于以下三种情形：

a. 红字冲账的记账凭证。

b. 在不设借贷等的多栏式账页中，登记减少数。

c. 在三栏式账户的余额栏前，如未印明余额方向的，在余额栏内登记负数金额。

④登记顺序连续。记账时应按账户页次顺序逐页登记，不得跳行、隔页，如发生跳行、隔页，应将空行、空页画线注销，或注明“此行空白”或“此页空白”字样，并由记账人员签名或盖章。

⑤登记内容完整。应当将会计凭证的日期、凭证号数、摘要和金额等逐项记账。记账以后，应该在记账凭证上注明所记账簿的页数，并画“✓”表示已经登记入账，避免重复记账或漏记账。

⑥错账更正方法。记账要保持清晰、整洁，对于登记错误的记录，不得采用刮擦、挖补、涂改或用药水等手段更正错误，也不允许重抄，应采用正确的错账更正规则进行更正。

⑦按要求结出余额。凡需结出余额的账户，结出余额后，应在“借或贷”栏内写明“借”或“贷”的字样。对于没有余额的账户，应在该栏中写“平”字，并在余额栏“元”位上写“0”或“—”。

现金日记账或银行存款日记账必须做到日清月结，每日结出余额。

⑧转业手续齐全。各账户在一张账页记满时，要在该账页的最末一行加计发生额合计数和结出余额（余额合计栏：合计行对应的余额列，填的是最后一笔业务发生后的余额即本户的最终余额），并在该行“摘要”栏注明“转次页”字样，然后再抄这个发生额合计数和余额填列到下一页的第一行内，并在“摘要”栏内注明“承前页”，以保证账簿记录的连续性。

⑨顺序要求。订本式账簿都有顺序号，不得任意撕毁。活页式账簿也不得随便抽换账页。

⑩记账清晰。记账时书写文字和数字要符合规范。不要用怪体字、错别字，不要潦草。

6.4 对账和结账

根据审核无误的会计凭证，按照一定的记账规则进行登记账簿之后，还需要定期对账保证准确性，起到审核监督的作用，并在各个期末及时结账。

6.4.1 对账

对账是指会计人员在本期内对账簿记录进行核对的工作。目的是为了保证各种账簿记录的完整和正确，从而使会计信息真实可靠，为编制会计报表提供真实可靠的会计信息。对账包括账证核对、账账核对和账实核对。对账工作每年至少进行一次。

1. 账证核对

账证核对是指各种账簿的记录与有关会计凭证及其所附的原始凭证进行核对。主要是审核账簿记录与会计凭证及其所附的原始凭证的时间、凭证编号、会计科目、数量、金额是否一致，记账方向是否相符。

2. 账账核对

账账核对是核对不同会计账簿之间的记录是否相符。主要包括：

①总分类账中各账户本期借方发生额合计数与贷方发生额合计数是否相等，期末借方余额合计数与贷方余额合计数是否相等，以检查总分类账户的登记是否正确。

②总分类账中各账户的期末余额与所属的各明细分类账的期末余额合计数核对相符，以检查各明细分类账的登记是否正确。

③总分类账中的现金账户和银行存款账户的期末余额，分别与现金日记账和银行存款日记账的期末余额相符，以检查现金日记账和银行存款日记账的登记是否准确。

④会计部门的各种财产物资的明细分类账的期末余额，应该与财产物资保管或使用部门的有关财产物资明细分类账的期末余额核对相符。

3. 账实核对

账实核对是指各种财产物资的账面余额与实存数额相核对。具体内容包括：

①现金日记账账面余额与实地盘点的库存现金实有数相核对。

②银行存款日记账账面余额与开户银行账目（银行对账单）相核对。

③各种物资明细分类账的账面余额与财产物资的实存数相核对。

④各种应收、应付账款的明细分类账的账面余额与有关债务、债权单位或个人的账目相核对。

6.4.2 结账

结账是指会计人员在期末（月份、季度、年度）将一定时期内所发生的经济业务全部登记入账的基础上，结算出各账户的本期发生额和期末余额，从而根据账簿编制会计报表。各单位必须在会计期末进行结账，不得提前更不能滞后，结算时，应当根据账簿的性质及结账程序，分别采用不同的方法。

1. 结账的程序

①结账前，将本会计期间内所发生的经济业务事项全部登记入账。如本期发生的货币资金的收付、债权和债务等。如果发现有漏记或错记时，应及时予以补记或更正，保证其正确性。

②根据权责发生制原则的要求，调整有关账项，合理确定收入、费用等的归属期间。

③将损益类科目结转至“本年利润”科目，结转所有损益类科目。

④计算本期资产、负债和所有者权益科目的发生额，并将余额结转至下期。

完成上述步骤后，计算出各种账簿的本期借方、贷方发生额和期末余额，进行试算平衡后便可结账。

2. 结账的方法

（1）月结

每月终了，在全部经济业务事项登记入账后，应在各账户本月份最后一笔账下边画一条红线，在红线下面结算出本月发生额和期末余额（若无余额，则在“余额”栏内写“平”“0”或“—”符号），并在“摘要”栏内写明“×月发生额和期末余额”（或“本月合计”），然后在下面再画一条通栏红线。

（2）季结

季结的结账方法与月结基本相同，但在“摘要”栏内注明“本季合计”或“×季度发生额及余额”字样。

（3）年结

年度终了，在第四季度季结的下面一行填列全年12个月的合计数，并在“摘要”栏填写“×年度发生额及年末余额”（或“本年合计”）字样，并在

这一行的下面画两条通栏红线，以示本年度账簿记录结束。

月结、季结、年结举例如表 6.13 所示。

总账

会计科目：应收账款　　　　　　　　　　　　　　　　　　　　　　第 19 页

表 6.13　应收账款总账结账示例

2016 年		凭证		摘要	会计科目	借方								贷方								借或贷	结余							
月	日	种类	号数			十	万	千	百	十	元	角	分	十	万	千	百	十	元	角	分		十	万	千	百	十	元	角	分
01	01			月初余额																		借		4	0	0	0	0	0	0
01	02	转字	78	销售 A 产品	主营业务收入		7	0	0	0	0	0	0									借	1	1	0	0	0	0	0	0
01	15	银收	46	收到前欠货款	银行存款										2	0	0	0	0	0	0	借		9	0	0	0	0	0	0
01	20	转字	79	销售 B 产品	主营业务收入		5	0	0	0	0	0	0									借	1	4	0	0	0	0	0	0
				本月合计																		借	1	4	0	0	0	0	0	0
				…																										
03	31			本月合计																		借	1	0	0	0	0	0	0	0
				本季合计																		借	1	0	0	0	0	0	0	0
				…																										
12	31			本年合计																		借		5	0	0	0	0	0	0

6.5 错账查找与错账更正的方法

如果账簿记录发生错误，必须按照规定的方法予以更正，不准涂改、挖补、刮擦或者用药水消除字迹，不准重新抄录账簿。

6.5.1 错账查找方法

错账查找方法主要有差数法、尾数法、除 2 法、除 9 法等。

1. 差数法

差数法是指按照错账的差数查找错账的方法。

2. 尾数法

尾数法是指对于发生的差错只查找末位数，以提高查错效率的方法。这种方法适合于借贷方金额其他位数都一致，而只有末位数出现差错的情况。

3. 除 2 法

除 2 法是指以差数除以 2 来查找错账的方法。当某个借方金额错记入贷方（或相反）时，出现错账的差数表现为错误的 2 倍，将此差数用 2 去除，得出的商即是反向的金额。

4. 除 9 法

除 9 法是指以差数除以 9 来查找错账的方法，适用于以下三种情况：①将数字写小；②将数字写大；③邻数颠倒。

6.5.2 错账更正规则

账簿记录应做到整洁，记账应力求正确，如果账簿记录发生错误，应按规定的错账更正规则进行更正。更正错账的方法有：画线更正法、红字更正法、补充登记法。

1. 画线更正法

会计凭证没有错误，会计账簿记录有错误，即过账时发生文字上的笔误，可以采用画线更正法予以更正，如误记账户、误记借贷方向、误记金额，余额计算有误或文字笔误等。

更正的方法，是在错误的数字（整个数字）或文字上画一条红线，以表示注销，但必须使原有字迹仍可辨认，以备查考，然后将正确的数字或文字用蓝字写在画线上面，并在画线处加盖记账人员的小型字章，以明确责任。

【**例**】某企业生产车间领用原材料一批，共计 23 920 元。编制记账凭证如下：

借：生产成本　　　23 920

　　贷：原材料　　　　　　　23 920

据此正确的记账凭证登记账簿时，把金额 23 920.00 误写成 23 290.00。更正时应将“23 290.00”全部用红线画掉，并在红线上方用蓝色或黑色笔书写正确金额“23 920.00”，并在画线处加盖记账人员的签章。

2. 红字更正法

红字更正法，也称红字冲账法。这种方法主要适用于记账凭证的会计科目用错、方向记错和数字多记发生的错误，造成会计账簿记录错误的更正。具体更正方法又分为两种情况：

①记账以后，发现记账凭证中的应借、应贷会计科目有误或记账方向记错，应用红字更正法进行更正。

具体的更正方法是：先用红字填制一张与原错误记账凭证内容完全相同的记账凭证，在“摘要”栏中写明“冲销×年×月×日×号凭证”，并据以用红字登记入账，以冲销原来错误的账簿记录；然后，再用蓝字或黑字填写一张正确的记账凭证，在“摘要”栏中写明“订正×年×月×日×号凭证”，并据以用蓝字或黑字登记入账。

【例】某企业职工张三借支差旅费 1 200 元，开出现金支票。编制记账凭证时误将银行存款写成库存现金，并据此登记账簿。

a. 原编制记账凭证的会计分录为：

借：其他应收款　　　　　　　　1 200

　　贷：库存现金　　　　　　　　1 200

b. 更正时，先用红字金额填制一张与原错误凭证内容相同的凭证，并据以入账，冲销错误。

借：其他应收款　　　　　　　　1 200

　　贷：库存现金　　　　　　　　1 200

c. 然后，再用蓝字填制一张正确的记账凭证，并登记入账。

借：其他应收款　　　　　　　　1 200

　　贷：银行存款　　　　　　　　1 200

②记账以后，如果发现记账凭证和账簿记录的金额有错误（所记金额大于应记的正确金额），而原会计凭证中应借、应贷的会计科目没有错误，应用红字更正法进行更正。

更正的方法是：将多记的金额用红字填制一张与原错误记账凭证内容完全相同的记账凭证，并在“摘要”栏写明“冲销第 × 号记账凭证多记金额”，并据以用红字登记入账，冲销多记的金额。

【例】某企业结转本月制造费用 34 000 元。编制记账凭证时，误将金额 34 000 元写成 43 000 元，并据此登记账簿。

a. 原编制记账凭证的会计分录为：

借：生产成本　　　　43 000

　　贷：制造费用　　　　43 000

b. 更正时，将多记金额 9 000 元用红字编一张与原错误凭证内容相同的凭证，予以冲销：

借：生产成本　　　　9 000

　　贷：制造费用　　　　9 000

3. 补充登记法

记账以后，如果发现记账凭证和账簿记录的金额有错误（所记金额小于应记的正确金额），而原会计凭证中应借、应贷的会计科目没有错误，应用补充登记法进行更正。

更正的方法是：将少记的金额用蓝字或黑字填制一张应借、应贷会计科目与原错误记账凭证相同的记账凭证，在“摘要”栏中写明“补充第×号记账凭证少记金额”，并据以登记入账，以补充登记少记的金额。

【例】某企业计算本月生产工人工资 8 600 元。编制记账凭证时误将金额 86 000 元写成 68 000 元，并据此登记账簿。

a. 原编制记账凭证的会计分录为：

借：生产成本　　　　68 000

　　贷：应付职工薪酬　　　　68 000

b. 更正时，将少记金额 18 000 元用蓝字或黑字编一张相同凭证补充入账：

借：生产成本　　　　18 000

　　贷：应付职工薪酬　　　　18 000

6.6　本章习题

一、复习思考题

(1) 会计账簿的种类。

(2) 登记现金日记账的方法。

(3) 登记银行存款日记账的方法。

(4) 总分类账和明细分类账的登记方法的不同之处。

(5) 掌握错账更正法的使用规则。

(6) 掌握对账的方法。

(7) 掌握结账的方法。

二、实务操作题

（一）选择题

（1）现金付款凭证左上角“贷方科目”一般填制(　　)科目。

A．银行存款　　B．库存现金

C．原材料　　D．费用类

（2）去银行取现金，一般应填制(　　)。

A．银行存款付款凭证　　B．银行存款收款凭证

C．现金付款凭证　　D．现金收款凭证

（3）企业委托加工材料登记一般应在(　　)中登记。

A．总分类账　　B．明细分类账

C．备查账　　D．汇总分类账

（4）下列选项中，不适合采用数量金额式账簿的是(　　)。

A．原材料明细账　　B．库存商品明细账

C．产成品明细账　　D．现金日记账

（5）下列账簿记录的书写方法不正确的是(　　)。

A．用蓝黑墨水书写

B．用红色墨水冲销错账

C．在不设借贷栏的多栏式账页中用红色墨水登记减少数

D．用圆珠笔书写

（6）企业用现金支付办公用品费780元，会计人员编制的付款凭证为借记管理费用870元，贷记库存现金870元，并登记入账。对发生的该项记账错误应采用的更正方法是(　　)。

A．红字更正法　　B．重编正确的付款凭证

C．画线更正法　　D．补充登记法

（7）采用补充登记法，是因为(　　)导致账簿记录错误。

A．记账凭证上摘要错误

B．记账凭证上记账方向记反

C．记账凭证上所记金额大于应记金额

D. 记账凭证上所记金额小于应记金额

(8) 画线更正法的适用范围是(　　)。

A. 记账凭证正确，而账簿记录有误

B. 记账凭证上记账方向或金额有误

C. 记账凭证和账簿上所记金额大于应记金额

D. 记账凭证和账簿上所记金额小于应记金额

(二) 判断题

(1) 月末记账式，应当画通栏双红线。(　　)

(2) 订本式账簿都有顺序号，不得任意撕毁。活页式账簿也不得随便抽换账页。(　　)

(3) 从银行提取现金，即可编制现金收款凭证，也可编制银行付款凭证。(　　)

(4) 结账时没有余额的账户，应当在“借或贷”栏内写“平”字，并在余额栏内用“0”表示。(　　)

(5) 登记账簿时，发生的空行、空页一定要补充书写，不得注销。(　　)

(6) 固定资产登记账簿是备查账簿，企业可根据实际情况考虑设置。(　　)

(三) 实务训练题

第一小题

练习现金日记账和银行存款日记账的登记方法。

华夏公司 5 月初库存现金余额为 980 元，银行存款的余额为340 000 元。5 月份发生下列经济业务，请据此登记现金日记账和银行存款日记账。

(1) 4 日，从银行取现 2 000 元备用；

(2) 6 日，收到 A 公司所欠货款 12 000 元，存入银行；

(3) 8 日，用银行存款归还银行欠款 20 000 元；

(4) 10 日，职工借差旅费 1 600 元，以现金支付；

(5) 15 日，以现金 200 元购买零星办公用品；

（6）24 日，公司购买材料一批共计 10 000 元，用银行存款支付，并用现金 100 元支付运费。

将 5 月份发生的现金和银行存款业务填列在下列两表中。

现金日记账

单位：元

2016 年		凭证		结算凭证		摘要	对方科目	收入								支出								结余							
月	日	种类	号数	种类	号数			金额								金额								金额							
								十	万	千	百	十	元	角	分	十	万	千	百	十	元	角	分	十	万	千	百	十	元	角	分
05	01					月初余额																					9	8	0	0	0

银行存款日记账

单位：元

2016 年		凭证		结算凭证		摘要	对方科目	收入								支出								结余							
月	日	种类	号数	种类	号数			金额								金额								金额							
								十	万	千	百	十	元	角	分	十	万	千	百	十	元	角	分	十	万	千	百	十	元	角	分
05	01					月初余额																		3	4	0	0	0	0	0	0

第二小题

练习错账的更正方法。

华夏公司的会计人员在结账时发现了以下错账，请选择正确的更正方法进行更正。

（1）企业收到国家投资 350 000 元，款项存入银行。记账凭证填制如下：

收款凭证

借方科目 银行存款　　　　2016 年 4 月 15 日　　　　收字第 57 号

摘 要	贷方总账科目	明细科目	记账符号	金额									
				千	百	十	万	千	百	十	元	角	分
收到国家投入	实收资本		√			3	5	0	0	0	0	0	0
合 计					¥	3	5	0	0	0	0	0	0

财务主管：张三　　记账：李四　　出纳：王五　　审核：赵六　　制单：王一

据此登记银行存款日记账如下（显示部分）：

2016 年		凭证		结算凭证		摘要	对方科目	收入								支出								结余							
月	日	种类	号数	种类	号数			金额								金额								金额							
								十	万	千	百	十	元	角	分	十	万	千	百	十	元	角	分	十	万	千	百	十	元	角	分
						…																									
04	15	银收	57			收到国家投入	资本公积	3	4	0	0	0	0	0	0																

请选择正确的错账更正方法进行更正。

（2）公司从大恒公司购入甲材料 40 吨，单价 700 元，合计 28000 元。上述款项已用银行存款支付，材料已运达企业，并已验收入库。

收款凭证

贷方科目 银行存款　　　　2016 年 4 月 15 日　　　　付字第 68 号

摘要	贷方总账科目	明细科目	记账符号	金额									
				千	百	十	万	千	百	十	元	角	分
购入甲材料	原材料	甲材料	√				8	2	0	0	0	0	0
合计						¥	8	2	0	0	0	0	0

财务主管：张三　　记账：李四　　出纳：王五　　审核：赵六　　制单：王一

会计人员发现此付款凭证中金额有误，但是相关人员根据错误的会计凭证登记账簿，导致账簿中金额也发生错误。请正确判断此类错账的更正方法，并进行更正。

（3）结算本月职工工资 28 650 元，全部为生产工人工资。

在填制转账凭证时，误将金额写成 26 850 元，并据此登记入账。

借：生产成本　　　　26 850

　　贷：应付职工薪酬——应付工资　　　　26 850

在本题中，金额错误，且金额是少记，请选择正确的错账更正法更正，并详细叙述各类错账更正法的使用前提。

账务处理程序

账务处理程序主要包括记账凭证账务处理程序、汇总记账凭证账务处理程序、科目汇总表账务处理程序。

7.1 账务处理程序概述

7.1.1 账务处理程序的概念与意义

1. 定义

账务处理程序，又称会计核算组织程序或会计核算形式，是指会计凭证、会计账簿、财务报表相结合的方式，包括账簿组织和记账程序。如表 7.1 所示。

表 7.1 账务处理程序内容

内容	含义
账簿组织	是指会计凭证和会计账簿的种类、格式，会计凭证与会计账簿之间的联系方法
记账程序	是指由填制、审核原始凭证到填制、审核记账凭证，登记日记账、明细分类账和总分类账，编制财务报表的工作程序和方法等

2. 意义

科学、合理地选择账务处理程序的意义主要有：①有利于规范会计工作，保证会计信息加工过程的严密性，提高会计信息质量。②有利于保证会计记录的完整性和正确性，增强会计信息的可靠性。③有利于减少不必要的会计核算环节，提高会计工作效率，保证会计信息的及时性。

7.1.2 账务处理程序的种类

根据登记总分类账的依据和方法不同，企业常用的账务处理程序主要有记账凭证账务处理程序、汇总记账凭证账务处理程序和科目汇总表账务处理程序等。如表 7.2 所示。

表 7.2 账务处理程序的种类

类别	内容
记账凭证账务处理程序	是指对发生的经济业务，先根据原始凭证或汇总原始凭证填制记账凭证，再直接根据记账凭证登记总分类账的一种账务处理程序
汇总记账凭证账务处理程序	是指先根据原始凭证或汇总原始凭证填制记账凭证，定期根据记账凭证分类编制汇总收款凭证、汇总付款凭证和汇总转账凭证，再根据汇总记账凭证登记总分类账的一种账务处理程序
科目汇总表账务处理程序	又称记账凭证汇总表账务处理程序，是指根据记账凭证定期编制科目汇总表，再根据科目汇总表登记总分类账的一种账务处理程序

7.2 记账凭证账务处理程序

记账凭证账务处理程序是最基本的账务处理程序，其他账务处理程序都是在这种账务处理程序的基础上发展和演变成的。

7.2.1 一般步骤

记账凭证账务处理程序是指对发生的经济业务事项，都要根据原始凭证或汇总原始凭证编制记账凭证，然后直接根据记账凭证逐笔登记总分类账的一种账务处理程序。

1. 步骤

记账凭证账务处理程序一般有如下步骤。

①根据原始凭证编制汇总原始凭证。

②根据原始凭证或汇总原始凭证编制收款凭证、付款凭证和转账凭证（也可采用通用的记账凭证）。

③根据收款凭证、付款凭证逐笔登记现金日记账和银行存款日记账。

④根据原始凭证、汇总原始凭证和记账凭证，登记各种明细分类账。

⑤根据记账凭证逐笔登记总分类账。

⑥期末，现金日记账、银行存款日记账和明细分类账的余额同有关总分类账的余额核对相符。

⑦期末，根据总分类账和明细分类账的记录，编制会计报表。

2. 操作流程

记账凭证账务处理程序的具体操作流程如图 7.1 所示。

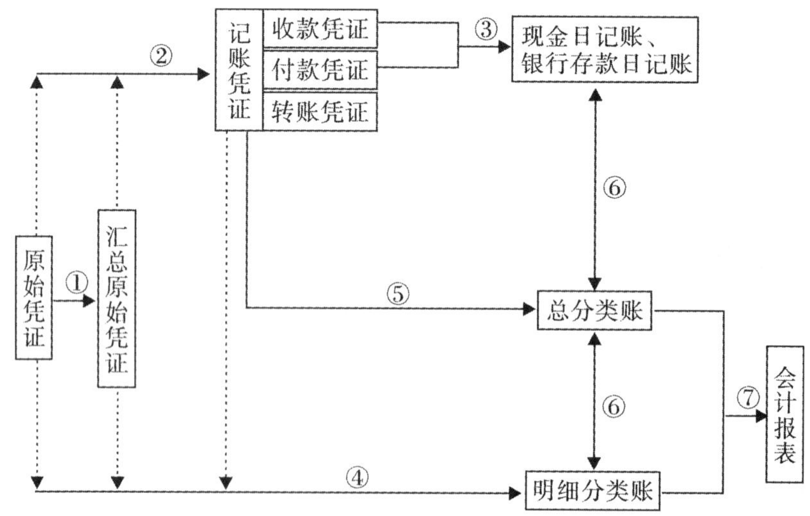

图 7.1　记账凭证账务处理程序的流程图

7.2.2 记账凭证账务处理程序的内容

首先需要介绍的是记账凭证账务处理程序的特点。记账凭证账务处理程序的特点是直接根据记账凭证逐笔登记总分类账。

记账凭证账务处理程序的内容如表 7.3 所示。

表 7.3 记账凭证账务处理程序

特点	直接根据记账凭证逐笔登记总分类账。通过记账凭证处理程序流程图我们可以了解到，该程序中的记账凭证可以是通用记账凭证，也可以分设收款凭证、付款凭证和转账凭证 该程序下需要设立的账簿有：现金日记账、银行存款日记账、总分类账和明细分类账。其中除明细分类账需根据实际情况采用三栏式、多栏式或数量金额式外，其他三类账簿一般都采用三栏式
优点	一是会计凭证和账簿格式及账务处理程序简单明了，易于理解和运用
	二是由于总分类账是直接根据各种记账凭证逐笔登记的，因此总分类账能比较详细和具体地反映各项经济业务，便于查账
缺点	由于要根据记账凭证逐笔登记总分类账，故登记总分类账的工作量较大
	账页耗用多，预留账页多少难以把握
适用范围	记账凭证账务处理程序一般只适用于规模较小、经济业务较少及记账凭证数量不多的单位。此账务处理程序特别适宜于计算机处理，因为利用计算机可以弥补工作量大的缺点。同时，在手工记账下，为了减少记账凭证的数量和登记总账的工作量，可以尽量将同类经济业务的原始凭证进行汇总，编制汇总原始凭证，再根据汇总原始凭证编制记账凭证

7.3 汇总记账凭证账务处理程序

汇总记账凭证账务处理程序是根据原始凭证或汇总原始凭证编制记账凭证，定期根据记账凭证分类编制汇总收款凭证、汇总付款凭证和汇总转账凭证，再根据汇总记账凭证登记总分类账的一种账务处理程序。其中，汇总收款凭证、汇总付款凭证和汇总转账凭证也可以采用通用的统一格式。

7.3.1 汇总记账凭证的编制方法

汇总记账凭证不同于科目汇总表，它是按每个科目设置，并按科目借方或贷方的对应科目进行汇总的。

1. 概念

汇总记账凭证是指根据一定时期内同类单一记账凭证定期加以汇总而重新编制的记账凭证。汇总记账凭证的概念和方法，如表7.4所示。

表7.4 汇总记账凭证

概念	汇总记账凭证是指根据一定时期内同类单一记账凭证定期加以汇总而重新编制的记账凭证	
汇总方法	分类汇总	指根据收款凭证、付款凭证、转账凭证定期分别汇总，编制汇总收款凭证、汇总付款凭证、汇总转账凭证
	全部汇总	指将企业一定时期内编制的记账凭证，全部汇总在一张记账凭证上，称为记账凭证汇总表或科目汇总表

2. 汇总记账凭证分类

汇总记账凭证分为汇总收款凭证、汇总付款凭证和汇总转账凭证三种，它们也可以采用统一格式。三种汇总记账凭证的编制方法如下。

（1）汇总收款凭证的编制

汇总收款凭证是指依据“现金”和“银行存款”科目的借方分别设置的一种汇总记账凭证，它汇总了一定时期内现金和银行存款的收款业务，样式如表7.5所示。

表7.5 汇总收款凭证格式

汇总收款凭证

单位：元

借方账户：银行存款　　　　年　　月　　　　汇收第　　号

贷方账户	金　额				总账页数	
	1～10日收款凭证	11～21日收款凭证	21～31日收款凭证	合计	借方	贷方
主营业务收入						
应收账款						
应交税费						
合　计						

会计主管：　　记账：　　审核：　　填制：

汇总收款凭证的编制方法是：将需要汇总的收款凭证，按照其对应的贷方科目进行汇总，计算出每一个贷方科目的发生额合计数，并填入汇总收款凭证中。

现金、银行存款的汇总收款凭证，应根据现金、银行存款的收款凭证，分别以现金、银行存款账户的借方设置，并按其对应的贷方科目归类汇总。汇总收款凭证定期（5天或10天）填制一次，每月填制一张。月终，根据现金、银行存款汇总收款凭证的合计数，分别记入总分类账现金、银行存款账户的借方，以及各个对应账户的贷方。

（2）汇总付款凭证的编制

汇总付款凭证是指按“现金”和“银行存款”科目的贷方分别设置的一种记账凭证，其汇总了一定时期内现金和银行存款的付款业务。汇总付款凭证的格式如表7.6所示。

表7.6　汇总付款凭证格式

汇总付款凭证

单位：元

贷方账户：现金　　　　　　年　　月　　　　　　汇收第　　号

贷方账户	金　额				总账页数	
	1～10日付款凭证	11～21日付款凭证	21～31日付款凭证	合计	借方	贷方
管理费用						
销售费用						
应付账款						
合　计						

会计主管：　　记账：　　审核：　　　　填制：

汇总付款凭证的编制方法为：将需要进行汇总的付款凭证，按照其对应的借方科目进行归类，计算出每一个借方科目的发生额合计数，并填入汇总付款凭证。

汇总付款凭证分别按“现金”“银行存款”科目的贷方设置。根据汇总期内现金、银行存款的付款凭证，分别按与设置科目相对应的借方科目归类汇总。定期（一般为5天或10天）填制一次，每月填制一张。月终，将汇总付款凭证的合计数计算出来，分别记入现金、银行存款总账的贷方及各对应账户的借方。

（3）汇总转账凭证的编制

汇总转账凭证是按照每一个贷方科目分别设置的，是用来汇总一定期间内转账业务的一种汇总记账凭证。其格式如表7.7所示。

表 7.7　汇总转账凭证格式

汇总转账凭证

单位：元

贷方账户：现金　　　　　　年　　月　　　　　　汇收第　　号

贷方账户	金　额				总账页数	
	1~10 日转账凭证	11~21 日转账凭证	21~31 日转账凭证	合计	借方	贷方
生产成本						
制造费用						
管理费用						
合　计						

会计主管：　　　　记账：　　　　审核：　　　　填制：

汇总转账凭证的编制方法为：根据汇总期内的全部转账凭证，按与设置科目相对应的借方科目分类汇总。

汇总转账凭证应当按照每一科目的贷方分别设置，并根据转账凭证按对应的借方科目归类，每 5 天或 10 天定期填列一次，每月填制一张。月终，根据汇总转账凭证的合计数，分别记入总分类账户中各个应借账户的借方，以及每一张汇总转账凭证所列的应贷账户的贷方。如果在汇总期内，某一贷方科目的转账凭证为数不多时，也可不填制汇总转账凭证，而直接根据转账凭证记入总分类账。

为了便于填制汇总转账凭证，平时填制转账凭证时，应使科目的对应关系保持一个贷方科目同一个或几个借方科目相对应的会计分录，即一借一贷或多借一贷的转账凭证，不要出现一借多贷的科目对应关系的转账凭证。

7.3.2　汇总记账凭证账务处理程序的一般编制步骤

汇总记账凭证账务处理程序的一般编制步骤如下。

①根据原始凭证编制汇总原始凭证。

②根据原始凭证或汇总原始凭证，编制收款凭证、付款凭证和转账凭证，也可采用通用的记账凭证。

③根据收款凭证、付款凭证逐笔登记现金日记账和银行存款日记账。

④根据原始凭证、汇总原始凭证和记账凭证，登记各种明细分类账。

⑤根据各种记账凭证编制有关汇总记账凭证。

⑥根据各种汇总记账凭证登记总分类账。

⑦期末，现金日记账、银行存款日记账和明细分类账的余额同有关总分类账的余额核对相符。

⑧期末，根据总分类账和明细分类账的记录，编制会计报表。

汇总记账凭证账务处理程序的具体操作流程如图 7.2 所示。

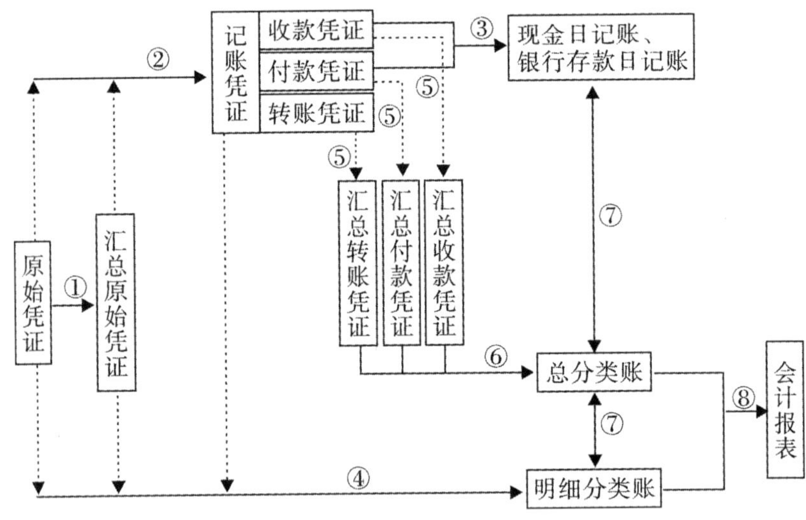

图 7.2　汇总记账凭证账务处理程序的流程图

7.3.3　汇总记账凭证账务处理程序的内容

1．特点

汇总记账凭证账务处理程序是在记账凭证账务处理程序的基础上发展起

来的，它与记账凭证账务处理程序的主要区别是在记账凭证和总分类账之间增加了汇总记账凭证。下面详细介绍汇总记账凭证账务处理程序的主要特点，归纳为以下几点：

①汇总记账凭证账务处理程序的特点是先根据记账凭证编制汇总记账凭证，再根据汇总记账凭证登记总分类账。

②在该程序中需要设置的账簿与记账凭证账务处理程序中设立的账簿相同，即包括现金日记账、银行存款日记账、总分类账和明细分类账。

③记账凭证账务处理程序是在记账凭证账务处理程序的基础上发展起来的。

④与记账凭证账务处理程序的主要区别是在记账凭证和总分类账之间增加了汇总记账凭证。

2. 优缺点和适用范围

汇总记账凭证账务处理程序的优缺点和适用范围如下，如表 7.8 所示。

表 7.8　汇总记账凭证账务处理程序

优点	根据汇总记账凭证月终一次登记总分类账，能减轻登记总账的工作量
	汇总记账凭证按照会计科目的对应关系进行归类、汇总编制，而总分类账也注明了对方科目，所以能清晰反映各账户关系，有利于分析和检查
缺点	按每一贷方科目编制汇总转账凭证，不利于会计核算的日常分工
	当转账凭证较多时，编制汇总转账凭证的工作量较大
适用范围	适用于规模较大、经济业务较多的单位
	该类企业可以通过定期编制汇总记账凭证、月终一次登记总分类账的程序大大减少工作量

7.4 科目汇总表账务处理程序的内容

科目汇总表账务处理程序又称记账凭证汇总表账务处理程序，是根据记账凭证定期编制科目汇总表，再根据科目汇总表登记总分类账的一种账务处理程序。

7.4.1 科目汇总表的编制方法

科目汇总表中各个会计科目的借方发生额合计与贷方发生额合计应该相等，因此，它具有试算平衡的作用。科目汇总表是科目汇总表核算形式下总分类账登记的依据。

1. 科目汇总表的定义

科目汇总表又称记账凭证汇总表，是企业定期对全部记账凭证进行汇总后，按照不同的会计科目分别列示各账户借方发生额和贷方发生额的一种汇总凭证。

2. 科目汇总表的编制方法

根据一定时期内的全部记账凭证，按照会计科目进行归类，定期汇总出每一个账户的借方本期发生额和贷方本期发生额，填写在科目汇总表的相关栏内。科目汇总表可每月编制一张，按旬汇总，也可每旬汇总一次，每月编制一张。任何格式的科目汇总表，都只反映各个账户的借方本期发生额和贷方本期发生额，不反映各个账户之间的对应关系。

对于“现金”和“银行存款”科目的借贷方本期发生额，可以直接根据现金日记账和银行存款日记账的收入合计和支出合计进行填列。

3. 常见的科目汇总表格式

科目汇总表是根据一定时期内的全部记账凭证，按科目作为归类标志进行编制的，并定期进行汇总，如5天、10天、15天或1个月。科目汇总表可以每汇总一次编制一张，也可按旬汇总一次，每月编制一张。其格式可根据实际需要进行设计。常见的科目汇总表格式如表7.9和表7.10所示。

表7.9　科目汇总表（格式一）

科目汇总表（格式一）

年　　月　　日至　　日　　　　　　　　第　　号

会计科目	总账页数	本期发生额		记账凭证起讫号数
		借方	贷方	
合　计				

图7.10　科目汇总表（格式二）

科目汇总表（格式二）

年　　月　　日至　　日　　　　　　　　第　　号

会计科目	总账页数	记账凭证起讫号数	1～10日		11～21日		21～30日	
			借方	贷方	借方	贷方	借方	贷方
合　计								

会计主管：　　　　会计：　　　　复核：　　　　　　　　制表：

7.4.2 科目汇总表账务处理程序的一般编制步骤

科目汇总表账务处理程序的一般编制步骤包括编制汇总原始凭证、编制记账凭证、逐笔登记现金日记账和银行存款日记账、登记各种明细分类账、编制科目汇总表、登记总分类账以及期末余额核对和编制会计报表等内容，具体内容如下。

①根据原始凭证编制汇总原始凭证。

②根据原始凭证或汇总原始凭证，编制记账凭证。

③根据收款凭证、付款凭证逐笔登记现金日记账和银行存款日记账。

④根据原始凭证、汇总原始凭证和记账凭证，登记各种明细分类账。

⑤根据各种记账凭证编制科目汇总表。

⑥根据科目汇总表登记总分类账。

⑦期末，现金日记账、银行存款日记账和明细分类账的余额同有关总分类账的余额核对相符。

⑧期末，根据总分类账和明细分类账的记录，编制会计报表。

科目汇总表账务处理程序的具体操作流程如图 7.3 所示。

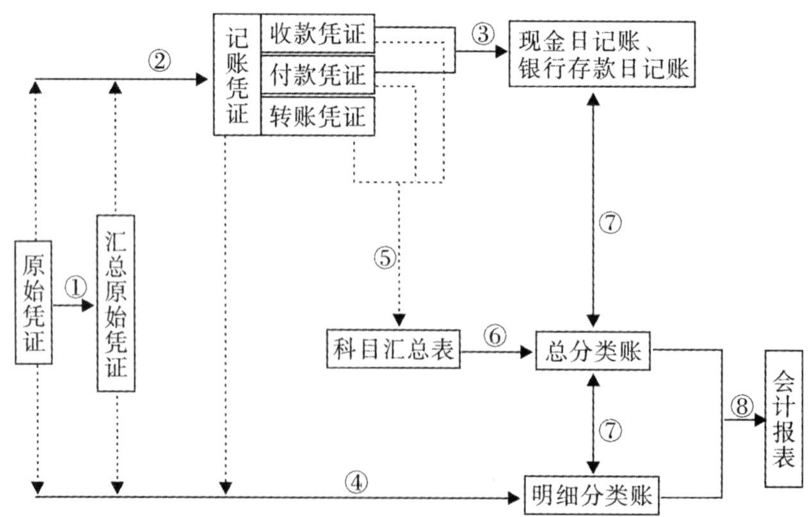

图 7.3 科目汇总表账务处理程序流程图

7.4.3　科目汇总表账务处理程序的内容

1．特点

科目汇总表账务处理程序是根据定期编制的科目汇总表登记总分类账的程序，它的特点主要是先定期把全部记账凭证按科目汇总，编制科目汇总表，然后根据科目汇总表登记总分类账。具体总结如下：

①先定期把全部记账凭证按科目汇总，编制科目汇总表，然后根据科目汇总表登记总分类账。

②采用科目汇总表账务处理程序，记账凭证可以采用通用格式，也可分设收款凭证、付款凭证和转账凭证三种格式。

③对于经济业务量较多的单位也可分设现金收款凭证、现金付款凭证、银行收款凭证、银行付款凭证和转账凭证五种格式。

④该程序中涉及的账簿同前两种程序一样包括现金日记账、银行存款日记账、总分类账和明细分类账。

2．优缺点和适用范围

科目汇总表账务处理程序的优缺点及适用范围如下，如表 7. 11 所示。

表 7. 11　科目汇总表账务处理程序

优点	在科目汇总表账务处理程序下，可根据科目汇总表上有关账户的汇总发生额，在月中定期或月末一次性地登记总分类账，可以大大减轻登记总账的工作量
	在科目汇总表上的汇总结果体现了一定会计期间所有账户的借方发生额和贷方发生额之间的相等关系，利用这种发生额的相等关系，可以进行全部账户记录的试算平衡，保证总分类账登记的正确性
	科目汇总表的编制简单易学，因此对应账务处理程序也简单易懂、方便易学

（续表）

<table>
<tr><td rowspan="2">缺点</td><td>不分对应科目进行汇总，不能反映各科目的对应关系，不便于对经济业务进行分析和检查</td></tr>
<tr><td>如果记账凭证较多，根据记账凭证编制科目汇总表本身也是一项很复杂的工作；如果记账凭证较少，运用科目汇总表登记总账又起不到简化登记总账的作用</td></tr>
<tr><td>适用范围</td><td>科目汇总表账务处理程序一般适用于规模较大、经济业务较多的企业和单位</td></tr>
</table>

7.4.4　其他会计核算形式

除上述三种会计账务处理程序外，常见的会计核算形式还有多栏式日记账账务处理程序、日记总账账务处理程序等。各种核算形式的主要区别，即各自的特点主要表现在登记总账的依据和方法不同。如表 7.12 所示。

表 7.12　其他常见的会计核算形式

<table>
<tr><th>会计核算形式</th><th>优点</th><th>缺点</th><th>适用范围</th></tr>
<tr><td rowspan="3">多栏式日记账账务处理程序</td><td>多栏式日记账账务处理程序是对各类记账凭证通过多栏式日记账进行汇总，再根据多栏式日记账登记总账</td><td rowspan="3">单位经济业务较多时会造成日记账账栏过多、账页过长，不便于会计人员记账和分工</td><td rowspan="3">适用于经济业务简单，运用会计科目少，但收付款业务较多的单位</td></tr>
<tr><td>多栏式日记账账务处理程序形式简化了凭证归类和总分类账的登账工作</td></tr>
<tr><td>多栏式日记账中按账户的对应关系设置专栏，便于分析和检查每一项与收付款有关的经济业务</td></tr>
<tr><td>日记总账账务处理程序</td><td>简单易行</td><td>程序简便易行，但所有的科目均设在一张账页内，导致账页过长，不便于记账和查阅</td><td>该账务处理程序只适合于业务很少且所用会计科目也很少的单位</td></tr>
</table>

7.5　本章习题

一、复习思考题

（1）成本计算的内容和原则。

（2）成本计算的程序。

（3）生产工人工时比例法、生产工人工资比例法、机器工时比例法三种方法的区别和联系。

二、实务操作题

（一）选择题

（1）生产车间发生的制造费用分配后，一般应记入（　　）账户。

A. 生产成本　　B. 主营业务成本

C. 库存商品　　D. 本年利润

（2）某企业本月生产 A 产品耗用机器工时 100 小时，生产 B 产品耗用机器工时 200 小时，本月发生车间管理人员工资 30 000 元。按机器工时比例法分配制造费用，则本月 A 产品应分配的制造费用为（　　）元。

A. 10 000　　B. 20 000

C. 30 000　　D. 15 000

（3）下列事项中，不属于成本项目的有（　　）。

A. 直接材料　　B. 开办费

C. 制造费用　　D. 直接人工

（4）某生产车间本月发生制造费用 25 000 元，其中 A 产品分配10 000 元，B 产品分配 15 000 元，则编制的会计分录为（　　）。

A. 借：生产成本——A 产品　　10 000

　　　　　　　——B 产品　　15 000

　　贷：制造费用　　25 000

B. 借：库存商品——A 产品　　10 000

　　　　　　　——B 产品　　15 000

贷：制造费用　　　　　　　　　　25 000

C. 借：制造费用　　　　　　　　　　25 000

贷：生产成本——A 产品　　　　　　10 000

——B 产品　　　　　　15 000

D. 借：制造费用　　　　　　　　　　25 000

贷：库存商品——A 产品　　　　　　10 000

——B 产品　　　　　　15 000

（二）判断题

（1）“制造费用”账户是核算企业生产过程中间接费用的相关科目，其期末无余额。（　　）

（2）期间费用按照经济用途一般有销售费用、管理费用和财务费用三大类。（　　）

（3）制造费用的分配有多种方法，如生产工人工时比例法、生产工人工资比例法、机器工时比例法、直接成本法（原材料、燃料、动力、生产工人工资及应提取的福利费之和）、按产品产量分配方法等。（　　）

（三）实务训练题

华夏公司生产 A、B 两种产品，A、B 产品生产明细表分别如表 1、表 2 所示，每工时工资为 100 元，本月发生制造费用 20 000 元。

表 1　A 产品生产成本明细表

A 产品生产成本明细表　　　　单位：元

2016 年		凭证号数	摘要	借方				贷方	借或贷	余额
月	日			直接材料	直接人工	制造费用	合计			
04	01	略	期初余额							–
04	01		生产领用材料	34 000					借	34 000
04	30		生产工人工资		6 000				借	6 000
04	30		职工福利		900				借	900
04	30		分配制造费用							
04	30		结转产品成本							
04	30		本期发生额及期末余额							

表2　B产品生产成本明细表

B产品生产成本明细表　　　　单位：元

2016年		凭证号数	摘要	借方				贷方	借或贷	余额
月	日			直接材料	直接人工	制造费用	合计			
04	01	略	期初余额							–
04	01		生产领用材料	45 000					借	45 000
04	30		生产工人工资		9 000				借	9 000
04	30		职工福利		1 500				借	1 500
04	30		分配制造费用							
04	30		结转产品成本							
04	30		本期发生额及期末余额							

要求：

（1）按照生产工人工资比例法在A、B产品之间分配制造费用；

（2）编制会计分录；

（3）将表1、表2填制完整。

第 8 章

成本的计算

成本计算是会计核算的重要步骤之一，也是企业经营管理的重要组成部分。成本计算有利于企业更好地控制成本和费用，进一步提高企业利润和增强企业竞争力。本章重点阐述成本计算的原则、程序和方法等。

8.1 成本计算的内容和原则

成本计算是企业对生产经营过程中实际发生的各种费用，按照一定的对象、运用一定的方法和标准进行归集分配，以此计算、确定各个对象的总成本和单位成本。

8.1.1 成本计算的内容

企业产品成本是指为生产一定种类和数量的产品所支出的生产费用总和。产品的生产过程也是物化劳动和活劳动的耗费过程。生产过程的耗费可以分为以下三种类型：

1. 直接费用

直接费用是指在生产过程中消耗的直接材料、直接人工和其他一些直接耗费等。直接费用的特点是能分清楚是哪种产品所耗用，可以直接计入某种产品的成本。

2. 间接费用

间接费用是指为生产产品和提供劳务等的生产过程中发生的各种间接耗费，如车间办公费、水电费、车间管理人员工资、机器设备和厂房的折旧费和修理费等。

间接费用的特点是不能分清楚是哪种产品所耗用，不能直接计入某种产品的成本，必须按照一定的标准归集到各种产品的成本之中。

3. 期间费用

期间费用按照经济用途一般有销售费用、管理费用和财务费用三大类。

①销售费用是指企业为销售产品而发生的各项费用。

②管理费用是指企业行政管理部门为管理和组织经营活动所发生的各项费用。

③财务费用是指企业为筹集资金而发生的各项费用。

期间费用的特点是耗费从当期收入中得到补偿，不计入产品的生产成本。

因此，本章所阐述的产品成本相关的耗费是指直接费用和间接费用，成本计算主要是指间接费用的归集和计算。

8.1.2 成本计算的原则

成本计算的原则是指进行成本核算、归集时的指导思想，一般可以分为以下五大原则：

1. 真实性原则

真实性原则就是所提供的成本信息与客观的经济事项相一致，不应掺假，或人为地提高、降低成本。即企业计入产品成本的费用必须客观、真实，是以实际发生的经济业务为基础，按照一定的标准将费用归集到各类产品成本之中的。

2. 合法性原则

合法性原则是指成本计算时一定要遵循相关的法律、法规，不能将不合法的费用计入产品成本中。例如，被没收的财务或由于自然灾害等原因而发生的非常损失，不能作为产品开支。

3. 分期性原则

分期性原则是指为了核算一定期间内的产品成本，须将其生产经营活动划分为与会计年度的月度、季度、年度相一致的会计期间，利于定期核算产品成本，便于定期计算利润。

4. 权责发生制原则

权责发生制原则是指以款项的应收应付作为标准来处理经济业务，确定本期收入和费用的一种会计处理基础。该原则是分期性原则前提下的必然产物。在成本计算中不论是否已经支付，只要是应当由本期负担的费用，都要计入本期成本；不应由本期支付的费用，即使已经支付，也不应计入本期成本。权责发生制原则是在分期性原则的基础上产生的。

5. 重要性原则

重要性原则是指对于成本有重大影响的项目应作为重点，力求精确，即对于一些主要产品、主要费用，应采用比较复杂、详细的方法进行计算和归集；而对于那些不太重要的琐碎项目，可以从简处理，即对于一些次要的产品、费用，则可采用简化的方法进行合并计算或归集。

8.2 成本计算的程序

成本计算即计算某个产品的成本。由于企业性质不同、规模大小等因素，成本计算的方法各有不同。但是，无论什么类型的企业，基本计算程序都是相似的。成本计算的一般程序有以下几个步骤。

1. 确定成本计算对象

所谓成本计算对象，就是费用归集的对象，即成本的归属问题。成本计算对象就是各种耗费的受益物，也就是耗费各种材料、人工等之后形成的产出物，即“产品”。企业一般不会只生产一种产品，产品是多样化的。为核算成本，必须首先确定成本所对应的产品对象，否则，计算出来的成本也是不正确的，也是张冠李戴的。

2. 确定成本计算期

所谓成本计算期，就是多长时间计算一次成本。从理论上说，产品成本计算期应该与产品的生产周期相一致。但这种情况只适合于企业的生产过程为分批次的，即第一批产品完工了再生产第二批产品。但目前大多数产品都是流水线生产，无法准确分清批次，假设将产品生产周期作为产品成本期，进而计算成本是不合理的。因此，只有人为划分成本计算期。一般可以按月、季或年作为计算期，根据企业实际经营管理需要，选择合适的成本计算期。

3. 确定成本计算的方法

每种产品的生产工艺是不同的，企业应当根据在产品数量的多少、产品耗能情况等选择合适的成本计算方法。

4. 确定成本项目

成本可以分为以下三类：

（1）直接材料

直接材料，是指为生产产品而耗用的原材料、辅助材料、备品备件、外购半成品、燃料、动力、包装物等直接材料。

（2）直接人工

直接人工，是指企业直接从事产品生产人员的工资、奖金、津贴和补贴等费用。

(3) 制造费用

制造费用，是指企业各生产车间为组织和管理生产所发生的各项间接费用。包括各生产单位管理人员（如车间主任等）工资和福利费、折旧费、车间办公费、水电费、保险费等。

5. 确定费用分配标准

根据产品的特质选择合适的费用分配标准。分配制造费用的方法很多，如生产工人工时比例法、生产工人工资比例法、机器工时比例法、直接成本法（原材料、燃料、动力、生产工人工资及应提取的福利费之和）、按产品产量分配方法等。

8.3 成本计算的方法

在介绍成本计算的内容时已经提及，成本计算主要是指间接费用即制造费用的计算、归集。对于直接费用，应直接计入有关产品成本，间接费用则需采用一定的标准进行分配后再计入有关产品成本。成本核算的关键在于制造费用的分配，合理分配制造费用的关键在于正确选择分配标准。企业应当根据制造费用的性质，合理选择制造费用分配方法。

分配制造费用的方法很多，如生产工人工时比例法、生产工人工资比例法、机器工时比例法、直接成本法（原材料、燃料、动力、生产工人工资及应提取的福利费之和）、按产品产量分配方法等。企业应根据自身特点，自行选用适合的方法，分配方法一旦确定，不得随意变更。

本节重点介绍最常用的三种制造费用分配的方法。

8.3.1 生产工人工时比例法

生产工人工时比例法是按照各种产品所用生产工人实际工时数的比例分配制造费用的方法。计算公式如下：

某产品应负担的制造费用 = 该产品的生产工人实际工时数 × 制造费用分配率

制造费用分配率 = 制造费用总额 ÷ 各产品生产工人工时总数

【例】 新发公司生产 A、B 两种产品，A、B 产品生产明细表分别见表 8.1、表 8.2 所示，每工时工资为 80 元，本月发生制造费用10 000元。要求按照生产工人工时比例法在 A、B 产品之间分配制造费用，同时编制会计分录，并把下列两表填制完整。

表 8.1　A 产品生产成本明细表

A 产品生产成本明细表　　　　单位：元

2012 年		凭证号数	摘要	借方				贷方	借或贷	余额
月	日			直接材料	直接人工	制造费用	合计			
04	01	略	期初余额							–
04	01		生产领用材料	24 000					借	24 000
04	30		生产工人工资		5 000				借	5 000
04	30		职工福利		700				借	700
04	30		分配制造费用							
04	30		结转产品成本							
04	30		本期发生额及期末余额							

表 8.2　B 产品生产成本明细表

B 产品生产成本明细表

2012 年		凭证号数	摘要	借方				贷方	借或贷	余额
月	日			直接材料	直接人工	制造费用	合计			
04	01	略	期初余额							-
04	01		生产领用材料	36 000					借	36 000
04	30		生产工人工资		8 000				借	8 000
04	30		职工福利		1 120				借	1 120
04	30		分配制造费用							
04	30		结转产品成本							
04	30		本期发生额及期末余额							

(1) 分配制造费用

A 产品的生产工人实际工时数 = 5 000 ÷ 80 = 62.5（工时）

B 产品的生产工人实际工时数 = 8 000 ÷ 80 = 100（工时）

制造费用分配率 = 制造费用总额 ÷ 各产品生产工人工时总数 = 10 000 ÷ (62.5 + 100) = 61.54（元/工时）

A 产品应负担的制造费用 = 该产品的生产工人实际工时数 × 制造费用分配率

= 62.5 × 61.54 = 3 846.25（元）

B 产品应负担的制造费用 = 该产品的生产工人实际工时数 × 制造费用分配率

= 100 × 61.54 = 6 154（元）

(2) 编制会计分录

借：生产成本——A 产品　3 846.25

　　　　　　——B 产品　6 154

　贷：制造费用　　　　　10 000

(3) 填制完整下列两表

表 8.3 A 产品生产成本明细表

A 产品生产成本明细表　　　　单位：元

2012 年		凭证号数	摘要	借方				贷方	借或贷	余额
月	日			直接材料	直接人工	制造费用	合计			
04	01	略	期初余额							–
04	01		生产领用材料	24 000			24 000		借	24 000
04	30		生产工人工资		5 000		5 000		借	5 000
04	30		职工福利		700		700		借	700
04	30		分配制造费用			3 846. 25	3 846. 25		借	3 846. 25
04	30		结转产品成本					33 546. 25		–
04	30		本期发生额及期末余额	24 000	5 700	3 846. 25	33 546. 25	33 546. 25		–

表 8.4 B 产品生产成本明细表

B 产品生产成本明细表　　　　单位：元

2012 年		凭证号数	摘要	借方				贷方	借或贷	余额
月	日			直接材料	直接人工	制造费用	合计			
04	01	略	期初余额							–
04	01		生产领用材料	36 000			36 000		借	36 000
04	30		生产工人工资		8 000		8 000		借	8 000
04	30		职工福利		1 120		1 120		借	1 120
04	30		分配制造费用			6 154	6 154		借	6 154
04	30		结转产品成本					51 274		–
04	30		本期发生额及期末余额	36 000	9 120	6 154	51 274	51 274		–

8.3.2 生产工人工资比例法

生产工人工资比例法是指按照计入各种产品成本的生产工人实际工资的比例分配制造费用的方法。由于工资成本分配表可以直接提供生产工人工资资料，因而采用这种分配方法，核算工作比较简便。

某产品应负担的制造费用 = 该产品的生产工人实际工资额 × 制造费用分配率

制造费用分配率 = 制造费用总额 ÷ 各产品生产工人工资总额

根据【例】相关内容，完成以下要求：①按照生产工人工资比例法在 A、B 产品之间分配制造费用；②编制会计分录；③将表 8.5、表 8.6 填制完整。

（1）分配制造费用

制造费用分配率 = 制造费用总额 ÷ 各产品生产工人工资总数

= 10 000 ÷（5 000 + 8 000）= 0.769 23（元/工时）

A 产品应负担的制造费用 = 该产品的生产工人实际工资额 × 制造费用分配率

= 5 000 × 0.769 23 = 3 846.15（元）

B 产品应负担的制造费用 = 该产品的生产工人实际工资额 × 制造费用分配率

= 8 000 × 0.769 23 = 6 153.85（元）

（2）编制会计分录

借：生产成本——A 产品　3 846.15

　　　　　　——B 产品　6 153.85

　　贷：制造费用　　　　　10 000

（3）填制完整下列两表

表 8.5　A 产品生产成本明细表

A 产品生产成本明细表　　　　单位：元

2012 年		凭证号数	摘要	借方				贷方	借或贷	余额
月	日			直接材料	直接人工	制造费用	合计			
04	01	略	期初余额							
04	01		生产领用材料	24 000			24 000		借	24 000
04	30		生产工人工资		5 000		5 000		借	5 000
04	30		职工福利		700		700		借	700
04	30		分配制造费用			3 846. 15	3 846. 15		借	3 846. 15
04	30		结转产品成本					33 546. 15		–
04	30		本期发生额及期末余额	24 000	5 700	3 846. 15	33 546. 15	33 546. 15		–

表 8.6　B 产品生产成本明细表

B 产品生产成本明细表　　　　单位：元

2012 年		凭证号数	摘要	借方				贷方	借或贷	余额
月	日			直接材料	直接人工	制造费用	合计			
04	01	略	期初余额							–
04	01		生产领用材料	36 000			36 000		借	36 000
04	30		生产工人工资		8 000		8 000		借	8 000
04	30		职工福利		1 120		1 120		借	1 120
04	30		分配制造费用			6 153. 85	6 153. 85		借	6 153. 85
04	30		结转产品成本					51 273. 85		–
04	30		本期发生额及期末余额	36 000	9 120	6 153. 85	51 273. 85	51 273. 85		

8.3.3 机器工时比例法

机器工时比例法是指按照生产各种产品所用机器设备运转时间的比例分配制造费用的方法。这种方法适用于产品生产的机械化程度较高的车间。采用这种方法，必须具备各种产品所用机器工时的原始记录。

某产品应负担的制造费用 = 该产品的机器运转时数 × 制造费用分配率

制造费用分配率 = 制造费用总额 ÷ 各产品机器运转总时数

根据【例】相关内容，完成以下要求：①按照机器工时比例法在 A、B 产品之间分配制造费用；②编制会计分录；③将表 8.7、表 8.8 填制完整。（A、B 产品的机器工时分别为 40 000 小时和 60 000 小时）

（1）分配制造费用

制造费用分配率 = 制造费用总额 ÷ 各产品机器运转总时数

= 10 000 ÷（40 000 + 60 000）= 0.1（元/工时）

A 产品应负担的制造费用 = 该产品的生产工人实际工资额 × 制造费用分配率

= 40 000 × 0.1 = 4 000（元）

B 产品应负担的制造费用 = 该产品的生产工人实际工资额 × 制造费用分配率

= 60 000 × 0.1 = 6 000（元）

（2）编制会计分录

借：生产成本——A 产品　　4 000

　　　　　　——B 产品　　6 000

　　贷：制造费用　　　　　　10 000

（3）填制完整下列两表

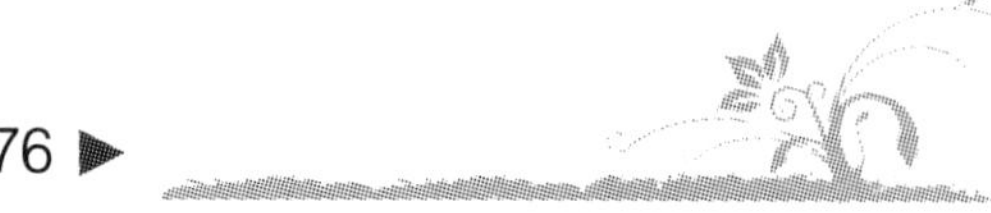

表 8.7　A 产品生产成本明细表

A 产品生产成本明细表　　　　单位：元

2012 年		凭证号数	摘要	借方				贷方	借或贷	余额
月	日			直接材料	直接人工	制造费用	合计			
04	01	略	期初余额							–
04	01		生产领用材料	24 000			24 000		借	24 000
04	30		生产工人工资		5 000		5 000		借	5 000
04	30		职工福利		700		700		借	700
04	30		分配制造费用			4 000	4 000		借	4 000
04	30		结转产品成本					33 700		–
04	30		本期发生额及期末余额	24 000	5 700	4 000	33 700	33 700		–

表 8.8　B 产品生产成本明细表

B 产品生产成本明细表　　　　单位：元

2012 年		凭证号数	摘要	借方				贷方	借或贷	余额
月	日			直接材料	直接人工	制造费用	合计			
04	01	略	期初余额							–
04	01		生产领用材料	36 000			36 000		借	36 000
04	30		生产工人工资		8 000		8 000		借	8 000
04	30		职工福利		1 120		1 120		借	1 120
04	30		分配制造费用			6 000	6 000		借	6 000
04	30		结转产品成本					51 120		–
04	30		本期发生额及期末余额	36 000	9 120	6 000	51 120	51 120		–

8.4　本章习题

一、复习思考题

（1）成本计算的内容和原则。

（2）成本计算的程序。

（3）生产工人工时比例法、生产工人工资比例法、机器工时比例法三种方法的区别和联系。

二、实务操作题

（一）选择题

（1）生产车间发生的制造费用分配后，一般应记入(　　)账户。

A. 生产成本　B. 主营业务成本　C. 库存商品　D. 本年利润

（2）某企业本月生产 A 产品耗用机器工时 100 小时，生产 B 产品耗用机器工时 200 小时，本月发生车间管理人员工资 30 000 元。按机器工时比例法分配制造费用，则本月 A 产品应分配的制造费用为(　　)元。

A. 10 000　B. 20 000　C. 30 000　D. 15 000

（3）下列事项中，不属于成本项目的有(　　)。

A. 直接材料　B. 开办费　C. 制造费用　D. 直接人工

（4）某生产车间本月发生制造费用 25 000 元，其中 A 产品分配10 000 元，B 产品分配 15 000 元，则编制的会计分录为(　　)。

A. 借：生产成本——A 产品　10 000

——B 产品　15 000

贷：制造费用　25 000

B. 借：库存商品——A 产品　10 000

——B 产品　15 000

贷：制造费用　25 000

C. 借：制造费用　25 000

贷：生产成本——A 产品　10 000

——B 产品　　　　　　　　　　　　15 000

D. 借：制造费用　　　　　　　　　　　　25 000

贷：库存商品——A 产品　　　　　　　　10 000

——B 产品　　　　　　　　　　　　15 000

（二）判断题

（1）“制造费用”账户是核算企业生产过程中间接费用的相关科目，其期末无余额。（　　）

（2）期间费用按照经济用途一般有销售费用、管理费用和财务费用三大类。（　　）

（3）制造费用的分配有多种方法，如生产工人工时比例法、生产工人工资比例法、机器工时比例法、直接成本法（原材料、燃料、动力、生产工人工资及应提取的福利费之和）、按产品产量分配方法等。（　　）

（三）实务训练题

华夏公司生产 A、B 两种产品，A、B 产品生产明细表分别如表 1、表 2 所示，每工时工资为 100 元，本月发生制造费用 20 000 元。

表 1　A 产品生产成本明细表

A 产品生产成本明细表　　　　　　　单位：元

2012 年		凭证号数	摘要	借方				贷方	借或贷	余额
月	日			直接材料	直接人工	制造费用	合计			
04	01	略	期初余额							-
04	01		生产领用材料	34 000					借	34 000
04	30		生产工人工资		6 000				借	6 000
04	30		职工福利		900				借	900
04	30		分配制造费用							
04	30		结转产品成本							
04	30		本期发生额及期末余额							

表 2　B 产品生产成本明细表

B 产品生产成本明细表　　　　单位：元

2012 年		凭证号数	摘要	借方				贷方	借或贷	余额
月	日			直接材料	直接人工	制造费用	合计			
04	01	略	期初余额							-
04	01		生产领用材料	45 000					借	45 000
04	30		生产工人工资		9 000				借	9 000
04	30		职工福利		1 500				借	1 500
04	30		分配制造费用							
04	30		结转产品成本							
04	30		本期发生额及期末余额							

要求：

（1）按照生产工人工资比例法在 A、B 产品之间分配制造费用；

（2）编制会计分录；

（3）将表 1、表 2 填制完整。

财产清查

财产清查是盘点现金、材料等各种财产物资和债权债务的实存数，并查明账实是否相符的一种会计核算方法。财产清查是会计核算的重要步骤之一，对会计信息的可靠性等起着重要作用，同时也有着会计监督的功效。

9.1 财产清查概述

财产清查是指通过对货币资金、实物资产和往来款项的盘点或核对，确定其实存数，查明账存数与实存数是否相符的一种会计核算方法。

根据会计客观性要求，会计核算要准确反映财产物资和债权债务的真实情况才能提供最可靠的会计信息。这不仅要求会计账簿等保证准确性，同时也强调账簿结存数和财产物资实存数保持一致，以保证账实相符，据此编制会计报表。因此，财产清查有着十分重要的意义。在实际清查过程中，可以根据目的和账户性质的不同，选择适合的财产清查方法。

9.1.1 财产清查的概念与意义

1. 概述

财产清查是检查会计信息系统运行正常与否的有效保证，是检查内部会计监督制度是否有效的控制措施，促进资金加速周转。通过财产清查，可以确定各项财产物资的实用数，可以揭示各项财产物资的使用情况，可以查明各项财产物资的储备和保管情况以及各种责任制度的建立和执行情况。

2. 定义

财产清查是指通过对货币资金、实物资产和往来款项等财产物资进行盘点或核对，确定其实存数，查明账存数与实存数是否相符的一种专门方法。

财产清查是内部牵制制度的一个部分，其目的在于定期确定内部牵制制度执行是否有效。通过财产清查，可查明各项财产物资的实际结存数与账簿记录是否相符，各项财产物资的保管以及储备利用等情况，保证根据账簿信息编制的财务报表真实可靠，提高会计信息质量；还可以针对相关问题加强管理，建立健全有关内部牵制制度。

3. 意义

财产清查工作对于加强企业管理、充分发挥会计的监督作用有重要意义。具体体现在以下几个方面。

①保证账实相符，提高会计资料的准确性。通过财产清查，可以查明各项财产物资的实有数量，确定实有数量与账面数量之间的差异，查明原因和责任，以便采取有效措施，消除差异，改进工作。

②切实保障各项财产物资的安全完整。通过财产清查，可以查明各项财产物资的保管情况是否良好，有无因管理不善，造成霉烂、变质、损失浪费，或者被非法挪用、贪污盗窃的情况，以便采取有效措施，改善管理。

③加速资金周转，提高资金使用效益。通过财产清查，可以查明各项财产物资的库存和使用情况，合理安排生产经营活动，充分利用各项财产物资。

9.1.2 财产清查的种类

财产清查分类主要有三种分类标准：按照清查的范围分类、按照清查的时间分类、按照清查的执行系统分类。下面对这几种分类做详细介绍。

1. 按照清查的范围分类

(1) 全面清查

全面清查又称整体清查，详细内容如表 9.1 所示。

表 9.1　全面清查

定义	是对属于本企业所有或存放在本企业的所有财产物资进行全面的清点和核对
清查的对象	各种货币资金，如现金、银行存款、股票以及债券等有价证券
	各种存货及实物资产，如固定资产、机器设备、房屋及建筑物、材料、在途材料、在途物资、库存商品、在产品、半成品、低值易耗品等
	债权、债务、应收款项、应付款项，如银行借款、应收账款、应付账款、票据、税金等
	委托加工商品、物资、委托代销的各种财产物资
特点	清查的内容全面，清查的范围广泛，能够全面核实会计主体所有的财产物资、货币资金和债权债务的情况
	全面清查需要投入的人力多，花费时间长
	这种清查方式工作量大，不宜经常进行
适宜情况	年终决算，编制年度会计报表前
	企业撤销、合并、分立或发生隶属改变关系前，以明确经济责任
	企业清产核资或进行资产评估前，以摸清家底
	企业发生其他重大体制变更或改制前
	单位主要负责人调离工作前

(2) 局部清查

局部清查也称为重点清查，具体内容如表 9.2 所示。

表 9.2　局部清查

定义	是根据管理需要对部分财产进行清查与核对，主要对货币资金、存货等流动性较大的财产进行清查

（续表）

清查的对象	主要是流动性较大的财产物资和货币资金
	也包括依特定目的而清查的特定财产、货币资金和债权债务
清查的内容	库存现金，出纳人员应于每日业务终了时清点核对
	银行存款和银行借款，出纳人员每月至少应同银行核对一次
	库存商品、原材料、包装物等，年内应轮流盘点或重点抽查
	对各种贵重物资，每月应盘点一次
	债权债务，每年至少应同对方核对一至两次等
特点	相对于全面清查而言，局部清查的范围较小，需要投入的人力比较少，花费的时间也较短，可根据单位的具体情况灵活进行
	局部清查的清查结果不能反映会计主体整体的情况

2. 按照清查的时间分类

（1）定期清查

定期清查是指按照预先计划安排的时间对财产物资、货币资金、往来款项进行的清查。定期清查一般适应于结账前进行的清查，如月末、季末、半年末、年末结账前进行的清查。它既可以是对财产物资、货币资金、往来账款进行的全面清查，也可以是只对其中某些部分进行的局部清查。

一般情况下，月末、季末进行局部清查，主要是对材料、商品、产成品、在产品、现金、银行存款、银行借款、债权债务等进行清查；年末进行全面清查，主要是对各项财产物资、货币资金、债权债务进行清查。

（2）不定期清查

不定期清查是指事先并无具体规定清查的时间，而是根据特定的需要，对有关的财产物资、货币资金、债权债务所进行的临时性的盘点与核对。

不定期清查的对象和范围，应根据实际需要进行确定，可以是全面清查，也可以是局部清查。

不定期清查都是为了特定的目的而进行的。一般适应于如下四种情况。

①有关财产物资、货币资金的保管人员变更时，要对其负责保管的财产物资、货币资金进行清查、核对，以明确各自的责任。

②发生自然损失和意外损失后，要对受损财产进行清查，以查明损失情况。

③上级主管单位、财政部门、银行及审计部门进行检查和审计时，应根据需要，依检查要求进行清查，以验证会计核算资料的可靠性情况。

④会计主体隶属关系改变时，要对所有财产物资、债权债务、货币资金进行清查，以明确其财务状况。

3. 按照清查的执行系统分类

(1) 内部清查

内部清查是指由本单位内部自行组织清查工作小组所进行的财产清查工作。大多数财产清查都是内部清查。

(2) 外部清查

外部清查是指由上级主管部门、审计机关、司法部门、注册会计师根据国家有关规定或情况需要对本单位所进行的财产清查。一般来讲，进行外部清查时应有本单位相关人员参加。

企业在编制年度财务会计报告前，应按照规定全面清查资产、核实债务。通过清查、核实，查明财产物资的实存数量与账面数量是否一致、各项结算款项的拖欠情况及其原因等。企业应当在年度中间根据具体情况，对各项财产物资和结算款项进行重点抽查、轮流清查或者定期清查。

9.1.3 财产清查的一般程序

当进行设计面广、工作量大的财产清查时，为了确保清查工作有条不紊地进行，财产清查可按照以下程序进行财产清查工作。

①建立财产清查组织。

②组织清查人员学习有关政策规定，掌握有关法律、法规和相关业务知识，以提高财产清查工作的质量。

③确定清查对象、范围，明确清查任务。

④制订清查方案，具体安排清查内容、时间、步骤、方法，以及必要的清查前准备。

⑤实施财产清查，清查时本着先清查数量、核对有关账簿记录等，后认定质量的原则进行。

⑥填制盘存清单。

⑦根据盘存清单，填制实物、往来账项清查结果报告表。

9.2 财产清查的方法

财产清查的方法，即货币资金的清查方法、实物的清查方法、往来款项的清查方法。其中货币资金的清查方法中，有库存现金的清查和银行存款的清查两种方法。实物的清查方法中比较常用的方法是实地盘点法和技术推算法。

9.2.1 货币资金的清查方法

货币资金清查的内容不同，所采用的清查方法也有所不同。货币资金的清查方法分为库存现金的清查和银行存款的清查。

1. 库存现金的清查

库存现金的清查是采用实地盘点法确定库存现金的实存数，然后与库存现金日记账的账面余额相核对，确定账实是否相符。

现金收支业务频繁，容易出错，出纳人员每天都需要进行清查。另外，

单位还应定期或不定期组织专门清查。

出纳人员应在每日业务终了时将库存现金日记账的账面余额与现金的实存数进行核对，做到账实相符。在清查小组清查前，出纳人员应将全部有关现金的收付款凭证登记入账，结出库存现金余额并填列在“库存现金盘点报告表”的“账存金额”栏内。清查小组盘点时，出纳人员必须在场，并且由出纳亲自清点。清查人员还应认真审核收付款凭证，注意有无违反现金管理制度（如白条抵库、挪用现金等）的情况。

库存现金盘点完成后，应填制“库存现金盘点报告表”，如图 9.1 所示。并由盘点人员和出纳人员共同签章。库存现金盘点报告表兼有盘存单和实存账存对比表的作用，是证明现金实有数额的重要原始凭证，也是查明账实不符的原因和据以调整账簿记录的重要依据。

表 9.3　库存现金盘点报告表

科目汇总表（格式一）

单位名称：　　　　　　年　　月　　日至　　日　　　　　　第　　号

实存金额	账存金额	实际与账存对比		备注
		盘盈（长款）	盘亏（短款）	

盘点人签章：　　　　　　　　　　　　　　　　出纳员签章：

2. 银行存款的清查

银行存款的清查是采用与开户银行核对账目的方法进行的，即将本单位银行存款日记账的账簿记录与开户银行转来的对账单逐笔进行核对，以查明银行存款的实有数额。银行存款的清查一般在月末进行。

（1）银行存款日记账与银行对账单不一致的原因

将截至清查日所有银行存款的收付业务都登记入账后，对发生的错账、漏账应及时查清更正，再与银行对账单逐笔核对。如果二者余额相符，通常说明没有错误；如果二者余额不相符，则可能是企业或银行一方或双方记账过程有错误或者存在未达账项。

未达账项，是指企业和银行之间，由于记账时间不一致而发生的一方已经入账，而另一方尚未入账的事项。未达账项一般分为以下四种情况：

①企业已收款记账，银行未收款未记账的款项。

②企业已付款记账，银行未付款未记账的款项。

③银行已收款记账，企业未收款未记账的款项。

④银行已付款记账，企业未付款未记账的款项。

上述任何一种未达账项的存在，都会使企业银行存款日记账的余额与银行开出的对账单的余额不符。所以，在与银行对账时首先应查明是否存在未达账项，如果存在未达账项，就应该编制“银行存款余额调节表”，据以调节双方的账面余额，确定企业银行存款实有数。

企业账面存款余额 = 企业账面银行存款余额 - 银行已付而企业未付账项 + 银行已收而企业未收账项

银行对账单调节后的存款余额 = 银行对账单存款余额 - 企业已付而银行未付账项 + 企业已收而银行未收账项

“银行存款余额调节表”的具体编制方法我们通过如下例题来进行说明。

某公司 2015 年 12 月 31 日银行存款日记账的余额为 6 000 元，银行转来对账单的余额为 8 200 元。经逐笔核对，发现以下未达账项：

①企业送存转账支票 3 600 元，并已登记银行存款增加，但银行尚未记账。

②企业开出转账支票 2 200 元，但持票单位尚未到银行办理转账，银行尚未记账。

③企业委托银行代收某公司购货款 4 600 元，银行已收妥并登记入账，但企业尚未收到收款通知，尚未记账。

④银行代企业支付水电费 1 000 元，银行已登记企业银行存款减少，但企业未收到银行付款通知，尚未记账。

根据以上情况，企业应当编制如下银行存款余额调节表，如表9.4所示。

表9.4　银行存款余额调节表

2015年12月31日　　　　　　　　　　　　　　　　　　单位：元

项目	金额	项目	金额
企业银行存款日记账余额	6 000	银行对账单余额	8 200
加：银行已入账、企业未入账的收入	4 600	加：企业已入账、银行未入账的收入	3 600
减：银行已入账、企业未入账的支出	1 000	减：企业已入账、银行未入账的支出	2 200
调节后的存款余额	9 600	调节后的存款余额	9 600

调节后，如果双方余额相等，一般可以认为双方记账没有差错。若调节后双方余额仍然不相等时，原因还是两个，要么是未达账项未全部查出，要么是一方或双方账簿记录还有差错。无论是什么原因，都要进一步查清楚并加以更正，一定要到调节表中双方余额相等为止。

调节相等后的银行存款余额是当日可以动用的银行存款实有数。对于银行已经入账，而企业尚未入账的未达账项，不能以“银行存款余额调节表”作为记账依据，必须在收到银行的有关凭证后方可入账。

（2）银行存款清查的步骤

银行存款的清查按以下四个步骤进行。

①将本单位银行存款日记账与银行对账单，以结算凭证的种类、号码和金额为依据，逐日逐笔核对。凡双方都有记录的，用铅笔在金额旁打上记号“√”。

②找出未达账项（即银行存款日记账和银行对账单中没有打“√”的款项）。

③将银行存款日记账和银行对账单的月末余额及找出的未达账项填入“银行存款余额调节表”，并计算出调整后的余额。

④将调整平衡的“银行存款余额调节表”，经主管会计签章后，呈报开户

银行。凡有几个银行户头以及开设有外币存款户头的单位，应分别按存款户头开设“银行存款日记账”。每月月底，应分别将各户头的“银行存款日记账”与各户头的“银行对账单”核对，并分别编制各户头的“银行存款余额调节表”。“银行存款余额调节表”的编制，是以双方账面余额为基础，各自分别加上对方已收款入账而己方尚未入账的数额，减去对方已付款入账而己方尚未入账的数额。其计算公式如下：

企业银行存款日记账余额+银行已收企业未收款-银行已付企业未付款=银行对账单存款余额+企业已收银行未收款-企业已付银行未付款

(3)“银行存款余额调节表”的作用

①“银行存款余额调节表”是一种对账记录或对账工具，不能作为调整账面记录的依据，即不能根据“银行存款余额调节表”中的未达账项来调整银行存款账面记录，未达账项只有在收到有关凭证后才能进行有关的账务处理。

②调节后的余额如果相等，通常说明企业和银行的账面记录一般没有错误，该余额通常为企业可以动用的银行存款实有数。

③调节后的余额如果不相等，通常说明一方或双方记账有误，需进一步追查，查明原因后予以更正和处理。

9.2.2 实物的清查方法

实物清查的对象主要是指对各种存货以及固定资产等财产物资的清查。由于实物的形状、体积、重量和码放方式等不尽相同，因此采用的清查方法也有所不同。常用的方法是实地盘点法和技术推算法。

1. 实地盘点法

实地盘点法是指在财产物资存放现场逐一清点数量或用计量仪器确定其实存数的一种方法。这种方法适应范围较广，大多数财产物资都可采取这种方法。另外，这种方法数字准确可靠，但工作量较大。局限性是实地

盘点法只适用于能直接查清数量的财产，对于应收账款等项目则不适用。

库存现金的清查主要是通过实地盘点法（就是点钞）进行清查。

2. 技术推算法

技术推算法是按照一定的推算方式和方法推算出各项财产物资实有数的一种方法。这种方法适用于堆垛量很大、不便一一清点、单位价值又比较低的实物的清查。具体方法是通过量方、计尺等方法，然后按所得数据计算其数量、重量。如露天堆放的燃料用煤，就可以用技术推算法。相对于实地盘点法，技术推算法的工作量小，但是数字不够准确。

实物清查，必须由财产清查人员和实物保管员共同负责。为了明确经济责任，在进行盘点时，实物保管人员必须在场，并参加盘点工作。对于盘点结果，应如实登记“盘存单”，并由盘点人员和实物保管人员签章。“盘存单”是记录实物盘点结果的书面证明，也是反映财产物资实有数的原始凭证。“盘存单”的格式如表9.5所示。

表9.5　盘存单

盘存单

单位名称：　　　　盘点时间：　　　　编号：

财产类别：　　　　存放地点：　　　　金额单位：

编号	名称	规格	计量单位	数量	单价	金额	备注

盘点人签章：　　　　　　　　保管员签章：

盘点结束，应根据“盘存单”和会计账簿记录进行核对，确认盘盈盘亏数，编制用来反映实物资产具体盈亏数额并作为调整账簿记录的原始凭证

“实存账存对比表”，如表9.6所示。

表9.6　实存账存对比表

实存账存对比表

单位名称：　　　　　　　盘点时间：　　　　　　　编号：

财产类别：　　　　　　　存放地点：　　　　　　　金额单位：

编号	名称	规格	计量单位	实存		账存		盘盈		盘亏		备注
				数量	金额	数量	金额	数量	金额	数量	金额	

盘点人签章：　　　　　　　　　　　　　　　　会计签章：

9.2.3　往来款项的清查方法

1．概念

往来款项主要包括应收、应付款和暂收款等，对各种往来款项的清查，应采取“询证核对法”，即同对方核对账目的方法。

2．注意事项

清查单位应在其各种往来款项记录准确的基础上，编制“往来结算款项对账单”，寄发或派人送交对方单位进行核对。

3．步骤

往来款项清查的具体步骤如下：

①将本单位的往来账款核对清楚，确认总分类账与所属明细分类账的余额相等，各明细分类账的余额相符。

②在保证往来账户记录完整、正确的基础上，编制“往来结算款项对账单”，寄往各有关往来单位。“往来款项对账单”的格式一般为一式两联，其中一联作为回单，对方单位核对后退回，盖章表示核对相符，如不相符由对方单位另外说明。

③收到上述回单后，应据此编制“往来款项清查表”，注明核对相符与不相符的款项，对不符的款项按有争议、未达账项、无法收回等情况归类合并，针对具体情况及时采取措施予以解决。

上述函证信、“往来结算款项对账单”和“往来款项清查表”的格式如下所示。

函证信

××单位：

本公司与贵单位的业务往来款项有下列各项目，为了对清账目，特函请查证，是否相符，请在回执联中注明后盖章寄回。

表 9.7　往来结算款项对账单

往来结算款项对账单

单位：__________	地址：__________	编号：__________	
会计科目名称	截止日期	经济事项摘要	账面余额

表 9.8　往来账项清查表

往来账项清查表

总分类账户名称：　　　　　　　　　　　　年　　月　　日

明细分类账户		清查结果		核对不符原因分析			备　注
名称	账面金额	核对相符金额	核对不符金额	未达账项金额	有争议款项金额	其他	

9.3 财产清查结果的处理

财产清查结果的处理包括：财产清查结果、财产清查结果的处理要求、财产清查结果的处理步骤和方法、财产清查结果的账务处理。

9.3.1　财产清查结果

财产清查的结果一般有以下几种情况：账存数与实存数相符；账存数大于实存数，财产物资发生盘亏；账存数小于实存数，财产物资发生盘盈。如果财产清查的结果表明单位存在账实不符的情况，则有可能是财产管理和会计核算等方面存在问题，应当认真分析研究，按照相关法律、法规和企业的规章制度进行处理。

9.3.2 财产清查结果的处理要求

财产清查的结果主要包括分析账实不符的原因和性质，提出处理建议；积极处理多余积压财产，清理往来款项；总结经验教训，建立健全各项管理制度；及时调整账簿记录，保证账实相符。具体内容如下，如表 9.9 所示。

表 9.9 财产清查结果的处理要求

要求	内容
分析账实不符的原因和性质，提出处理建议	对于财产清查中发现的各种盘盈、盘亏以及质量问题，应核准数字，调查分析发生盘盈、盘亏的原因及性质，明确经济责任，依据有关法律、制度规定，提出处理意见和建议
	对于一些合理的物质消耗，只要在合理的消耗范围内，会计人员就可以按规定及时做出处理。会计人员无法做出处理的，应及时上报单位负责人进行处理
积极处理多余积压财产，清理往来款项	对属于盲目采购、盲目建造或生产任务变更等原因造成的积压，除设法内部利用、改制、代用外，还应积极组织推销，以减少物资积压，加速资金周转
	因品种不配套而造成的半成品积压，应当调整生产计划，组织均衡生产；对于利用率不高或闲置不用的固定资产，也应查明原因积极处理，做到物尽其用
总结经验教训，建立健全各项管理制度	对于财产清查中发现的各种问题，应在查明问题性质和原因的基础上，认真总结经验教训，制定改进措施，建立健全财产物资管理制度，进一步落实财产管理责任制，保护单位财产的安全与完整，不断提高管理水平
及时调整账簿记录，保证账实相符	对于查明的各种盘盈、盘亏，应及时调整有关财产物资的账簿记录，并作为待处理财产损溢处理
	在查明原因经批准处理后，再按批准的意见转账，进行相应的账务处理
	对于各种往来款项，如在清查中发现差错，也应及时调整账目；对于查明的确实无法收回的应收款项，应按规定手续经批准后予以核销

9.3.3 财产清查结果的处理步骤和方法

财产清查结果的处理主要分为审批之前的处理和审批之后的处理两个步骤，具体内容如下。

1. 审批之前的处理

根据“清查结果报告表”“盘点报告表”等已经查实的数据资料，填制记账凭证，记入有关账簿，使账簿记录与实际盘存数相符，同时根据权限，将处理建议报股东大会或董事会，或经理（厂长）会议或类似机构批准。

2. 审批之后的处理

企业清查的各种财产的损溢，应于期末前查明原因，并根据企业的管理权限，经股东大会或董事会，或经理（厂长）会议或类似机构批准后，在期末结账前处理完毕。企业应严格按照有关部门对财产清查结果提出的处理意见进行账务处理，填制有关记账凭证，登记有关账簿，并追回由于责任者原因造成的财产损失。

企业清查的各种财产的损溢，如果在期末结账前尚未经批准，在对外提供财务报表时，先按上述规定进行处理，并在附注中做出说明；其后批准处理的金额与已处理金额不一致的，调整财务报表相关项目的年初数。

9.3.4 财产清查结果的账务处理

财产清查结果的账务处理应先设置“待处理财产损溢”账户，然后根据实际情况对库存现金、银行存款、存货、固定资产、往来账款等盘盈或盘亏进行相应的账务处理。

1. 设置“待处理财产损溢”账户

为了反映和监督企业在财产清查过程中查明的各种财产物资的盘盈、盘亏、毁损及其处理情况，应设置“待处理财产损溢”账户（但固定资产盘盈和毁损分别通过“以前年度损益调整”“固定资产清理”账户核算）。该账户属于双重性质的资产类账户，下设“待处理流动资产损溢”和“待处理非流动资产损溢”两个明细分类账户进行明细分类核算。

该账户的借方登记财产物资的盘亏数、毁损数和批准转销的财产物资盘盈数；贷方登记财产物资的盘盈数和批准转销的财产物资盘亏及毁损数。企业清查的各种财产的盘盈、盘亏和毁损应在期末结账前处理完毕，所以“待处理财产损溢”账户在期末结账后没有余额。

“待处理财产损溢”账户借方登记财产物资盘亏、毁损的金额和已批准处理的财产物资盘盈数的转销额，处理前的借方余额表示企业尚未处理的财产物资的净损失；该账户贷方登记存货的盘盈金额和已批准处理的财产物资盘亏或毁损数的转销额，处理前的贷方余额表示企业尚未处理的财产物资的净溢余。

企业的待处理财产损溢，应查明原因，在期末结账前处理完毕，处理后本账户应无余额，如表9.10所示。

表9.10 “待处理财产损溢”账户

待处理财产损溢

借方	贷方
①尚未处理的各种财产的净损失 ②批准处理的各种财产的净溢余	①尚未处理的各种财产的净溢余 ②批准处理的各种财产的净损失
期末无余额	

2. 库存现金清查结果的账务处理

（1）库存现金盘盈的账务处理

库存现金盘盈时，应及时办理库存现金的入账手续，调整库存现金账簿记录，即按盘盈的金额借记“库存现金”科目，贷记“待处理财产损溢——待处理流动资产损溢”科目。

对于盘盈的库存现金，应及时查明原因，按管理权限报经批准后，按盘盈的金额借记“待处理财产损溢——待处理流动资产损溢”科目，按需要支付或退还他人的金额贷记“其他应付款”科目，按无法查明原因的金额贷记“营业外收入”科目。

（2）库存现金盘亏的账务处理

库存现金盘亏时，应及时办理盘亏的确认手续，调整库存现金账簿记录，即按盘亏的金额借记“待处理财产损溢——待处理流动资产损溢”科目，贷记“库存现金”科目。

对于盘亏的库存现金，应及时查明原因，按管理权限报经批准后，按可收回的保险赔偿金和过失人赔偿的金额借记“其他应收款”科目，按管理不善等原因造成净损失的金额借记“管理费用”科目，按自然灾害等原因造成净损失的金额借记“营业外支出”科目，按原记入“待处理财产损溢——待处理流动资产损溢”科目借方的金额贷记本科目。

3. 存货清查结果的账务处理

（1）存货盘盈的账务处理

存货盘盈时，应及时办理存货入账手续，调整存货账簿的实存数。盘盈的存货应按其重置成本作为入账价值借记“原材料”“库存商品”等科目，贷记“待处理财产损溢——待处理流动资产损溢”科目。对于盘盈的存货，应及时查明原因，按管理权限报经批准后，冲减管理费用，即按其入账价值，借记“待处理财产损溢——待处理流动资产损溢”科目，贷记“管理费用”科目。

(2) 存货盘亏的账务处理

存货盘亏时，应按盘亏的金额借记“待处理财产损溢——待处理流动资产损溢”科目，贷记“原材料”“库存商品”等科目。材料、产成品、商品采用计划成本（或售价）核算的，还应同时结转成本差异（或商品进销差价）。涉及增值税的，还应进行相应处理。

对于盘亏的存货，应及时查明原因，按管理权限报经批准后，按可收回的保险赔偿金和过失人赔偿的金额借记“其他应收款”科目，按管理不善等原因造成净损失的金额借记“管理费用”科目，按自然灾害等原因造成净损失的金额借记“营业外支出”科目，按原记入“待处理财产损溢——待处理流动资产损溢”科目借方的金额贷记本科目。

4. 固定资产盘亏的账务处理

(1) 固定资产盘盈的账务处理

企业在财产清查过程中盘盈的固定资产，经查明确属企业所有，按管理权限报经批准后，应根据盘存凭证填制固定资产交接凭证，经有关人员签字后送交企业会计部门，填写固定资产卡片账，并作为前期差错处理，通过“以前年度损益调整”科目核算。盘盈的固定资产通常按其重置成本作为入账价值借记“固定资产”科目，贷记“以前年度损益调整”科目。涉及增值税、所得税和盈余公积的，还应按相关规定处理。

(2) 固定资产盘亏的账务处理

固定资产盘亏时，应及时办理固定资产注销手续，按盘亏固定资产的账面价值，借记“待处理财产损溢——待处理非流动资产损溢”科目，按已提折旧额，借记“累计折旧”科目，按其原价，贷记“固定资产”科目。涉及增值税和递延所得税的，还应按相关规定处理。

对于盘亏的固定资产，应及时查明原因，按管理权限报经批准后，按过失人及保险公司应赔偿额，借记“其他应收款”科目，按盘亏固定资产的原价扣除累计折旧和过失人及保险公司赔偿后的差额，借记“营业外支出”科目，按盘亏固定资产的账面价值，贷记“待处理财产损溢——待处理非流动资产损溢”科目。

5. 结算往来款项盘存的账务处理

在财产清查过程中发现的长期未结算的往来款项，应及时清查。对于经查明确实无法支付的应付款项，可按规定程序报经批准后，转作营业外收入。

对于无法收回的应收款项，则作为坏账损失冲减坏账准备。坏账是指企业无法收回或收回的可能性极小的应收款项。由于发生坏账而产生的损失，称为坏账损失。

企业通常应将符合下列条件之一的应收款项确认为坏账：

①债务人死亡，以其遗产清偿后仍然无法收回。

②债务人破产，以其破产财产清偿后仍然无法收回。

③债务人较长时间内未履行其偿债义务，并有足够的证据表明无法收回或者收回的可能性极小。

企业对有确凿证据表明确实无法收回的应收款项，经批准后作为坏账损失。对于已确认为坏账的应收款项，并不意味着企业放弃了追索权，一旦重新收回，应及时入账。

9.4 本章习题

一、复习思考题

（1）找出账实不符的原因。

（2）财产清查的分类。

（3）财产清查的程序。

（4）库存现金和银行存款的清查。

（5）货币资金清查结果的账务处理。

（6）往来款项的清查。

（7）债权债务清查结果的账务处理。

(8) 实物的清查。

(9) 存货及固定资产清查结果的账务处理。

二、实务操作题

(一) 选择题

(1) 下列对账工作中属于账实核对的是(　　)。

A. 现金日记账余额与库存现金总分类账余额核对

B. 会计部门的财务物资明细账与财务物资保管部门的账目核对

C. 总分类账与所属明细分类账核对

D. 银行存款日记账余额与银行对账单上的余额核对

(2) 存货盘盈若是收发、计量上的原因，应冲减(　　　　)

A. 管理费用　　B. 财务费用

C. 其他应收款　　D. 营业外支出

(3) 若现金溢余的原因无法查明或属于不可抗力，则应记入(　　)。

A. 营业外收入　　B. 营业外支出

C. 其他业务收入　　D. 其他业务成本

(4) 固定资产盘盈时，应按重置完全价值减去累计折旧的差额作为溢余数额，报经有关部门批准后，记入(　　)。

A. 营业外收入　　B. 营业外支出

C. 其他业务收入　　D. 其他业务成本

(5) 存货盘亏时，经查明原因，属于相关人员的责任或者属于保险公司赔偿范围的，则应记入(　　)账户。

A. 其他应收款　　B. 营业外支出

C. 其他应付款　　D. 管理费用

(二) 判断题

(1) 总分类账与日记账核对属于账实核对的一种。(　　)

(2) 未达账项只在企业与银行之间发生，企业与其他企业之间不会发生未达账项。(　　)

(3) 现金盘点时，由出纳人员进行现金清点。(　　)

（4）应收账款预计无法收回时，应计提坏账准备。（　　）

（三）实务训练题

第一小题

3 月末，华夏公司清点库存现金，发现账面金额为 1 219 元，实际清点数为 389 元。经查，有职工报销的医药费 830 元尚未入账。

要求：编制库存现金盘点报告表。

库存现金盘点报告表

单位名称：　　　　　　　　　　　　　　　　　　　年　　月　　日

实存金额	账存金额	盘点结果		备注
		长款	短款	

盘点人（签字或盖章）：　　　　　　　　　　　　　　出纳员签章：

第二小题

6 月末，华夏公司银行存款的余额为 129 849 元，银行对账单上列示的金额为 104 238 元。经核对，公司发生如下未达账项：

银行对账单记录如下：

6 月 29 日，公司银行账户存款利息收入 789 元，银行已扣钱，公司尚未收到收款通知而未记账；

6 月 29 日，公司收到购货方寄来的转账支票一张，金额为 20 000 元，公司已经入账，支票尚未送达银行，银行尚未入账；

6 月 30 日，银行在公司账户内扣除借款利息 6 400 元，企业未入账。

要求：编制银行存款余额调节表。

银行存款余额调节表

年　月　日　　　　　　　　　　　单位：元

项目	金额	项目	金额
本企业银行存款日记账余额		银行对账单余额	
加：银行已收，企业未收的款项		加：企业已收，银行未收的款项	
减：银行已付，企业未付的款项		减：企业已付，银行未付的款项	
调节后的存款余额		调节后的存款余额	

第三小题

12 月末，华夏公司进行财产清查，发现以下问题：

◘A 材料盘亏 10 000 元，其中定额内损耗 3 200 元，仓库保管员过失造成的损失 1 200 元，非常事故造成的损失 5 600 元；

◘盘盈机器一台，五成新，评估价值约 3 500 元；

◘清点现金，发现现金短款 200 元，经查是会计人员李某的责任；

◘核查债权债务，发现有一笔应付账款，由于债权人已经不存在，确认无法进行支付，转为营业外收入；

◘材料盘盈 200 千克，单价 10 元/千克，经查，其中的 100 千克为收发时正常挥发所致，还有 100 千克为王某个人失误，由王某赔偿。

要求：根据以上清查结果，编制有关的会计分录。

管理会计档案

本章重点阐述会计档案管理的相关知识。通过本章的学习，能了解会计档案的相关概念知识，掌握会计档案的保管期限、归档要求、销毁程序等内容。

10.1 会计档案概述

会计档案记录了会计主体的会计信息，有关部门或有关人员会随时要求查阅会计档案，这就要求各单位必须加强对会计档案管理工作的领导，建立会计档案的立卷、归档、保管、查阅和销毁等管理制度，保证会计档案妥善保管、有序存放、方便查阅，严防毁损、散失和泄密。

10.1.1 会计档案的概念

会计档案是指会计凭证、会计账簿和财务报告等会计核算专业材料，是记录和反映单位经济业务的重要史料和证据。会计档案的资料非常丰富，不仅反映了经济业务的内容，也记录了会计核算的过程。

会计档案主要有两个方面的作用：

1．借鉴作用

会计档案记录了会计主体的经济信息，是总结企业生产经营管理经验和教训的重要资料，可供企业人员尤其是会计人员借鉴、学习。

2．查证作用

会计档案内容丰富，有不同的保存年限要求，保存完整的会计档案可供以后查证经济信息，防止贪污舞弊，在一定程度上起到了监督的作用。

10.1.2 会计档案的内容

会计档案的资料非常丰富，一般包括以下四个大类：

1. 会计凭证类

会计凭证类包括原始凭证、记账凭证、汇总凭证和其他会计凭证。

2. 会计账簿类

会计账簿类包括总账、明细账、日记账、固定资产卡片、辅助账簿和其他会计账簿。

3. 财务报告类

财务报告类包括月度、季度、半年度、年度财务报告，会计报表、附表、附注及文字说明，其他财务报告。

4. 其他类

其他类包括银行存款余额调节表、银行对账单、其他应当保存的会计核算专业资料、会计档案移交清册、会计档案保管清册和会计档案销毁清册。

电算化条件下还包括电算化档案，如存储在计算机硬盘中的会计数据、光盘存储的会计数据以及打印出来的书面形式的会计数据等。

10.2 会计档案的保管

不同类别的会计档案应当按照不同的方法和要求进行归档，归档后按照《会计档案管理办法》的规定执行不同的保管期限。

10.2.1 会计档案的归档

各单位每年形成的会计档案，应当由会计机构按照归档要求负责整理立卷，装订成册，编制会计档案保管清册。

当年形成的会计档案，在会计年度终了后，可暂由本单位会计机构保管一年。期满之后，应当由会计机构编制会计档案移交清册，移交本单位档案机构统一保管；未设立档案机构的，应当在会计机构内部指定专人保管。出纳人员不得兼管会计档案。

移交本单位档案机构保管的会计档案，原则上应当保持原卷册的封装。个别需要拆封重新整理的，档案机构应当会同会计机构和经办人员共同拆封整理，以分清责任。

10.2.2 会计档案的保管期限

会计档案的保管期限分为永久、定期两类。

定期保管期限分为3年、5年、10年、15年、25年5类。会计档案的保管期限，从会计年度终了后的第一天算起。各类会计档案的保管期限按照《会计档案管理办法》的规定执行，具体内容见表10.1和表10.2。表10.1和表10.2中所示会计档案保管期限为最低保管期限，各类会计档案的保管原则上应当按照表中所列期限执行。

表10.1 企业和其他组织会计档案保管期限表

序号	档案名称	保管期限	备注
一	会计凭证类		
1	原始凭证	15年	
2	记账凭证	15年	
3	汇总凭证	15年	
二	会计账簿类		
4	总账	15	包括日记账
5	明细账	15	

（续表）

序号	档案名称	保管期限	备注
6	日记账	15 年	现金和银行存款日记账保管 25 年
7	固定资产卡片		固定资产报废清理后保管 5 年
8	辅助账簿	15 年	
三	财务报告类		包括各级主管部门汇总的财务报告
9	月、季度财务报告	3 年	包括文字分析
10	年度财务报告（决算）	永久	包括文字分析
四	其他类		
11	会计移交清册	15 年	
12	会计档案保管清册	永久	
13	会计档案销毁清册	永久	
14	银行存款余额调节表	5 年	
15	银行对账单	5 年	

表 10.2　财政总预算、行政单位、事业单位和税收会计档案保管期限表

序号	档 案 名 称	保管期限			备 注
		财政总预算	行政单位事业单位	税收会计	
一	会计凭证类				
1	国家金库编送的各种报表及缴库退库凭证	10 年		10 年	
2	各收入机关编送的报表	10 年			
3	行政单位和事业单位的各种会计凭证		15 年		包括：原始凭证、记账凭证和传票汇总表

（续表）

序号	档 案 名 称	保管期限			备 注
		财政总预算	行政单位事业单位	税收会计	
4	各种完税凭证和缴、退库凭证			15 年	缴款书存根联在销号后保管 2 年
5	财政总预算拨款凭证及其他会计凭证	15 年			包括：拨款凭证和其他会计凭证
6	农牧业税结算凭证			15 年	
二	会计账簿类				
7	日记账		15 年	15 年	
8	总账	15 年	15 年	15 年	
9	税收日记账（总账）和税收票证分类出纳账		25 年		
10	明细分类、分户账或登记簿	15 年	15 年	15 年	
11	现金出纳账、银行存款账		25 年	25 年	
12	行政单位和事业单位固定资产明细账（卡片）				行政单位和事业单位固定资产报废清理后保管 5 年
三	财务报告类				
13	财政总决算	永久			
14	行政单位和事业单位决算	10 年	永久		
15	税收年报（决算）	10 年		永久	
16	国家金库年报（决算）	10 年			
17	基本建设拨、贷款年报（决算）	10 年			
18	财政总预算会计旬报	3 年			所属单位报送的保管 2 年

（续表）

序号	档案名称	保管期限			备注
		财政总预算	行政单位事业单位	税收会计	
19	财政总预算会计月、季度报表	5年			所属单位报送的保管2年
20	行政单位和事业单位会计月、季度报表		5年		所属单位报送的保管2年
21	税收会计报表（包括票证报表）			10年	电报保管1年，所属税务机关报送的保管3年
四	其他类				
22	会计移交清册	15年	15年	15年	
23	会计档案保管清册	永久	永久	永久	
24	会计档案销毁清册	永久	永久	永久	

10.3 会计档案的销毁

各单位保存的会计档案不得借出。如有特殊需要，经本单位负责人批准，可以提供查阅或者复制，并办理登记手续。查阅或者复制会计档案的人员，严禁在会计档案上涂画、拆封和抽换。

会计档案保管期满需要销毁的，一般可以按照以下程序销毁：

（1）由本单位档案机构会同会计机构提出销毁意见，编制会计档案销毁清册，列明销毁会计档案的名称、卷号、册数、起止年度和档案编号、应保管期限、已保管期限、销毁时间等内容。

（2）单位负责人在会计档案销毁清册上签署意见。

（3）销毁会计档案时，应当由档案机构和会计机构共同派员监销。国家机关销毁会计档案时，应当由同级财政部门、审计部门派员参加监销。财政部门销毁会计档案时，应当由同级审计部门派员参加监销。

（4）监销人在销毁会计档案前，应当按照会计档案销毁清册所列内容清点核对所要销毁的会计档案；销毁后，应当在会计档案销毁清册上签名盖章，并将监销情况报告本单位负责人。

特殊情况下，保管期满的有些会计档案不得销毁，具体有以下两种情况：

（1）保管期满但未结清的债权债务原始凭证和涉及其他未了事项的原始凭证不得销毁，应当单独抽出立卷，保管到未了事项完结时为止。单独抽出立卷的会计档案，应当在会计档案销毁清册和会计档案保管清册中列明。

（2）正在项目建设期间的建设单位，其保管期满的会计档案不得销毁。

10.4　本章习题

一、复习思考题

（1）会计档案的含义。

（2）会计档案的两大作用之间的关系。

（3）会计档案的内容。

（4）会计档案的保管期限。

（5）会计档案的销毁程序。

二、实务操作题

（一）选择题

（1）为了贯彻内部牵连制度的要求，出纳人员不得兼任(　　)。

A. 现金日记账的登记工作　　B. 银行存款日记账的登记工作

C. 财产清查时的现金清点者　　D. 会计档案的保管工作

（2）总账和明细账的保管期限为(　　)。

A. 3 年　　B. 5 年

C. 10 年　　　　　　　　　　D. 15 年

（3）下列档案中，需要永久保管的是(　　)。

A. 税收日记账（总账）和税收票证分类出纳账

B. 财政总预算拨款凭证及其他会计凭证

C. 会计档案保管清册和销毁清册

D. 国家金库编送的各种报表及缴库退库凭证

（4）关于会计档案的销毁，下列说法正确的是(　　)。

A. 应当由本单位财务部门提出销毁意见

B. 单位负责人在会计档案销毁清册上签署意见

C. 销毁会计档案时，应当由档案机构和会计机构共同派员监销

D. 监销人应当在会计档案销毁清册上签名盖章，并将监销情况报告本单位负责人

（二）判断题

（1）会计档案销毁时，应由本单位档案机构会同会计机构提出销毁意见，编制会计档案销毁清册，列明销毁会计档案的名称等内容。(　　)

（2）银行存款余额调节表的保存年限是 10 年。(　　)

财务报表反映企业情况

财务报表能系统、全面地反映企业一定时期内的经济活动和财务成果的全貌，是会计核算的最终环节。财务报表对企业所有者、债权人等报表使用者起着十分重要的作用。编制财务报表是保证会计信息质量的重要步骤之一。

11.1 财务报表概述

财务报表是指根据审核无误的账簿记录，按照规定的表格形式，集中反映各个单位在一定会计期间经济活动过程和结果的专门方法。一套完整的财务报表至少应当包括资产负债表、利润表、现金流量表、所有者权益变动表以及附注。

财务报表既能为企业的所有者、债权人等利益关系的各方提供所需要的会计信息，又能为国家财税部门利用会计信息进行国民经济综合平衡提供依据。

11.1.1 财务报表的种类

企业根据单位管理工作的实际需要，可以编制不同的财务报表。财务报表可以按照不同的标准进行分类。

1. 按财务报表所反映的经济内容分类

按照财务报表所反映的经济内容不同，企业的财务报表可以分为以下五类：

（1）资产负债表是指反映企业在某一特定日期的财务状况的会计报表。

（2）利润表是指反映企业在一定会计期间的经营成果的会计报表。

（3）现金流量表是指反映企业在一定会计期间的现金和现金等价物流入和流出的会计报表。

（4）所有者权益变动表是指反映企业构成所有者权益的各个组成部分当期的增减变动情况的会计报表。

（5）附注即对资产负债表、利润表、现金流量表和所有者权益变动表等

报表中所列示项目的文字描述或明细资料，以及对未能在这些报表中列示项目的说明。

2. 按财务报表编制时间的不同分类

按照财务报表编制时间的不同，可以将财务报表分为年度财务报表和中期财务报表两大类。

（1）年度财务报表简称年报，是指企业的年度决算报表。主要包括资产负债表、利润表、现金流量表、所有者权益变动表以及报表附注。

（2）中期财务报表简称日常报表，是指以短于一个完整会计年度的报告期间为基础编制的财务报表。一般包括月报、季报和半年报等。

3. 按财务报表使用对象的不同分类

财务报表按使用对象的不同，可以分为对外财务报表和对内财务报表。

（1）对外财务报表是指企业按照会计准则和国家统一会计制度规定编制的，为满足外部会计信息使用者的需要而定期对外报送的财务报表。对外财务报表一般有统一的格式和指标体系，使用者一般为投资人、债权人、政府部门等。

（2）对内财务报表是指各个企业根据自身的经营特点和管理要求自行规定、设计，专门为企业内部职能部门和领导人报送的财务报表。一般没有统一的格式和指标体系，主要有成本报表等。

4. 按财务报表所反映资金运动状态的不同分类

财务报表按照反映资金运动状态的不同，可以分为静态财务报表和动态财务报表。

（1）静态财务报表是指反映企业特定时点上有关资产、负债和所有者权益情况的财务报表，此时企业资金运动处于某一相对静态的时点，如资产负债表等。

（2）动态财务报表是指反映企业一定期间内资金耗费和收回情况及经营

成果等情况的财务报表，在此期间资金处于运动状态，如利润表和现金流量表。

5. 按财务报表编制主体的不同分类

财务报表按照编制主体的不同，可以分为个别财务报表和合并财务报表。

（1）个别财务报表是指独立核算的企业编制的反映自身企业财务状况及其经营成果的财务报表。

（2）合并财务报表是指由母公司编制的，反映母公司和子公司组成的企业集团的财务状况、经营成果和现金流量情况的财务报表。

6. 按财务报表提供会计资料重要程度的不同分类

按照财务报表提供会计资料重要程度的不同，可以分为主要财务报表和附属财务报表。

（1）主要财务报表简称主表，是指全面反映企业资金增减变化、业务成果和财务状况的报表，如资产负债表等。

（2）附属财务报表简称附表，是指进一步详细说明主表某项或某几项指标情况的财务报表，如资产负债表附表有存货表、固定资产累计折旧表等。

11.1.2 财务报表的编制要求

财务报表是会计重要的信息资料之一，为充分发挥财务报表的作用，必须保证财务报表的质量。企业应严格按照下列要求编制财务报表。

1. 客观性原则

财务报表中各数据必须以企业实际经济业务发生的数字来填列，如实反映企业的交易与其他经济事项，真实而公允地反映企业的财务状况、经营成果以及现金流量，不能用计划数等替代，更不能虚构经济业务。

2．一致性原则

财务报表编制方法和会计计量方法应当在各个会计期间保持一致，不能随意变动。除会计准则要求改变财务报表项目的列报或企业经营业务的性质发生重大变化后，变更财务报表项目的列报能够提供更可靠、更相关的会计信息外，不得随意变更。保持不同时期财务报表的可比性。

3．持续经营原则

企业应当以持续经营为基础，以持续经营为基础编制财务报表不再合理的，企业应当采用其他基础编制财务报表，并在附注中披露这一事实。

4．重要性原则

重要性原则是指企业应将金额大、对企业利润影响大的项目详细列报，若性质或功能不同的项目，应当在财务报表中单独列报。若项目金额小，可将性质或功能类似的项目合并列报。

5．抵销原则

企业财务报表中的资产项目和负债项目的金额、收入项目和费用项目的金额不得相互抵销，但其他会计准则另有规定的除外，如资产项目按扣除减值准备后的净额列示。

6．及时性原则

信息的特征具有时效性。财务报表只有及时编制和报送，才能有利于会计报表的使用者使用。否则，即使最真实可靠完整的会计报表，由于编制、报送不及时，对于报表的使用者来说，也是没有任何价值的。

11.1.3 财务报表编制前的准备工作

编制财务报表时除了要满足以上编制要求之外，在编制前还需要完成一些工作，如下：

①严格审核会计账簿的记录和有关资料。

②进行全面财产清查、核实债务，并按规定程序报批，进行相应的会计处理。

③按规定的结账日进行结账，结出有关会计账簿的余额和发生额，并核对各会计账簿之间的余额。

④检查相关的会计核算是否按照国家统一的会计制度的规定进行。

⑤检查是否存在因会计差错、会计政策变更等原因需要调整前期或本期相关项目的情况等。

11.2 资产负债表

资产负债表能反映企业所掌握的经济资源及其分布情况，显示企业所负担的债务及其构成，明确企业净资产的金额；能全面揭示某一时刻企业资产、负债和所有者权益等财务状况。

11.2.1 资产负债表的概念与作用

资产负债表是反映企业某一特定日期财务状况的财务报表，属于静态财务报表。

1. 资产负债表主要提供企业财务状况方面的信息

①反映企业所拥有或控制的经济资源及其分布情况。如有多少资源是流动资产、有多少资源是长期投资、有多少资源是固定资产等。

②显示企业所负担的债务及其构成情况，如流动负债有多少、长期负债有多少、长期负债中有多少需要用当期流动资金进行偿还等。

③明确企业净资产的金额，如企业所拥有的实收资本、资本公积等，据以判断资本保值、增值的情况以及对负债的保障程度。

报表使用者可以根据不同的目的使用此表，如债权人可以将流动资产与流动负债进行比较，了解企业的偿债能力；投资者可以了解企业的资金周转能力和运营能力，从而有助于使用者做出经济决策。

2. 资产负债表的作用

①可以提供某一日期资产的总额及其结构，表明企业拥有或控制的资源及其分布情况。

②可以提供某一日期的负债总额及其结构，表明企业未来需要用多少资产或劳务清偿债务以及清偿时间。

③可以反映所有者所拥有的权益，据以判断资本保值、增值的情况以及对负债的保障程度。

11.2.2 资产负债表的内容

资产负债表的编制基础是“资产 = 负债 + 所有者权益”会计恒等式。它既是一张平衡报表，反映资产总计（左方）与负债及所有者权益总计（右方）相等；又是一张静态报表，反映企业在某一时点的财务状况，如月末或年末。通过在资产负债表上设立“年初数”和“期末数”栏，也能反映出企业财务状况的变动情况。

资产负债表由表头、表体和附注三部分组成。表头主要包括资产负债表的名称、编制单位、编制日期和金额单位等。表体部分用来列示资产负债表的具体内容，主要包括资产、负债和所有者权益各项目的金额。附注主要列示一些附注资料等，这些资料不便于在资产负债表中列示。

1. 资产

资产是指企业过去的交易或事项形成的由企业拥有或控制的、预期会给企业带来经济利益的资源。资产列在资产负债表的左方，表示资金的运用情况。

资产按照流动性大小不同，可分为流动资产和非流动资产。资产按流动性由大到小的顺序在资产负债表中排列。

流动资产是指企业可以在一年或者超过一年的一个营业周期内变现或者运用的资产，是企业资产中必不可少的组成部分。流动资产包括货币资金、交易性金融资产、应收票据、应收账款、存货和一年内到期的非流动资产等。

非流动资产是指流动资产以外的资产，主要包括可供出售金融资产、持有到期投资、长期应收款、长期股权投资、固定资产、在建工程、无形资产和其他非流动资产等。

2. 负债

负债是指企业过去的交易或事项形成的、预期会导致经济利益流出企业的现时义务。负债是企业所承担的能以货币计量、需以资产或劳务偿还的债务。负债列在资产负债表中按照流动性由大到小的顺序排列。

负债代表着企业的偿债责任和债权人对资产的求索权，按照流动性的不同，可将其分为流动负债和长期负债。

流动负债是指将在一年或者长于一年的一个营业周期内偿付的债务，包括短期借款、应付票据、应付账款、预收账款、应付职工薪酬、应交税费、其他应付款、一年内到期的非流动负债和其他流动负债等。

长期负债是指偿还期在一年或者超过一年的一个营业周期以上的各种债

务，包括长期借款、应付债券、长期应付款和其他非流动负债等。

3. 所有者权益

所有者权益是指企业资产扣除负债后由所有者享有的剩余权益，是企业投资人对企业净资产的所有权。所有者权益通常包括实收资本（或股本）、资本公积、盈余公积和未分配利润。

11.2.3 资产负债表的格式

资产负债表最常见的格式有三种类型：账户式、报告式和营运资金式。

1. 账户式

账户式资产负债表一般在报表左方列示资产类项目，右方列示负债类和所有者权益类项目，根据会计恒等式得出报表左右两边平衡。我国的企业最常用的格式即为账户式资产负债表，其基本格式如表11.1所示。

表11.1 “账户式”资产负债表

“账户式”资产负债表

编制单位：　　　　　　　　　　年　月　日　　　　　　　　　　单位：元

资产	期末余额	年初余额	负债和所有者权益	期末余额	年初余额
流动资产：			流动负债：		
货币资金			短期借款		
交易性金融资产			交易性金额负债		
应收票据			应付票据		
应收账款			应付账款		
预付账款			预收账款		
应收利息			应付职工薪酬		
应收股利			应交税费		

（续表）

资产	期末余额	年初余额	负债和所有者权益	期末余额	年初余额
其他应收款			应付股利		
存货			应付利息		
一年内到期的非流动资产			其他应付款		
其他流动资产			一年内到期的非流动负债		
流动资产合计			其他流动负债		
非流动资产：			流动负债合计		
可供出售金融资产			非流动负债：		
持有至到期投资			长期借款		
长期应收款			应付债券		
长期股权投资			长期应付款		
投资性房地产			专项应付款		
固定资产			预计负债		
在建工程			递延所得税负债		
工程物资			其他非流动负债		
固定资产清理			非流动负债合计		
生产性生物资产			负债合计		
油气资产			所有者权益：		
无形资产			实收资本		
开发支出			资本公积		
商誉			减：库存股		
长期待摊费用			盈余公积		
递延所得税资产			未分配利润		
非流动资产合计			所有者权益合计		
资产合计			负债和所有者权益合计		

2. 报告式

报告式资产负债表将资产、负债和所有者权益项目采用垂直式分列。根

据会计恒等式中三要素之间关系，报告式资产负债表又分为两种具体格式，即“资产 = 权益式”和“资产 - 负债 = 所有者权益式”。具体格式如表 11.2 和表 11.3 所示。

表 11.2　“资产 = 权益式”资产负债表

“资产 = 权益式”资产负债表

编制单位：　　　　年　月　日　　　　单位：元

资产
资产各项目明细（略）
资产合计：
权益
负债
负债各项目明细（略）
负债合计：
所有者权益
所有者权益各项目明细（略）
所有者权益合计：
权益合计：

表 11.3　“资产 - 负债 = 所有者权益式”资产负债表

“资产 - 负债 = 所有者权益式”资产负债表

编制单位：　　　　年　月　日　　　　单位：元

资产
资产各项目明细（略）
资产合计：
减：负债
负债各项目明细（略）
负债合计：
所有者权益
所有者权益各项目明细（略）
所有者权益合计：

3. 营运资金式

营运资金式资产负债表在项目列示上突出营运资金项目，按照营运资金 = 流动资产 - 流动负债、营运资金 + 非流动资产 - 非流动负债 = 所有者权益两个等式编制。具体格式如表 11.4 所示。

表 11.4 “营运资金式”资产负债表

“营运资金式”资产负债表

编制单位： 年 月 日 单位：元

项 目	金 额
流动资产	略
流动资产各项目明细（略）	
流动资产合计：	
减：流动负债	
流动负债各项目明细（略）	
流动负债合计：	
营运资金	
加：非流动资金	
非流动资金各项目明细（略）	
非流动资产合计：	
减：非流动负债	
非流动负债各项目明细（略）	
非流动负债合计：	
所有者权益	

11.2.4 账户式资产负债表的编制方法举例

账户式资产负债表的编制基础公式为：资产 = 负债 + 所有者权益，报表左边为资产，右边为负债和所有者权益。表内“年初余额”为上年年末资产负债表“期末余额”。

资产负债表“期末余额”主要根据资产类、负债类和所有者权益类账户期末余额和有关资料填列。有的项目可以直接根据账户的期末余额填列，有的项目需要将几个账户的期末余额加总填列，有的项目需要将相关账户加工、计算填列。具体方法可以归纳为以下五种类型。

1. 根据总账账户的余额直接填列

资产负债表中大部分项目都可以根据相应的总账账户余额直接填列。

资产类项目有：应收票据、应收股利、固定资产原价、累计折旧、工程物资、固定资产减值准备、固定资产清理等。

负债类项目有：短期借款、应付票据、应付职工薪酬、应付股利、应交税费、其他应付款、长期借款等。

所有者权益类项目有：实收资本、资本公积、盈余公积等。

2. 根据总账账户余额加总填列

资产负债表中有些项目需要根据若干个总账账户的期末余额计算（加或减）填列。如资产类中的“货币资金”项目，需要根据“库存现金”“银行存款”和“其他货币资金”三个总账账户的期末余额加总后填列。

3. 根据账户余额与其备抵项目相减填列

资产负债表中有些项目，需要根据该账户的期末余额减去其所计提的各种减值准备后的净额填列。资产类项目有：①固定资产项目，应当根据固定资产账户的期末余额减去累计折旧和固定资产减值准备备抵账户余额后的净额填列；②无形资产项目，应当根据无形资产账户的期末余额，减去累计摊销和无形资产减值准备备抵账户余额后的净额填列；③应收账款项目，应当根据应收账款账户的期末余额，减去坏账准备备抵账户余额后的净额填列；④长期股权投资项目，应当根据长期股权投资账户的期末余额，减去长期股权投资减值准备备抵账户余额后的净额填列。

4. 加、减方法综合计算填列

资产负债表中有些项目计算比较复杂，需要运用加、减法综合计算填列，如“存货”项目需要根据“原材料”“委托加工物资”“周转材料”“材料采购”“在途物资”“材料成本差异”和“发出商品”等账户加总后，再减去“存货跌价准备”账户余额后填列。

资产负债表中有些项目需要根据明细账账户余额加总计算填列。如应付账款项目，需要根据应付账款和预付账款账户所属的相关明细账户的期末贷方余额计算填列；应收账款项目，需要根据应收账款和预收账款账户期末借方余额填列。

【例】新发公司 2015 年年末各账户余额如表 11.5、表 11.6 所示：

表 11.5 账户余额表

2015 年 12 月　　　　单位：元

资产类账户	借或贷	余额	负债及所有者权益	借或贷	余额
库存现金	借	250	短期借款	贷	98 000
银行存款	借	50 000	应付票据	贷	33 900
其他货币资金	借	4 500	应付账款	贷	35 200
应收账款	借	83 000	应付股利	贷	24 500
坏账准备	贷	23 000	其他应付款	贷	137 000
其他应收款	借	5 820	应付职工薪酬	贷	136 000
原材料	借	323 000	应交税费	贷	53 000
材料采购	借	54 000	应付利息	贷	42 800
库存商品	借	219 000	长期借款	贷	250 000
固定资产	借	1 381 000	实收资本	贷	700 000
累计折旧	贷	583 000	资本公积	贷	54 000
工程物资	借	32 000	盈余公积	贷	42 000
商誉	借	80 000	利润分配	贷	20 170
合计	借	1 626 570	合计	贷	1 626 570

表 11.6　资产负债表

编制单位：新发公司　　　　2015 年 12 月 31 日　　单位：元

资产	期末余额	年初余额	负债和所有者权益	期末余额	年初余额
流动资产：			流动负债：		
货币资金	54 750		短期借款	98 000	
交易性金融资产	0		交易性金额负债	0	
应收票据	0		应付票据	33 900	
应收账款	60 000		应付账款	35 200	
应收利息	0		应付职工薪酬	136 000	
应收股利	0		应交税费	53 000	
其他应收款	5 820		应付股利	24 500	
存货	596 000		应付利息	42 800	
一年内到期的非流动资产	0		其他应付款	137 000	
其他流动资产	0		一年内到期的非流动负债	0	
流动资产合计	716 570		其他流动负债	0	
非流动资产：			流动负债合计	560 400	
可供出售金融资产	0		非流动负债：		
持有至到期投资	0		长期借款	250 000	
长期应收款	0		应付债券	0	
长期股权投资	0		长期应付款	0	
投资性房地产	0		专项应付款	0	
固定资产	798 000		预计负债	0	
在建工程	0		递延所得税负债	0	
工程物资	32 000		其他非流动负债	0	

（续表）

资产	期末余额	年初余额	负债和所有者权益	期末余额	年初余额
固定资产清理	0		非流动负债合计	250 000	
生产性生物资产	0		负债合计	810 400	
油气资产	0		所有者权益：		
无形资产	0		实收资本	700 000	
开发支出	0		资本公积	54 000	
商誉	80 000		减：库存股	0	
长期待摊费用	0		盈余公积	42 000	
递延所得税资产	0		未分配利润	20 170	
非流动资产合计	910 000		所有者权益合计	816 170	
资产合计	1 626 570		负债和所有者权益合计	1 626 570	

货币资金项目＝库存现金账户余额＋银行存款账户余额＋其他货币资金账户余额

＝250＋50 000＋4 500

＝54 750（元）

应收账款项目＝应收账款账户余额－坏账准备账户余额

＝83 000－23 000

＝60 000（元）

存货项目＝原材料账户余额＋材料采购账户余额＋库存商品账户余额

＝323 000＋54 000＋219 000

＝596 000（元）

固定资产项目＝固定资产账户余额－累计折旧

＝1 381 000－583 000

＝798 000（元）

11.3 利润表

利润表能反映企业的成本耗费情况、经营获利能力、资本保全情况和利润分配状况，与资本负债表相关指标结合，可以评价企业的盈利能力、资金运营能力、偿债能力等。

11.3.1 利润表的概念与作用

利润表是指反映企业在一定会计期间的经营成果的财务报表，属于动态报表。即把企业一定时期的营业收入与同一会计期间相关的销售成本配比，计算出企业一定期间的净损益。

利润表能使报表使用者们获取企业经营成果的数据，能考核企业管理者的经营业绩，能帮助企业做出未来预测和决策。

1. 利润表的内容

①收入类：营业收入、营业外收入、投资净收益等项目。

②费用类：营业成本、营业税金及附加、销售费用、财务费用、管理费用和营业外支出等项目。

③利润类：利润总额、净利润等项目。

2. 利润表的作用

①反映一定会计期间收入的实现情况。

②反映一定会计期间费用的耗费情况。

③反映企业经济活动成果的实现情况，据以判断资本保值增值等情况。

11.3.2 利润表的列示要求

在利润表列示中有如下基本要求，如表 11.7 所示。

表 11.7 利润表的列示要求

要求	具体内容
企业在利润表中应当对费用按照功能分类	分为从事经营业务发生的成本、管理费用、销售费用和财务费用等
利润表至少应当单独列示反映下列信息的项目，但其他会计准则另有规定的除外；金融企业可以根据其特殊性列示利润表项目	营业收入
	营业成本
	营业税金及附加
	管理费用
	销售费用
	财务费用
	投资收益
	公允价值变动损益
	资产减值损失
	非流动资产处置损益
	所得税费用
	净利润
	其他综合收益各项目分别扣除所得税影响后的净额
	综合收益总额
其他综合收益项目应当根据其他相关会计准则的规定分类	以后会计期间不能重分类进损益的其他综合收益项目
	以后会计期间在满足规定条件时将重分类进损益的其他综合收益项目
在合并利润表中，企业应当在净利润项目之下单独列示归属于母公司所有者的损益和归属于少数股东的损益	在综合收益总额项目之下单独列示归属于母公司所有者的综合收益总额和归属于少数股东的综合收益总额

11.3.3 利润表的基本格式

利润表常见的格式有两种：单步式利润表和多步式利润表。我国多采用多步式利润表（具体格式如表 11.8 所示）。

表 11.8 “多步式”利润

利润表（多步式）

编制单位： 年 月 单位：元

项目	本期金额	上期金额
一、营业收入		
减：营业成本		
营业税金及附加		
销售费用		
管理费用		
财务费用		
资产减值损失		
加：公允价值变动损益		
投资收益		
其中：对联营企业和合营企业的投资收益		
二、营业利润		
加：营业外收入		
减：营业外支出		
三、利润总额		
减：所得税费用		
四、净利润		
五、每股收益		
（一）基本每股收益		
（二）稀释每股收益		

“多步式”利润表一般可以分成三步。

第一步：计算营业利润。

营业收入减去营业成本、营业税金及附加、销售费用、管理费用、财务费用、资产减值损失，加上公允价值变动净收益、投资净收益计算出营业利润。

营业利润＝营业收入－营业税金及附加－销售费用－管理费用－财务费用－资产减值损失＋公允价值变动净收益＋投资净收益

第二步：计算利润总额。

营业利润加上营业外收入，减去营业外支出求得利润总额。

利润总额＝营业利润＋营业外收入－营业外支出

第三步：计算净利润。

利润总额减去所得税费用，计算出净利润或净亏损。普通股或潜在普通股已公开交易的企业以及正处于公开发行普通股或潜在普通股过程中的企业，还应当在利润表中列示每股收益信息。

净利润＝利润总额－所得税费用

11.3.4 多步式利润表的编制方法举例

利润表反映企业一定期间内利润或亏损的实际情况，汇总企业的经营成果。利润表中的本期金额栏反映各项目的本期实际发生数，根据有关账户的本期发生额分析填列。上期金额为上一年度利润表中的金额。利润表中各个项目的具体编制方法如下：

1. 营业收入项目

营业收入反映企业经营主要业务和其他业务所确认的收入总额，本项目应根据“主营业务收入”和“其他业务收入”账户的发生额分析填列。

2. 营业成本项目

营业成本反映企业经营主要业务和其他业务所发生的成本总额，本项目应根据“主营业务成本”和“其他业务成本”账户的发生额分析填列。

3. 营业税金及附加项目

营业税金及附加反映企业经营业务应负担的消费税、营业税、城市建设维护税、资源税、土地增值税和教育费附加等，本项目应根据“营业税金及附加”账户的发生额分析填列。

4. 销售费用项目

销售费用反映企业在销售商品过程中发生的包装费、广告费等费用和为销售本企业商品而专设的销售机构的职工薪酬、业务费等经营费用，本项目应根据“销售费用”账户的发生额分析填列。

5. 管理费用项目

管理费用反映企业为组织和管理生产经营发生的管理费用，本项目应根据“管理费用”账户的发生额分析填列。

6. 财务费用项目

财务费用反映企业为筹集生产经营所需资金等而发生的筹资费用，本项目应根据“财务费用”账户的发生额分析填列。

7. 资产减值损失项目

资产减值损失反映企业各项资产发生的减值损失，本项目应根据“资产减值损失”账户的发生额分析填列。

8. 公允价值变动收益项目

公允价值变动反映企业应当计入当期损益的资产或负债公允价值变动收益，本项目应根据“公允价值变动损益”账户的发生额分析填列，如为净损失，本项目以负号填列。

9. 投资收益项目

投资收益反映企业以各种方式对外投资所取得的收益，本项目应根据“投资收益”账户的发生额分析填列，如为投资净损失，本项目以负号填列。

10. 营业利润项目

营业利润反映企业实现的营业利润，如为亏损，本项目以负号填列。

11. 营业外收入项目

营业外收入反映企业发生的与经营业务无直接关系的各项收入，本项目应根据“营业外收入”账户的发生额分析填列。

12. 营业外支出项目

营业外支出反映企业发生的与经营业务无直接关系的各项支出，本项目应根据“营业外支出”账户的发生额分析填列。

13. 利润总额项目

利润总额反映企业实现的利润，如为亏损，本项目以负号填列。

14. 所得税费用项目

所得税费用反映企业应从当期利润总额中扣除的所得税费用，本项目应根据“所得税费用”账户的发生额分析填列。

15. 净利润项目

净利润反映企业实现的净利润，如为亏损，本项目以负号填列。

16. 基本每股收益项目

基本每股收益 = 净利润 ÷ 股份总数（发行在外普通股加权平均数）

17. 稀释基本每股收益项目

稀释基本每股收益是以基本每股收益为基础，假设企业所有发行在外的稀释性潜在普通股均已转换为普通股，从而分别调整归属于普通股股东的当期净利润以及发行在外普通股的加权平均数计算而得的每股收益。

【例】新发公司 2015 年 5 月末有关损益类账户的余额如表 11.9、表 11.10所示：

表 11.9　账户余额表

2015 年 5 月　　　　单位：元

账户名称	借方余额	贷方余额
主营业务收入		250 000
主营业务成本	100 000	
销售费用	8 000	
营业税金及附加	4 000	
管理费用	9 000	
财务费用	3 200	
投资收益		3 700
营业外收入		10 000
营业外支出	8 000	
所得税费用	98 625	

要求：根据上述资料，编制新发公司 5 月份的利润表。

表 11.10　利润表

编制单位：新发公司　　　　2015 年 5 月　　　　单位：元

项　目	本期金额	上期金额
一、营业收入	250 000	
减：营业成本	100 000	
营业税金及附加	4 000	
销售费用	8 000	
管理费用	9 000	
财务费用	3 200	
资产减值损失	–	
加：公允价值变动损益	–	
投资收益	3 700	
其中：对联营企业和合营企业的投资收益	–	
二、营业利润	129 500	
加：营业外收入	10 000	
减：营业外支出	8 000	
三、利润总额	131 500	
减：所得税费用	32 875	
四、净利润	98 625	
五、每股收益		
（一）基本每股收益	–	
（二）稀释每股收益	–	

11.4 现金流量表

现金流量表能反映企业的偿债能力、对外融资及支付投资者报酬的能力，能帮助预测企业未来现金流量的发展趋势，便于报表使用者分析现金对企业财务状况的影响。

11.4.1 现金流量表概述

现金是指企业的库存现金以及可以随时用于支付的存款，包括现金、随时支付的银行存款和其他货币资金。如其他货币资金账户核算的外埠存款、银行汇票存款、银行本票存款和在途货币资金等其他货币资金。银行存款和其他货币资金中不能随时用于支付的存款，不应作为现金，如不能随时支取的定期存款等。

现金等价物是指企业持有的期限短、流动性强、易于转换为已知金额现金、价值变动风险很小的投资。现金等价物虽然不是现金，但其支付能力与现金的差别不大，可视为现金。如企业为保证支付能力，手持必要的现金，为了不使现金闲置，可以购买短期债券，在需要现金时，随时可以变现。期限较短，一般是指从购买日起，3 个月内到期。例如可在证券市场上流通的 3 个月内到期的短期债券投资等。

现金流量表是反映企业在一定时期内现金及现金等价物的流入和流出动态状况的报表。如企业销售商品、提供劳务、出售固定资产、向银行借款等形成企业的现金流入；购买原材料、接受劳务、购建固定资产、对外投资、偿还债务等形成企业的现金流出。通常将企业在一定时期内产生的现金流量分为三类，即经营活动产生的现金流量、投资活动产生的现金流量、筹资活动产生的现金流量。

1. 经营活动产生的现金流量

经营活动是指企业投资活动和筹资活动以外的所有交易和事项。经营活动主要包括：销售商品、提供劳务、税费返还、罚款收入、个人赔偿、经营租赁收入、支付给职工的工资等。

2. 投资活动产生的现金流量

投资活动是指企业长期资产的购建和不包括在现金等价物范围内的投资及其处置活动。投资活动主要包括：收到的股利、购建无形资产、处置固定资产清理和其他长期资产、进行股权性投资，以及债权性投资支付的本金及佣金、手续费等附加费。

3. 筹资活动产生的现金流量

筹资活动是指导致企业资本及债务规模和构成发生变化的活动。筹资活动主要包括：吸收投资、偿债、发行股票、分配利润、支付利息和手续费等。

11.4.2 现金流量表的基本格式

现金流量表包括两项基本报表和补充资料两部分。基本报表包括六项内容（具体格式见表 11.11 所示）：

①经营活动产生的现金流量。

②投资活动产生的现金流量。

③筹资活动产生的现金流量。

④汇率变动对现金及现金等价物的影响。

⑤现金及现金等价物净增加额。

⑥期末现金及现金等价物余额。

表 11.11　现金流量表

现金流量表

编制单位：　　　　　　　　　　　　　年　　月　　　　　　　　　　单位：元

项　　目	本期金额	上期余额
一、经营活动产生的现金流量		
销售商品、提供劳务收到的现金		
收到的税费返还		
收到的其他与经营活动有关的现金		
经营现金流入小计		
购买商品、接受劳务支付的现金		
支付给职工以及为职工支付的现金		
支付的各项税费		
支付的其他与经营活动有关的现金		
经营活动现金流出小计		
经营活动产生的现金流量净值		
二、投资活动产生的现金流量		
收回投资所收到的现金		
取得投资收益所收到的现金		
处置固定资产、无形资产和其他长期资产收回的现金净额		
收到的其他与投资活动有关的现金		
投资活动现金流入小计		
购建固定资产和其他长期资产所支付的现金		
投资所支付的现金		
支付的其他与投资活动有关的现金		
投资活动现金流出小计		
投资活动产生的现金流量净额		
三、筹资活动产生的现金流量		
吸收投资所收到的现金		

（续表）

项　　目	本期金额	上期余额
取得借款所收到的现金		
收到的其他与筹资活动有关的现金		
筹资活动现金流入小计		
偿还债务所支付的现金		
分配股利、利润或偿付利息所支付的现金		
支付的其他与筹资活动有关的现金		
筹资活动现金流出小计		
筹资活动产生的现金流量净额		
四、汇率变动对现金及现金等价物的影响		
五、现金及现金等价物净增加额		
加：期初现金及现金等价物余额		
六、期末现金及现金等价物余额		

11.5　本章习题

一、复习思考题

（1）财务报表的种类。

（2）财务报表的编制要求。

（3）资产负债表的内容和编制方法。

（4）多步式利润表的三个步骤是什么?

（5）现金及现金等价物的概念。

（6）现金流量表的内容。

二、实务操作题

（一）选择题

（1）财务报表按使用对象的不同，可以分为（　　）。

A. 对外财务报表和对内财务报表

B. 主要财务报表和附属财务报表

C. 个别财务报表和合并财务报表

D. 年度财务报表和中期财务报表

（2）资产负债表是反映企业某一特定日期财务状况的财务报表，属于静态财务报表，资产负债表不能提供企业（　　）方面的信息。

A. 资产及其分布　　B. 负债及其构成

C. 净资产的金额　　D. 利润情况

（3）编制资产负债表时，根据有关账户余额减去其备抵账户余额后的净额填列的项目是（　　）。

A. 应收账款　　B. 应收票据

C. 短期借款　　D. 应付账款

（4）与计算“营业利润”无关的因素是（　　）。

A. 所得税费用　　B. 销售费用

C. 管理费用　　D. 财务费用

（5）现金是指企业的库存现金以及可以随时用于支付的存款，包括现金、随时支付的银行存款和其他货币资金，以下不属于现金的内容是（　　）。

A. 银行汇票存款　　B. 银行本票存款

C. 其他货币资金账户核算的外埠存款　　D. 定期存款

（二）判断题

（1）重要性原则是指企业应将金额大、对企业利润影响大的项目详细列报，若性质或功能不同的项目，应当在财务报表中单独列报。若项目金额小，可将性质或功能类似的项目合并列报。（　　）

（2）资产负债表的编制基础是“有借必有贷，借贷必相等”记账方法。（　　）

（3）资产负债表中所有者权益项目按照永久性程度进行排列，稳定性高的排在前面，稳定性低的排在后面。（　　）

（4）现金流量表和利润表都属于动态报表。（　　）

（三）实务训练题

第一小题

华夏公司 2016 年 3 月末部分账户余额资料如下：

账户余额表

资产类账户	借或贷	余额	负债及所有者权益类账户	借或贷	金额
库存现金	借	5 700	短期借款	贷	70 000
银行存款	借	125 000	应付票据	贷	25 000
应收票据	借	2 000	应付账款	贷	85 000
应收账款	借	150 000	应交税费	贷	9 000
坏账准备	贷	3 000	长期借款	贷	350 000
材料采购	借	45 000	实收资本	贷	530 000
原材料	借	600 000	资本公积	贷	202 000
库存商品	借	780 000	未分配利润	贷	579 000
其他应收款	借	9 300			
固定资产	借	136 000			

要求：编制下列“资产负债表”。

资产负债表

编制单位：华夏公司　　　　2016 年 3 月 31 日　　　　单位：元

资产	期末余额	年初余额	负债和所有者权益	期末余额	年初余额
流动资产：			流动负债：		
货币资金			短期借款		
交易性金融资产			交易性金融负债		
应收票据			应付票据		
应收账款			应付账款		
预付账款			预收账款		
应收利息			应付职工薪酬		
应收股利			应交税费		

（续表）

资产	期末余额	年初余额	负债和所有者权益	期末余额	年初余额
其他应收款			应付股利		
存货			应付利息		
一年内到期的非流动资产			其他应付款		
其他流动资产			一年内到期的非流动负债		
流动资产合计：			其他流动负债		
非流动资产：			流动负债合计：		
可供出售金融资产			非流动负债：		
持有至到期投资			长期借款		
长期应收款			应付债券		
长期股权投资			长期应付款		
投资性房地产			专项应付款		
固定资产			预计负债		
在建工程			递延所得税负债		
工程物资			其他非流动负债		
固定资产清理			非流动负债合计：		
生产性生物资产			负债合计：		
油气资产			所有者权益：		
无形资产			实收资本		
开发支出			资本公积		
商誉			减：库存股		
长期待摊费用			盈余公积		
递延所得税资产			未分配利润		
非流动资产合计：			所有者权益合计：		
资产合计			负债和所有者权益合计		

第二小题

华夏公司2016年4月份有关损益类账户的余额如下表所示：

账户余额表

2016年4月　　　　单位：元

账户名称	借方余额	贷方余额
主营业务收入		245 000
主营业务成本	120 000	
销售费用	10 000	
营业税金及附加	5 000	
管理费用	8 000	
财务费用	2 500	
投资收益		8 000
营业外收入		79 000
营业外支出	69 000	
所得税费用		

要求：

（1）根据上述资料，计算华夏公司2016年4月份的所得税费用（税率为25%）。

（2）计算4月份的营业利润、利润总额和净利润。

（3）编制4月份该公司的利润报表，将下列表格填写完整。

利润表

编制单位：华夏公司　　　　2016年4月　　　　单位：元

项目	本期金额	上期金额
一、营业收入		
减：营业成本		
营业税金及附加		
销售费用		

（续表）

项目	本期金额	上期金额
管理费用		
财务费用		
资产减值损失		
加：公允价值变动损益		
投资收益		
其中：对联营企业和合营企业的投资收益		
二、营业利润		
加：营业外收入		
减：营业外支出		
三、利润总额		
减：所得税费用		
四、净利润		
五、每股收益		
（一）基本每股收益		
（二）稀释每股收益